Sarinah Aurelia

Seelenverträge Band 9

**Verliebt sein ist nicht schwer,
beständig Liebe SEIN dagegen sehr**

Smaragd Verlag

Bitte fordern Sie unser kostenloses Verlagsverzeichnis an:

Smaragd Verlag e.K.
Neuwieder Straße 2
D-56269 Dierdorf
Tel.: 02689-92259-10
Fax: 02689-92259-20
E-Mail: info@smaragd-verlag.de
www.smaragd-verlag.de

Oder besuchen Sie uns im Internet unter der obigen Adresse und melden Sie sich für unseren Newsletter an.

© Smaragd Verlag, 56269 Dierdorf
Zweite Auflage: Februar 2015
© Cover:
© Loraliu, Fotolia.com
© free_photo, Fotolia.com
Umschlaggestaltung: preData
Satz: preData
Printed in Czech Republic
ISBN 978-3-95531-089-9

Inhalt

So schön, euch hier begrüßen zu dürfen

Vieles ist geschehen, seit wir angefangen haben, mit Sarinah zu sprechen. Damit diese Bücher entstehen können, haben wir uns häufig richtig verabredet wie zu einer Sitzung, so würdet ihr Menschen das nennen.

Wir, das sind eure geistigen Mentoren, Erzengel, Engel, Aufgestiegene Meister und die Familie aus der Galaktischen Föderation des Lichts.

Bei diesen Treffen ging es oft heiß her, und manchmal war es auch sehr lustig. Ja, es wurde heiß diskutiert, denn unsere Freundin hatte viele Fragen.

Die Schwierigkeiten und Probleme von der menschlichen Seite aus zu beleuchten und dann die Lösungen aus spiritueller Sicht zu schildern, das war uns wichtig. Denn die Lösungen findet ihr nie auf der Ebene, auf der die Probleme entstanden sind.

Wenn du abends zu Bett gehst und kurz vorm Einschlafen bist, was tust du da?

Eine sehr private Frage an euch, liebe Leserinnen und Leser, doch ist sie wichtig, denn diese Zeitspanne vor dem Einschlafen nennen wir Erzengel auch die Phase: die Erinnerung setzt ein.

In diesem kurzen Zeitrahmen seid ihr voll verbunden mit dem, was wirklich ist. Die meisten von euch mögen sich nicht daran erinnern, doch werdet ihr dann vom Schöpfer selbst an die Hand genommen und zärtlich berührt. So, als wollte er euch sagen: „Lass dich führen, liebes Kind, nimm meine Hand und entspanne dich. Ich führte dich damals auf die Erde, und ich geleite dich jede Nacht in das Traumland. Denn du bist unendlich geliebt und geschützt. Spüre meine Hand, spüre meine Energie, du wirst sehen, du musst vor nichts mehr Angst haben, ich bin und war immer bei dir. Abends, kurz bevor du einschläfst, reiche ich dir meine Hand. Es ist eine Verabredung, die wir lange vor deiner Geburt getroffen haben. Erinnerst du dich?"

Einschlafrituale sind so individuell wie ihr Menschen selbst, doch eins habt ihr alle gemeinsam: die unstillbare Sehnsucht nach der bedingungslosen Liebe. Wenn wir gleich darüber sprechen, wie sich euer Sein verändert, möchte ich gerne, dass ihr euch entspannt zurücklehnt, während ihr weiterlest.

Der verkörperte Weg zurück ins Licht ist unendlich. Somit sind auch euren lichtvollen Umwandlungen keine Grenzen gesetzt.

Es ist mir, eurem Schöpfer, bewusst, dass diese Worte nicht ausdrücken können, was sich hier für Wunder auftun. Wunder, die ihr an euch und an anderen erleben könnt.

An dieser Stelle wollen wir den kleinen Erdenengel Harry zu Wort kommen lassen. Denn wer könnte ein Thema besser verdeutlichen als ein Wesen, das dir bestens bekannt sein dürfte, da du selbst ein Menschen-Engel bist.

Der kleine Engel Harry ging zu Bett, und während er langsam einschlief, wehte ein zarter Windhauch durch den Raum. Der kleine Engel wunderte sich noch, hatte er doch kein Fenster geöffnet. Woher kamen der Wind und der wundervolle Blumenduft? Noch bevor Harry darüber nachdenken konnte, war er schon eingeschlafen. Und so erklärten ihm seine Freunde im Himmel, was es mit dem Hauch des Windes und dem Duft der Blumen auf sich hatte. Der kleine Engel freute sich so sehr im Traum, dass er anfing zu zappeln, wovon er schließlich aufwachte.

Wenn er sich auch nicht an die Gespräche mit seinen Freunden erinnern konnte, hatte er doch das Gefühl ihrer Umarmungen und Berührungen tief in sich gespeichert. Ein Gefühl, so sehr geliebt zu sein, dass es einem ganz warm ums Herz wird.

Viele Menschen erinnern sich an das Gefühl der unendlichen Liebe, sie fühlen diese zärtlichen Umarmungen aus der Geistigen Welt. Und es treibt ihnen Tränen der Freude in die Augen. Tränen der Freude, die auf beiden Seiten fließen. Denn seit geraumer Zeit musst du dich nicht mehr von deinen Engel-Freunden verabschieden, sobald du wieder aufwachst. Sie bleiben einfach bei dir, denn die Erde und der Himmel sind EINS!

Wie wundervoll! Ein einst schlafender Engel ist lebendig zurückgekehrt in seine göttliche Heimat. Als er aufwachte, musste er sein eigentliches Zuhause niemals mehr verlassen – niemals!

Erzengel Michael spricht über die Verkörperung der Neuen Zeit

Immer wieder werde ich, Erzengel Michael, gefragt, wie es genau vonstattengeht und was ihr selbst dafür tun könnt, wenn ihr in eurem neuen Lichtkörper leben wollt.

Die Betonung liegt auf neu, denn eure verkörperte Ausdrucksform des Goldenen Zeitalters muss nicht unbedingt etwas mit dem Körper zu tun haben, der euch bisher getragen hat. Es sei denn, ihr manifestiert euch, dass ihr euren Leib einfach nur verjüngen wollt, indem ihr daran denkt, wie ihr ausgesehen habt, als ihr jünger wart und die für euch ideale Form hattet.

Das tun viele Menschen, sich zurücksehnen in die Zeit, in der sie so aussahen, wie sie heute noch gerne aussehen würden. Das ist aber nur ein Weg der Materialisation des neuen feinstofflichen Leibes. Denn aus Sicherheitsgründen wählen die Lichtträger oft ein Prozedere, das ihnen bekannt ist.

Ein Austausch der alten in eine komplett neue Form ist vielen von euch sicherlich fremd. Das würde ja bedeuten, dass der Körper, der euch bis hierher getragen hat, sich von euch lösen muss, damit ihr in eure neue kristalline Ausdrucksform umsteigen könnt.

Dieses Umsteigen macht sicher vielen von euch Angst, denn unbewusst verbinden die Lichtträger damit den Tod, das Sterben. Die Seele verlässt den Leib aus Fleisch und Blut und kehrt heim, so war es früher.

Wir sagen früher, denn es handelt sich dabei um etwas, das sich in den letzten Jahren eurer Zeitrechnung verändert hat.

Nein, der Tod an sich hat sich nicht verändert: Die Seele streift die äußere Hülle ab und verlässt sie, und die Hülle fällt leblos in sich zusammen. Das wird immer noch so gelebt.

Doch es gibt auch noch die Phase der Restaurierung oder, besser gesagt, der vollkommenen Genesung. Das hat nichts zu tun mit dem eigentlichen Tod. Dabei geht es um den im Seelenvertrag verabredeten Austausch der alten in die neue feinstoffliche Ausdrucksform aus Fleisch und Blut.

Wie genau das geht? Nun, hier ist deine Schöpferkraft gefragt und deine Erlaubnis, dass es jetzt passieren darf. So du den Tag selbst bestimmst, an dem du dich aus dem Kokon befreist, der dir sicherlich schon viel zu eng und zu schwer geworden ist. Aber natürlich kannst du wählen zwischen der Verjüngung deiner Formen und dem vollkommenen Austausch deiner Körperpräsenz. Bei dem Tausch geht deine lichtvolle Persönlichkeit genauso wenig verloren wie bei der Verjüngung. Welche Wahl du triffst, liegt allein bei dir, ist aber ohnehin etwas, das du kraft deines Seelenkontrakts längst beschlossen hast.

Was fühlst du bei diesen Worten? Was kannst du dir vorstellen? Hast du eher das Gefühl, du möchtest den ersten Weg, den der Verjüngung wählen, bei dem du nicht mit den alten Erinnerungen des Sterbens konfrontiert wirst? Oder hast du das Gefühl, du möchtest dich vollkommen neu erschaffen und die dabei aufkommenden Emotionen bezüglich eines Sterbevorgangs aus früheren Leben schrecken dich dabei nicht ab? Ist es das, was du mit „Ja" beantworten würdest?

Es können Erinnerungen auftauchen, es muss aber nicht sein. Was immer ihr tut, ihr seid mittlerweile so stark in der göttlichen Kraft, dass es euch selbst obliegt, ob und wie etwas vonstattengeht. Ihr könnt selbst Einfluss nehmen auf die Prozedere eurer verkörperten Göttlichkeit, der Geburt des neuen Ichs.

Doch zurück zum Thema des fliegenden Wechsels zwischen der alten Ausdrucksform und dem neuen Lichtkörper-Dasein.

Nun, der Kern deines neuen Seins schlummert bereits in dir. So kann also, wenn die Vorbereitungsphase abgeschlossen ist, der eigentliche Umzug, der Körpertausch, stattfinden.

Ja, fliegender Wechsel! So kann es auch sein. Du kannst im Schlaf den alten Kokon verlassen und dich mit Hilfe deiner Erzengel neu ausrichten. Du kannst es aber auch langsam erleben, indem es zum Beispiel Jahre dauort, bis sich dieser Wechsel vollzieht. Sanft und zart oder eben im Schnelldurchgang. Dein Körper gebietet Einhalt, solltest du es zu eilig haben.

Aber das Sanfte, ihr Lieben, das Laue, das Mittelmaß interessiert viele Lichtarbeiter nicht. Was verständlich ist, denn die Erdenbürger lieben nichts mehr als die Herausforderung. Sie lieben eher die komplizierten Dinge, an denen sie ordentlich zu knabbern haben.

Wenn sie auf Möglichkeiten stoßen, die ihnen zu einfach, zu normal erscheinen, langweilen sich die Lichtträger schnell. Sie heben den Blick und suchen andere Menschen, die auch komplex denken und fühlen können. Sie fühlen in sich und suchen Lösungswege, die nicht zu einfach sind. Alles andere wäre vielen Lichtarbeitern zu banal. Verständlich, wenn man bedenkt, dass ihr Wesenheiten seid, die aus Zivilisationen kommen, die absolut hochentwickelt sind.

Doch kommen wir zurück zum Thema: Die Verkörperung der Neuen Zeit. Die Verjüngung des Körpers ist die erste Möglichkeit, und das ist ein Selbstläuferprogramm, also nicht sonderlich kompliziert, jedoch durchaus schmerzhaft und oft langwierig. Das Umsteigen in eine völlig neue Körperform, die ihr Lichtwesen euch selbst erschafft, ist emotionaler und kostet ein wenig mehr Mut und Kraft. Das ist die zweite Möglichkeit der vollkommenen Genesung des Seins aus Fleisch und Blut.

Richtig gelesen – selbst erschaffen! Du kannst deinen Körper so modellieren, wie du ihn in dieser Zeit brauchst. Dafür brauchst du Vertrauen, manchmal auch Geduld, Intuition und wirst dabei auch sicherlich Tiefpunkte erleben – aber vor allem brauchst du spirituelle Kraft! Wobei du trotzdem in einigen Jahren der Meinung sein kannst, dass du die gewählten langen Beine so nicht mehr brauchst. Oder die gewählte Körpergröße darf etwas kleiner sein, zarter usw.

Dann erschaffst du dich eben wieder neu. Sooft, wie du möchtest. Generell kann man sagen, du kannst für ein Klassentreffen in dein gewohntes Erscheinungsbild schlüpfen, damit dich deine ehemaligen Mitschüler wiedererkennen. Danach gehst du wieder zurück in dein neues Erscheinungsbild. Vor der Umwandlung der äußeren Körperform kommt allerdings immer die komplette Heilung des inneren Leibs. Das geschieht automatisch und ist ein Zeichen von Respekt, denn euer Körper ist ein Geschenk.

Kompliziert? Nein, sicher nicht, denn über all dem liegt ja die Chance, dass sich der Schöpfer durch dich ausdrücken, zeigen darf. Und was tun Schöpfer lieber, als sich zu zeigen, sich zu erfahren, sich unters Volk zu mischen. So ist wieder einmal deine Kraft des Träumens, deine Vision gefragt, indem du selbst den Weg wählst, wie beziehungsweise wann etwas geschehen darf.

Egal, ob im Schlaf, bei Tagesbewusstsein oder in einer Meditation. Wichtig ist, dass du an dich glaubst. Dass du dir selbst vertraust und in inniger Verbindung mit den höchsten göttlichen Energien bist.

Doch sei noch gesagt, dass die Art des Körpertausches etwas ist, das unbedingt voraussetzt, dass du alle Themen loslassen kannst, die noch in Verbindung mit deinem „alten" Körper stehen. Wie zum Beispiel Unzufriedenheit mit dem Gewicht,

Eitelkeit, Magersucht, Bulimie, Süchte und der Drang nach Selbstdarstellung.

Das Heilen all dieser beschwerlichen, schmerzhaften Lebensbereiche kann sich anfühlen wie eine Fahrt auf der Achterbahn! Bei dieser Fahrt werdet ihr nicht nur durchgeschüttelt, sondern auch geprüft! Ihr prüft euch selbst!

Nur wer vollständig im Vertrauen ist, wird sich an den Rand des Abgrunds wagen. Sich dabei in die Hände der zuständigen Erzengel fallenzulassen, macht es sehr viel leichter. So können diese dich nicht nur auffangen, sondern sie werden auch dafür sorgen, dass du dein Seelenziel sicher erreichen kannst.

Dann viel Freude beim Einzug in dein neues göttliches Sein. Hab keine Angst! Wo immer du bist und was immer du tust, du bist lichtvoll beschützt von deinen Engeln.

Es segnet dich und dankt dir
Erzengel Michael

Erzengel Michael: Körpertausch – Realität oder spiritueller Unsinn?

Das hört sich so verführerisch leicht an, einfach in eine verkörperte Ausdrucksform zu schlüpfen, die man sich vorher kraft der Manifestation selbst erschaffen hat. Geht das überhaupt?, wird sich mancher Leser fragen. Dass unsere äußere Hülle sich verjüngt und langsam in den Idealzustand kommt, das wussten wir bereits, aber den Körper tauschen?

Nun, warum denn nicht? Deine Grenzen sind da, wo deine Vorstellungskraft endet. Der neue kristalline Leib ist während des Körpertauschs ständig mit dem „alten" Körper verbunden. Dieser Vorgang geschieht gleitend und sanft, auf keinen Fall ruckartig und schnell. Sonst hätte es Ähnlichkeit mit dem Sterbevorgang, und das würde Angst bei euch auslösen. Ihr erschafft euch sozusagen selbst neu, man könnte auch sagen: Ihr gebärt euch selbst. Ein aufgeblähter Solarplexus ist ein Zeichen für diesen Vorgang. Der neue Körper schiebt sich anfangs über die gewohnte Ausdrucksform und verankert sich dann im Kern. Das kann sich auch anfühlen, als wenn ihr in einem engen, unsichtbaren Taucheranzug stecken würdet oder in einem Kokon wärt. Das empfindet sicher jeder Mensch anders, wichtig ist nur, dass ihr wisst, dass ganze Heerscharen von Engeln diesen Verlauf genaustens beobachten und auf euch achten. Es kann euch dabei nichts geschehen.

Der Unterschied zu der ersten Variante, der sanften Verjüngung, ist, dass der Tausch deiner äußeren Form dir die Möglichkeit bietet, relativ zügig in eine Umwandlung zu gehen, was sich für jene Menschen durchaus als Bereicherung herausstellen kann, denen die Zeit davonläuft, weil sie zum Beispiel das Los einer schweren Krankheit tragen.

Die Verjüngung an sich kann nur langsam ablaufen, da euer System einfach Zeit braucht, um sich nicht ständig selbst an die Wand zu fahren. Die Lichtträger sind ungeduldig, was durchaus verständlich ist, doch bedenkt: Je älter ihr seid, desto mehr gibt es auch zu verjüngen, zu reinigen, zu heilen.

Was aber tun, wenn man sich für die zweite Variante, den Tausch, entschieden hat? Das Wichtigste ist, dass ihr wisst, dass es hierbei um den „Phönix aus der Asche"-Effekt geht. Der alte Leib löst sich nicht einfach so auf, er heilt und wird zu Licht. Erst dann ist das Wechseln in den neuen kristallinen Leib möglich.

Da heißt es, Ruhe zu bewahren, wenn es erst einmal so scheint, als würdet ihr euch geradezu selbst neu gebären. So kann es sein, dass ihr von euren Engeln aufgefordert werdet, euch in euren inneren Ruheraum zurückzuziehen.

Es folgen Tage, Wochen, Monate der Zentriertheit, währenddessen euch womöglich jede Ablenkung zuwider ist. Folgt hier einfach eurer Intuition. Sobald ihr in eurem heiligen Herzzentrum zu Licht geworden seid, ist der Weg frei für eure komplett neue Ausdrucksform.

Dieser Prozess der Lichtwerdung ist individuell. Wenn ihr dabei allerdings trotz der Alltagsmühen fähig seid, in euch selbst zu ruhen, ist es euren Engeln möglich, so intensiv und helfend einzugreifen, wie es nur geht.

Hand in Hand! Immer wieder haben wir diesen Ausdruck gewählt, und genauso ist es. Bei all den Wandlungen, die nun geschehen, bist du niemals allein. Je mehr du selbst Liebe bist, umso mehr tauchst du ein in die Welt deiner geistigen Mentoren, und umso mehr kannst du ihre helfenden Hände spüren.

Das hört sich alles sehr leicht an, jedoch ist viel Vertrauen notwendig, und deine Geduld ist gefragt, denn die Vorbereitungsphase für diesen Körpertausch kann ein wenig dauern.

Es ist sozusagen wie eine Neugeburt, bei der zuvor selbstverständlich etwas einsetzen muss – wie eine Art des Verglühens der alten menschlichen Form. „Zu Licht werden" oder den „Phönix aus der Asche"-Effekt nannten wir es auch. Wenn dies einsetzt, wirst du gebettet sein in der schützenden Lichthülle, die deine Engel für dich erschaffen haben, da es möglich ist, dass du in dieser Vorbereitungszeit mit deinem „alten" Materie-Sein-Zustand sehr unzufrieden bist. Das ist verständlich, wenn man bedenkt, dass du dich nun endlich aus all der Mühsal befreien kannst. Dazu sei erwähnt, dass eine Körperausdehnung (Leibesfülle) auch eine bessere Lichtverteilung gewährleistet.

Ist die Vorbereitung erst einmal abgeschlossen, kann es durchaus schnell gehen. Du kannst eines Tages aufwachen und das Gefühl haben, dass der Körpertausch abgeschlossen ist. Du merkst jedoch, dass dein Gefühl und die Realität möglicherweise noch nicht übereinstimmen, weil dein Spiegel, deine Waage usw. noch nicht das anzeigen, was deine Intuition dir sagt. Hier sind jetzt deine Manifestationskräfte (dazu später mehr) gefragt. Das göttliche Zuhause will sich auf Erden entfalten, indem du es mit Leben füllst. Du lebst irgendwann dein höchstes lichtvolles verkörpertes Sein. Und es wird für dich so sein, als wenn du immer schon dieser wunderbare Schmetterling gewesen wärst.

Für welchen Weg auch immer du dich entscheidest, du bestimmst den Zeitpunkt selbst. Und du bist die Person, die energetisches Vorbild ist für andere, die es dir dann gleichtun.

Außerdem, wir erwähnten es bereits, werden die meisten von euch so handeln, wie es in ihrer Seelenabsprache steht. Damals, vor eurer Inkarnation, wusstet ihr zwar, dass sich neue Möglichkeiten auftun werden, die so noch nie da waren. Doch welche Wahlmöglichkeiten das sind, konntet ihr unmöglich wissen. Also habt ihr euch per Lebensplan abgesichert, in dem keine abwegige Entscheidung getroffen werden kann, da sonst unangenehmes Spiegelverhalten des Gegenübers entsteht, und das teilweise so heftig, dass es euch unmöglich wäre, den beschwerlichen Pfad weiterzugehen.

Was seid ihr doch für wundervolle, wissende Wesen, die sich schon bei der Planung ihres Lebens dafür eingesetzt haben, dass Neues entstehen darf, und zwar durch euch selbst.

Es dankt und segnet dich
Erzengel Michael

Anmerkung Sarinah:

Mir sagte Erzengel Michael einmal, die meisten von uns switchen erst einmal zwischen der alten und der neuen Körperform hin und her. Morgens findet man sich unwiderstehlich schön (geheilt), und abends ist wieder alles beim Alten. Das ist kein Zufall. Die Seele sucht sich diesen Weg aus, um sich daran zu gewöhnen, dass der eigentliche Umzug in das neue menschliche Handlungsorgan sicher vonstattengehen kann. Man richtet sich schon mal häuslich ein, bevor der Wandel stattfindet. Die Psyche ist ein wichtiger Part bei diesem außergewöhnlichen Akt, darum ist Vorbereitung alles! Sonst würden wir uns im kristallinen Leib womöglich fremd und unsicher fühlen.

Vollständig Licht sein im Alltag, kein leichtes Unterfangen

Die Polaritäten – Die weiche und die harte Göttlichkeit

Je mehr Licht in euer Sein fließen darf, umso mehr kommt auch das zum Vorschein, was man die harte Göttlichkeit nennt. Die Magie der Polarität ist niemals außer Kraft gesetzt und gilt für das ganze Universum. Jeder Erzengel hat eine zuckersüße, weiche Seite, besitzt aber auch eine sehr würdevolle Ausdrucksform, wenn es darum geht, sich verständlich zu machen.

Vielleicht ist harte Göttlichkeit dafür nicht der richtige Ausdruck. Doch wir verwenden ihn mit Absicht, denn es sagt am besten aus, was die Erdenbürger Wundervolles erwartet, wenn sie weiter diesen verkörperten Erhebungsprozess gehen.

Das ist keinesfalls negativ gemeint. Also keine Angst! Diese beschriebene harte Göttlichkeit ist etwas, das ihr dringend braucht, um euren Part als Mentoren auszufüllen und die Erdung nicht zu verlieren.

Warum?, werden sich viele Leser denken. Man kommt doch mit Liebe viel weiter.

Bitte bedenkt, dass es nicht nur darum geht, dass ihr euch in eurem gewohnten Umfeld bewegt. Ihr werdet viel zu tun haben mit Lichtträgern, die sich gerade dort befinden, wo ihr euch noch vor Jahren aufgehalten habt. Gemeint ist damit das Bewusstsein.

Manchmal findet die weiche Seite kein Gehör, denn eure Mitreisenden scheinen oft, als ob sie noch schlafwandeln. Sie drehen sich im Kreis und leben immer wieder die gleiche Situation, weil sie ihre Ängste nicht loslassen können. Sie stellen immer wieder die gleichen Fragen: „Wie lange dauert es, bis wir am Ziel sind?"

Das könnt ihr ihnen natürlich nicht beantworten, denn ihr wusstet nicht einmal bei eurem eigenen Bewusstwerdungsprozess, wann ihr endlich Licht sein würdet.

Der Zeitpunkt bestimmt immer der Pilgerreisende selbst, nie die Mentoren, die im Ziel auf ihn warten, oder gar die gewählten Transportmittel. Wann etwas geschieht, bestimmt jeder selbst.

Doch kommen wir zurück zum Thema der Polaritäten. Die harte Seite der Göttlichkeit ist immer dann zu sehen, wenn eure geistigen Mentoren würdevoll werden. Da sie normalerweise lieblich daherkommen, ist diese Art, mit euch zu sprechen, etwas, was ihr so nicht gewohnt seid. Schließlich habt ihr selbst die harte Schöpferseite auf Erden unglaublich oft gelebt. Am intensivsten war es immer dann, wenn ihr gemeint habt, euch selbst bestrafen zu müssen. Oder wenn ihr andere in ihre Grenzen weisen musstet, damit ihr nicht immer wieder von ihnen verletzt wurdet.

Je mehr Licht allerdings durch euer Sein fließt, desto mehr werdet ihr bemerken, dass diese Polaritäten nicht mehr gegensätzlich sind, denn ihr habt gelernt, eure harte Persönlichkeit anzunehmen – ihr nehmt euch so, wie ihr seid. Alles, was ihr nicht mehr ablehnt, müsst ihr auch nicht mehr leben. Irgendwann seid ihr nicht mehr in der Lage, andere zu unterdrücken, sie zu verletzen oder auszuschließen. Ihr werdet milder, sodass ihr reagiert wie die Erzengel, die niemals zurechtweisen, sondern einfach würdevoll werden.

Ihr spürt, dass ihr die Fähigkeit habt, kraft eurer inneren Ausrichtung Probleme per Gedankenkraft zu lösen. Der goldene Fluss erledigt alles, was ihr früher selbst habt mühsam erledigen müssen. Außerdem wird auch das göttliche Licht die

Erde immer mehr erreichen – das macht euch zwar nicht automatisch zu Meistern, erleichtert aber euren Lebensweg enorm.

Ab einem bestimmten Lichtpegel in euch könnt ihr keinen Hass, keine Missgunst, Ausgrenzung oder Feindlichkeit leben. Ihr lernt, in eurem inneren heiligen Raum zu bleiben und als liebevolle Beobachter zentriert zu sein. Solltet ihr auf Mitmenschen treffen, die das oben Genannte noch leben, werdet ihr würdevoll und erreicht damit, dass sie euch zuhören, oder sie folgen einfach eurer Lichtpulsung.

Der Lichtpulsung folgen, das habt ihr doch auch getan. Erinnert euch bitte, als ihr eure verkörperte Reise zurück ins Licht angetreten seid. Da waren Menschen in eurem Umfeld, die ihr oft nicht einmal persönlich kanntet. Trotzdem strahlten sie eine Liebe und Würde aus, eine Kraft, die euch dazu brachte, ihrem energetischen Beispiel zu folgen.

Lichtarbeit hat viele Gesichter: die bedingungslose Liebe und die würdevolle Göttlichkeit, die von euch oft als hart empfunden wurde. Das, ihr Lieben, ist so variantenreich, so individuell, wie ihr es seid.

Wer mit Erzengeln arbeitet, wird wissen, was wir damit meinen. Denn sie sind nicht einfach nur Erzengel, sondern göttliche Wesen, so, wie ihr es seid. Sie besitzen einen feinstofflichen Körper, genauso, wie ihr ihn leben werdet oder es schon tut. Sie sind Licht, doch Erzengel kennen auch die Dunkelheit, denn sie tragen ihre Krone der Weisheit nicht einfach nur so. Sie mussten sie sich verdienen, durch Höhen und Tiefen, die meisten Engel waren auch inkarniert.

Liebe Freundin, lieber Freund, haben wir dich mit unseren Zeilen jetzt zum Nachdenken gebracht? Das ist gut, denn darauf folgt immer die innere Einkehr. Der inneren Einkehr folgt immer ein höheres Bewusstsein. Den Zeitpunkt, wann etwas geschieht, liebe Freundin, lieber Freund, den bestimmst du allein, denn Gott hat den kleinen schlafenden Engel so unendlich lieb, dass er ihm nie befehlen würde, wann es Zeit ist, aufzuwachen oder gar nach Hause zu kommen. Gott liebt den kleinen Engel so sehr, dass er ihm sogar das Beste mit auf den Weg gegeben hat, was er selbst hat: den göttlichen Funken, der den kleinen Engel immer mit der geistigen Heimat vereint. Egal, was der Erdenengel auch tut, dieser göttliche Funke ist wie eine Standleitung zu den Freunden aus der Geistigen Welt, die niemand kappen kann. Niemand kann dem kleinen Engel diese Standleitung nehmen, niemand! Nicht einmal der kleine Engel selbst kann diese Verbindung trennen, sie bleibt ewig bestehen und funktioniert immer – diese göttliche Verbindung ist immerdar. Für immer, weil wir dich so sehr lieben, so sehr.

Anmerkung Sarinah:

Der innere heilige Raum ist das, was man im Allgemeinen als wohltuende Zentriertheit fühlt. Wie erreicht man diesen Raum, diesen Zustand?

Das ist sicherlich individuell. Meditation, Wandern, Yoga, Aufenthalt in der Natur, Gärtnern, Malen, Lesen, Schreiben, um nur einige Beispiele zu nennen. All das dient dazu, in den eigenen inneren Raum zu gelangen, sich in dem Feld der bedingungslosen Liebe zu erholen oder einfach nur zu genießen.

☆☆☆

Wer mit Steinen wirft, sollte nicht im Glashaus sitzen

Der Erstkontakt mit der Galaktischen Föderation und Wikileaks

Die Idee entstand während einer Beratung, die die Lords des Lichts mit dem Schöpfer hatten.

Es ging bei dem Gespräch um die Galaktische Föderation des Lichts, deren öffentliche Vorstellung auf der Erde zu diesem Zeitpunkt immer noch nicht erfolgt war. So sollte unter all den Seelen, die sich freiwillig meldeten, ein Wesen ausgesucht werden, das deren Bekanntmachung in der Öffentlichkeit in die Wege leiten sollte.

Ein schwieriges Unterfangen für diesen Menschen, denn er war durch diesen Auftrag vielerlei Bedrohungen ausgesetzt. Der Schutz für diesen Lichtträger ist zwar enorm, doch besteht immer noch die Gefahr, dass die im letzten Kapitel beschriebene eigene harte Persönlichkeit ihm eine Falle stellt.

Die „prüfende" Persönlichkeit könnte man es in dem Fall auch nennen, denn gerade Staatsoberhäupter werden nicht selten von Seelen ausgefüllt, die enorm lichtvoll sind. Doch auch diese Menschen befinden sich in der Transformation.

Das wird jetzt sicher viele erstaunen, aber es ist so. Der Aufstieg der Menschheit ist und war sehr gut abgesichert, sodass Wesen auf die Erde gekommen sind, die hohes Licht in sich tragen. Diese haben dann nicht zufällig Ämter bekleidet, die wichtig sind für Frieden, Freiheit, Fülle und die Genesung von Mutter Erde.

Doch je lichtvoller ein Lichtträger, umso mächtiger wird er auch. Macht im Sinne von Anziehungskraft, Redegewandtheit,

Charisma und, vor allem, Durchsetzungskraft. Alles wunderbare Eigenschaften, wenn diese lichtvoll eingesetzt werden.

Die andere Seite der Medaille ist die harte Seite, die diese Menschen in sich tragen. Bei einem Engel würde man sagen: Oh, der kann aber auch würdevoll bedächtig sein.

Diese enorme Schöpferkraft ist für die meisten von euch ziemlich neu. Es ist eine Erfahrung, die ihr auskosten solltet. Die Mehrheit von euch übt darum noch, wie es ist, seine Macht, seine Flügel voll auszufahren, ohne dabei andere zu verletzen.

Aber wieso ist die andere Seite, die harte Persönlichkeit, so gefährlich? Das muss nicht sein, doch je höher das Amt, das ein Mensch ausübt, desto mehr besteht die Gefahr, dass er sich dabei selbst verliert. Wer sich im Schein der Öffentlichkeit sonnt, wird nicht selten geblendet und verliert den Blick auf das Wesentliche. Wer ein mächtiges Werkzeug zur Verfügung hat, wird nur allzu schnell in Versuchung kommen, dieses Werkzeug auch unfair zu benutzen.

Bei einem Konzil, bei dem natürlich auch Vertreter der Galaktischen Föderation des Lichts anwesend waren, ging es um diese eine Person, die euch nach dem Beispiel von Wikileaks darüber informieren sollte, dass die Oberhäupter der Länder längst Kontakt zu außerirdischen Wesen hatten. Doch sie hatten Kontakt mit den „bösen" Außerirdischen. Das hörte allerdings bald auf, denn die Galaktische Föderation des Lichts legte schützend ihre Hände über die Menschheit. Die damalige Elite erkannte nämlich nicht, dass durch diesen die Menschheit in Gefahr geriet, im Strudel der Abhängigkeiten zu versinken.

Nun, wir legen unseren Fokus mit Bedacht nicht auf die dunkle Seite, denn sie hat längst ausgespielt. Die dunkle Vergangenheit ist allenfalls etwas für die Geschichtsbücher, nichts, was sich in der Realität wiederholen könnte.

So wurde in einer mehrtägigen Tagung diese Person ausgesucht, die den Bürgern das Geheimnis aller Geheimnisse offenbaren sollte, nämlich dass diejenigen, die geschworen hatten, im Sinne des Grundgesetzes und zum Wohl der Menschheit zu handeln, es versäumt hatten, euch mitzuteilen, dass es lichtvolle galaktische Wesen gibt.

Die Freunde aus dem All sind sehr hilfsbereit, sie schützen die Bewohner der Erde, so gut es ihnen erlaubt ist. Der Wunsch der Beschützer wurde jedoch ignoriert, denn diese wollten im Gegenzug der Öffentlichkeit vorgestellt werden, damit alle Menschen in den Genuss der Dinge kommen konnten, die sie kostenlos zur Verfügung stellen.

Wir möchten hier keinesfalls werten oder uns belehrend über euch stellen, doch ihr solltet wissen, wie die Geschichte geschrieben wurde. Dass diejenigen, die man euch als Verräter der Geheimnisse verkauft hat, die eigentlichen Helden der Geschichte sind, denn sie riskieren viel, und sie tun es in Absprache mit ihrem Lebensplan. Sie stellen Informationen für euch bereit, damit die Wahrheit ans Licht kommt und endlich weltweit Freiheit, Einheit, Fülle für alle und Frieden entstehen können.

Gerade wenn es um Ungerechtigkeit geht, braucht die Gesellschaft einen öffentlichen Spiegel, damit die Missstände bewusst gesehen werden und somit die Menschen selbst wählen können, wie die Zukunft sein soll.

Der Erdenengel Harry: Die Vergangenheit wird zur Gegenwart – eine Begegnung der dritten Art!

Der Erdenengel Harry saß in seinem Büro. Er hatte einen Stapel Akten vor sich, und sein Magen begann zu schmerzen, so sehr erregte er sich über das, was er gerade las.

Harry liebte sein Heimatland, und er hasste es, wenn Jemand zum Verräter wurde und das in den Dreck zog, was er selbst immer als unantastbar betrachtete.

Der Erdenengel wusste, was zu tun war, er überlegte nicht lange und schaltete die zuständigen Anwälte ein. Es wurde Anklage erhoben, um den Verräter zum Schweigen zu bringen.

Dieser aber dachte nicht daran, zu schweigen, sondern je mehr Wind die Öffentlichkeit von den Ungerechtigkeiten bekam, die der scheinbare Verräter offenlegte, umso mehr Missstände deckte dieser auf.

Es schien geradezu ein Machtspiel zu sein zwischen Harry und dem Denunzianten. Was die beiden nicht wissen konnten: Sie waren tatsächlich in einer früheren Inkarnation Feinde gewesen, die sich übel mitgespielt hatten.

Nun hatten sie eine Chance, in diesem jetzigen Leben das schicksalhafte alte Leben zu heilen.

Tatsächlich war es so, dass die Geschichten sich ähnelten. Auch in ihrer Begegnung vor über 200 Jahren gab es keinen Sieger. Es lag lange zurück, und keiner der beiden erinnerte sich an das frühere Leben, doch sie fühlten, dass da eine dicke Barriere zwischen ihnen war.

Harry beendete das Spiel mit der machtvollen Befugnis seines Amtes, indem er den anderen in seine Grenzen wies. Er tat dies mit all der Gründlichkeit, die sein Amt und seine dazugehörige Befugnis zuließen.

Doch mittlerweile hatte die Presse den aufgedeckten Skandal in der Welt verbreitet. Es gab eine riesige Diskussion, in der die einen Bürger für Harry und seine Sanktionen waren. Die andere Hälfte war auf der Seite des Hinweisgebers. Dieser hatte sogar seine Fans, die ihn vom Verräter zu einer Art „Robin Hood" hochstilisierten.

Harry war genervt! Er hatte die dabei entstehenden Debatten um seine Person so satt. Er sah sich auch nicht im Geringsten in der Lage, diesem Robin Hood das zu ersparen, was ihn erwartete, wenn die Behörde seiner habhaft geworden sein würde. Robin indessen war nicht bereit, auf die Forderungen von Harry und seinen Leuten einzugehen.

So kam es, dass sich ein Teil des gemeinsamen früheren Lebens wiederholte. Der eine versteckte sich, der andere jagte ihn oder, besser gesagt, ließ ihn jagen. Doch dieses Mal geschah es nicht mit dem schrecklichen, tödlichen Ausgang für den Gejagten wie damals.

Heute erfreuten sich beide bester Gesundheit. Robin hielt sich versteckt. Harry versuchte ihn dazu zu bewegen, sich den Behörden zu stellen. Harry war überdies mit seinen eigentlichen Terminen zu ausgelastet, sodass es ihn ein wenig ärgerte, wenn etwas Unerwartetes dazwischen kam. Da er das Unerwartete so sehr ablehnte, lebte er es immer wieder. Ständig brach irgendeine Person mit einer Begebenheit in seine Routine ein.

Harry saß an seinem Schreibtisch und erinnerte sich an den Traum, den er nachts gehabt hatte. Im Traum, aus dem er schweißgebadet aufwachte, waren die Rollen vertauscht gewesen. Er war der Gejagte und Robin der mächtige Mann. Der Erdenengel war sich bewusst, dass es nur ein Traum gewesen war, und trotzdem fühlte er sich am Morgen danach anders. Er empfand Wehmut und Traurigkeit in seiner Brust. Seine Kollegen sagten, sie hätten Harry noch nie zuvor so weich gesehen.

Tatsächlich rollten diesem während einer Tagung einfach so Tränen über seine Wangen. Harry hatte immer versucht, diese Emotion zu unterdrücken, doch je mehr er seine Tränen ablehnte, umso häufiger musste er weinen.

So fand bei beiden Kontrahenten eine Auflösung statt, indem sich ein Teil ihrer früheren Inkarnation erlöste.

Nun war eigentlich der Weg frei für einen fairen Umgang miteinander. Doch die Situation hatte sich so verschärft, dass Harry sich außerstande sah, dem anderen die Hand zu reichen.

Also übernahm die Versöhnung der beiden ein Vermittler. Dieser nahm Robin bei sich auf und erntete dafür Argwohn und Zorn von Harry. Doch der Vermittler tat, was er konnte, um endlich Frieden in die Angelegenheit zu bringen. Er nahm dafür sogar eine Fehde mit Harry in Kauf.

Eigentlich wollten sie alle dasselbe, jeder kämpfte auf seine Weise für Gerechtigkeit und Frieden. Jeder dachte, er hätte dafür die richtigen Mittel in der Hand.

Als Harry an diesem Abend schlafen ging, bekam er im Halbschlaf eine Vision. Er hatte einen Klartraum, indem er an einer Ratssitzung teilnahm, bei der er der Erden-Botschafter war. Die anderen waren Erzengel, Aufgestiegene Meister, geistige Mentoren. Harry erinnert sich bis heute ganz genau an diesen Traum und an die Quintessenz dieser Tagung. Er sehnte sich so sehr danach, diese Leichtigkeit, diese bedingungslose Liebe und Fröhlichkeit trotz des ernsten Themas, weswegen sie sich getroffen hatten, wieder zu erleben. So sehr sehnte er sich danach, dass der Erdenengel anfing, mehr und mehr nach dem wahren Kern des Daseins zu suchen. Er tat alles dafür, um im Sinne des höchsten Lichts zu leben und zu arbeiten.

Manchmal gelang ihm das, manchmal nicht so sehr. Doch auch die Situation mit Robin klärte sich langsam. Harry fühlte Frieden und Liebe in sich und verteilte diese auch im Außen.

Harry stand nachdenklich am Fenster in seinem Büro und sah, wie sich die Bäume im Wind bewegten. Und als er zur Seite blickte, sah er SIE, auf den Stufen im Garten sitzend.

Ich kenne sie von irgendwoher, dachte Harry gerade, ich weiß aber ihren Namen nicht. Wer ist diese Frau, die aussieht wie ein Engel, wo kommt sie her? Und wie kommt sie in meinen Garten?

Harry beeilte sich, er nahm zwei Stufen auf einmal, um möglichst schnell in den Garten zu kommen. Als er jedoch mit pochendem Herzen und ausgebreiteten Armen an den Platz kam, war niemand mehr zu sehen.

„Wer bist du?" flüsterte er, „wer bist du?"

Das höhere Bewusstsein kennt keine feindliche Einstellung, nur Liebe

(Ein rätselhaftes Gespräch mit Erzengel Uriel und Erzengel Michael)

„Seelenpläne sind etwas Wunderbares, die beste Erfindung aller Zeiten", sagte Erzengel Uriel in einem Gespräch mit Erzengel Michael. „Denn die Bewohner von Gaia können sich zwar meistens nicht an ihr Werk erinnern, das sie selbst vor ihrer Geburt über ihr Sein verfasst haben, aber sie leben genau das, was sie für sich geplant haben.

Manchmal ist es sogar besser, wenn sich die Menschen nicht an ihren Seelenkontrakt erinnern, denn in gewissen Stationen ist es einfach nur wichtig, dass sie für andere ein Spiegel sind. Das Spiegelbild für andere zu sein aber bedeutet, dass man sich womöglich so verhält, wie man es eigentlich nicht für gut heißt, wenn man sein Herz fragt. Dass man also phasenweise eher die unausgeglichene menschliche Göttlichkeit lebt als die ausbalancierte.

Die stillen Helden kommen nicht immer in einer goldenen Ritterrüstung daher, ausgezeichnet mit vielen Orden. Nein, oft ist es sogar umgekehrt! Feldherren, die die Helden zu dem machen, was sie für die anderen dann sind, nämlich Opfer. Diejenigen, die die Helden jagen, verfolgen lassen, sie drangsalieren, sind es, die die goldene Ritterrüstung tragen.

Denk doch einmal daran, lieber Freund Michael, wie es wäre, wenn die Feldherren, wir wählen absichtlich diesen Begriff, weil es die Erinnerung an frühere Leben wecken soll. Also wie wäre es, wenn jene, die jagen und verfolgen, die wie wild Resonanz erzeugen, wenn diese um die Zusammenhänge wüssten? Wenn sie von ihren Seelenplänen wüssten, was würde passieren? Oh, sie würden sich wahrscheinlich gegen dieses Spiel der Spiegelung entscheiden, sie würden zum Beispiel Wikileaks einfach Wikileaks sein lassen.

Oder noch schlimmer: Sie würden aufhören, Resonanz zu zeigen. Sie würden aufhören, aus den Geheimnisträgern Helden (Verfolgte) zu machen. Wäre das nicht fürchterlich?

Die Energie, die bei diesem Spiel der Resonanz entsteht, ist extrem wichtig, um die Geschichte weiterhin voranzutreiben. Um die Masse der Menschheit aufmerksam zu machen (zum Beispiel die NSA-Affäre) und um den Bürgern ihre eigene Lethargie vor Augen zu führen."

„Nun, das ist etwas drastisch ausgedrückt", sagte Erzengel Michael, „aber du hast recht, Uriel. Ohne dieses Vergessen wäre dieser Energiepool nie entstanden, der die Welt in eine riesige Enthüllung geführt hat. Die Enthüllungen, die so wichtig sind, denn sie öffnen nicht nur die Augen, sondern wecken die letzten Schäfchen auf, denn sie bringen die Wahrheit ans Licht.

Wo wir bei den letzten schlafenden Schäfchen sind, lieber Uriel. Nicht selten sind diejenigen die Feldherren, die sich rühmen, über andere richten zu können, die sich dem Frieden, der Freiheit und dem Gemeinwohl verpflichtet haben. Die Herren und Damen, die genau das in Bewegung bringen, was sich im Nachhinein als Gemeinwohl für die Masse der Menschheit darstellt. Auch wenn es im ersten Moment nicht so aussehen mag, doch auch die Feldherren arbeiten für das Licht und verdienen, dass man vor ihnen den Hut zieht.

Die Helden aber haben viele Gesichter. Sie sind oft normale, unbescholtene Lichtträger, die eigentlich nie daran dachten, Botschafter des Lichts zu sein. Sie leben ein einfaches, oft kleinbürgerliches Leben, sind weder reich noch arm und haben

viel mit ihren weltlichen Aufgaben zu tun. Sie sind fest eingebettet im Pulk ihrer Seelenfamilie, sie sind weder einsam noch
in der Öffentlichkeit bekannt.

Die Helden der Geschichte sind erdige Menschen, boden-
ständig und ehrlich. Sie tragen das Gen der Dreifaltigkeit in sich,
das Gen der kristallinen Körper. Sie sind eine große Bereicherung für ihre Familie und für andere. Man konnte es auch das
Gen der Dreiflammigkeit nennen, denn in ihrer Brust glüht nicht
nur das Licht der heiligen Weisheit, sondern sie tragen auch die
Flamme des Muts und der weisen Göttlichkeit in sich.

Ich, Erzengel Michael, bin von den stillen Helden genauso
begeistert wie von den Feldherren. Ich liebe beide, denn ich kenne die Zusammenhänge, so, wie mein Bruder Uriel auch. Und ich
möchte betonen, dass sowohl Feldherren als auch Vorkämpfer
ein unglaublich hohes Ansehen in der Geistigen Welt genießen.

Wir sprachen vorher davon, dass Lieschen Müller und Otto
Normal, diese Vorkämpfer, nicht wissen, dass sie einmal öffentliche Personen sein werden. Dass sie geradezu eine Fange-
meinde um sich versammelt sehen werden. Ebenso wissen sie
noch nicht um das große Ansehen und die unermessliche Liebe
der Geistigen Welt und dass sie dies auf Erden leben dürfen.

Was für ein Geschenk, denn die andere Seite, die Feldherren, leben meistens schon in der Öffentlichkeit. Sie sind
bekannt und, meistens jedenfalls, sehr beliebt. Sie fühlen sich
selbst heldenhaft, mal mehr, mal weniger. Die Feldherren sind
genauso geschätzt und beschützt wie die Helden.

Oh, du hast das Gefühl, dass wir dich meinen mit dem In-
kognito-Helden, der weit über alle Lande hinaus bekannt und
beliebt werden wird? Liebe Freundin, lieber Freund, natürlich
meinen wir dich damit, denn für dich haben wir ja diese Zeilen
energetisiert und geschrieben.

Sei unbesorgt, auch wenn du das goldene Gewand jetzt noch nicht trägst – oder vielleicht trägst du es schon? Bist du dir sicher, dass du noch nicht in deiner Lebensaufgabe bist? Also, auch wenn du erst noch in den Sattel gehoben wirst, bist du dennoch längst in der Vorbereitung für das, was dich in deine Berufung führt. Du wirst deinen Feldherren begegnen, und ihr werdet euch die Hände reichen. Ihr werdet zusammen wirken, sehr gute Freunde und ein Vorbild für andere sein.

Sarinah meint, wir sprechen jetzt ein wenig in Rätseln. Nun, mit diesen Zeilen sprechen wir die Zusammenarbeit und die Vereinigung der Botschafter des Lichts an, die laut Seelenkontrakt die höchste aller Belohnungen geplant haben, nämlich unter anderem das Zusammenwirken/Zusammenleben mit uns und der Galaktischen Föderation des Lichts. Die wundervolle, ewige, bedingungslose Liebe zu leben, sodass es auf der Welt keine Opfer und keine Feinde mehr geben möge. Die Liebe des Goldenen Zeitalters lebt durch euch, sie lebt ewig.

Die Liebe eures Lebens war in früheren Inkarnationen oft euer Feind. Die Liebe deines Lebens triffst du nicht selten auf ungewöhnlichen Wegen. Vergiss bitte nie, du bist nicht auf der Welt, um zu entzweien. Du bist gekommen, um zu vereinen, und das in einem Ausmaß, das du dir noch nicht vorstellen kannst.

Es danken dir und segnen dich,
Erzengel Uriel und Erzengel Michael

Bleib bei dir

Das liest sich so leicht, denn in sich zu ruhen und sich im eigenen heiligen Herzen wahrzunehmen, ist sicherlich nicht einfach, denn die Wellen des alltäglichen Lebens fordern euch ganz schön heraus. Eure Mitmenschen und die Lebenssituationen, in denen ihr euch bewegt, fordern Reaktion von euch.

Doch es ist extrem wichtig, dass du dich nicht immer wieder selbst verlierst, sonst setzt eine Resonanz von deinen Mitmenschen ein, die dir sagen, dass sie sich zurzeit auch nicht spüren. Die dir ihre Probleme schildern, immer und immer wieder.

Das kann anstrengend sein, wenn man das Gefühl hat, dass niemand dem Nächsten Halt bieten kann und man trotz der eigenen Schwäche auch noch andere auffangen soll.

Spiegelungen sind wie Leuchtfeuer – blendet euch dieses Feuer und tut euch weh, dann solltet ihr die aktuelle Gegebenheit überdenken.

Wenn du zum Beispiel denkst, dein berufliches Projekt wäre nicht erfolgreich genug, dann setzen Spiegelungen ein. Man schubst dich hinein, indem man deine Zweifel unterstreicht.

Du musst also nur eins tun, nämlich deine Zweifel und Ängste loslassen und positiv denken, sprechen, fühlen. Wenn dein Herz dir den Weg weist, musst du dir keine Sorgen machen.

Nicht einfach, immerwährend bei dir zu sein. Doch das ist sehr wichtig, denn andere folgen deinem Energiebeispiel. Und dein Körper reagiert sofort auf jede kleine Unebenheit, denn mittlerweile kann dein menschliches Handlungsorgan, mit dem du dich auf Erden ausdrückst, sehr viel Licht durch sich fließen lassen und halten.

Du lebst das Leben eines Engels (Höheres Selbst). Sobald du von diesem Engelwesen ein wenig abrückst, wird dir dein

Körper-, Geist- und Seelensystem sofort sagen, dass etwas nicht in Ordnung ist.

Das ist tatsächlich nicht ungefährlich, denn du kannst zum Beispiel in einem Dauerzustand von „Ich fühle mich gerade selbst nicht" durchaus eine chronische Krankheit entwickeln oder gar einen Kurzschluss im Gefäßsystem erleben. Das sind nur Beispiele, die aufzeigen sollen, wie der Körper reagieren kann, wenn die Abweichung vom Seelenplan zu groß ist.

Warum? Nun, der verkörperte Aufstieg ist für die Seele unabdingbar, sie sucht sich ihre Erfahrungen aus, um dadurch schneller weiter aufzusteigen, und sei es über Krankheit oder Tod.

Je mehr Licht dein Körper halten kann, umso weniger wird es dir erlaubt sein, zu stagnieren. Du solltest also in der Lage sein, eine Energie-Unausgewogenheit sofort zu erkennen.

Ihr seid es selbst, liebe Freunde, die dafür sorgen, dass es hurtig weitergeht. Ihr seid diejenigen, die die Regisseure für ihr eigenes Leben sind. Wenn jemand streng mit euch ist, dann seid ihr das selbst.

Kommen wir zurück zum irdischen Leib. Dieser kann eine wundervolle Gnade sein, oder ihr empfindet euren Leib als eine äußere Hülle, die nicht mehr zu euch passt. Nicht selten wird diese als zu voluminös und schwer empfunden.

Was also tun, damit das innere Glühen des Gottesfunkens sich auch beständig im Außen ausdrücken darf?

Ganz einfach, nimm dich erst einmal so an, wie du bist. Liebe dich so, wie du bist. Gott, der ja in dir wohnt, möchte glückliche Kinder sehen. Er drückt sich am liebsten durch die Menschen aus, die sich eben nicht hundertprozentig lieben können. Die nicht der Norm entsprechen, die unzufrieden sind mit sich, dem Leben an sich oder der Lebenssituation, in der sie sich gerade befinden.

Die Veränderung der Dinge, die du dir wünschst, kann erst einsetzen, wenn du keine Ablehnung mehr lebst. Keine Wertung mehr, keine Erwartungen, Begrenzungen, Zweifel und Ängste. Das gilt für das Innen und das Außen, also für deine innere Einstellung und die Einstellung zu deinen Nächsten.

Hast du es geschafft, eine gerade Linie zu ziehen und auf dieser zu balancieren, kannst du Wunder an dir und an anderen erleben.

„Es ist reine Übungssache", sagte Erzengel Michael in einem Gespräch, „trotz der Stürme des Alltags bei sich zu bleiben."

Je heftiger deine Erlebnisse waren, die du erdulden musstest, umso mehr wirst du in der Lage sein, den goldenen Engel in dir auch verkörpert auszudrücken.

Der Erdenengel Harry – Die Erfahrung der Illusion

An dieser Stelle möchten wir den irdischen Engel Harry zu Wort kommen lassen. Wer könnte besser schildern als er, was alles möglich ist, da er einer von euch ist.

Die Geschichte von Harry in das Buch hineinzunehmen, war die Idee von Erzengel Michael und dem Schöpfer selbst. Sie haben dies Sarinah übermittelt, denn durch Beispiele ist es für euch leichter, das Gelesene im eigenen Leben umzusetzen.

Der kleine goldene Menschenengel machte schmerzliche Erfahrungen während seiner Zeit auf der Erde. Er hatte geliebt und die Liebe wieder verloren. Er war von fast allen Freunden verlassen worden. Er hat Mangel erlebt, sogar Hunger.

Er machte sich selbst krank, um sich danach wieder zu heilen. Genau das tat der kleine Engel, er erinnerte sich, wie er wieder gesund geworden war. Doch davor war er eine Zeit lang so schändlich mit seinem Körper umgegangen, dass er krank wurde. Er tat dies unbewusst und nur aus einem Grund: um an sich erleben zu können, wie Heilung geschieht.

Der kleine Engel hatte seine Psyche so stark belastet, dass er eines Tages zusammenbrach und vorübergehend nicht mehr aus dem Tränenmeer herauskam. Auch das tat sich der kleine Engel unbewusst selbst an. Sogar seine Arbeit, die er eigentlich immer gemocht hatte, machte ihm keine Freude mehr. Er lebte diese heftigen Erfahrungen nur aus einem Grund: um mitzuerleben, wie allumfassende Heilung geschieht, um wiederum anderen helfen zu können, denen es genauso geht.

Dann kam der Tag, an dem der kleine Engel so weit war, sich seinen neuen irdischen Körper zu erschaffen, sozusagen ein Körpertausch. Da zauderte der kleine Engel nicht lange und legte los. Er erschuf seine äußere Form so ideal, so schön, dass es eine Freude war, ihm zuzusehen. Doch dann passierte etwas: Der kleine Engel vergaß nämlich, dass er dieser Körperform ein wenig Zeit geben musste, damit diese durch ihn erblühen konnte. Außerdem wollte Harry nicht wahrhaben, dass erst sein Inneres in die Heilung gehen musste, bevor er in die vollendete äußere Form gehen konnte. Er wurde ungeduldig und fing an, wieder in der gleichen begrenzenden und wertenden Weise über sich zu denken und zu fühlen, wie er das schon einmal getan hatte.

Schon stoppte der Prozess der pulsierenden, feinstofflichen, kristallinen Mensch-Werdung, was den kleinen Engel sehr traurig machte. Er fühlte sich plötzlich wieder krank, müde und alt. Doch sogleich fasste er Mut und fand heraus, warum es stoppte, sogar rückläufig erschien. Er sah, dass es an ihm gelegen hatte, dass er in die alte Falle der Ungeduld getappt war, *und dass seine Vorstellungskraft die Grenze bildete.*

Der kleine Engel legte wieder los und war in Windeseile wieder in der Form, in der er sich ausdrücken wollte. Weil er vertraut und erkannt hatte, dass alles Illusion ist, was nicht den höchsten Energien entspricht.

Einer Illusion muss man nicht hinterherweinen, oder sie weiter mit sich herumtragen, dachte sich der kleine Engel. Fortan lebte er sich auf der Erde so, dass sogar die großen Erzengel anfingen, vor Freude zu weinen, wenn sie den kleinen Engel sahen. So wunderschön und bezaubernd war der kleine Engel innerlich und auch im Außen, dass alles um ihn herum strahlte, sogar dann, wenn es tiefe Nacht war.

Erzengel Uriel: Der Gottesfunken –
Liebe spüren – Liebe sein

Dieser kleine Gottesfunken, mit dem du schon auf die Welt gekommen bist und dessen Anwesenheit du fast vergessen hast, während du aufgewachsen bist, diese Anbindung an das höchste Licht ist es, die dich irgendwann dazu gebracht hat, voller Sehnsucht nach deinen Idealen, deinen Träumen zu greifen. Dieses Licht in dir hat dich dazu bewogen, deine Lebensrichtung zu überdenken.

Ein wichtiger Schritt, denn wenn du damals nicht aus den alten Abhängigkeiten ausgestiegen wärst, wenn man dich damals nicht aus diesem Lebensrhythmus, der so einschläfernd war, rausgeworfen hätte, wärst du niemals der Mensch geworden, der du heute bist.

Manchmal, wenn die Dämmerung kommt, wenn selbst die Tiere anfangen, sich stiller zu verhalten und ihre Nachtquartiere aufsuchen, ist diese Ruhe für kurze Zeit zu spüren, die in dir wohnt. Diese unermesslich schöne, fast heilige Ruhe.

Dann werden sogar die Menschen zu stillen Genießern, die sonst am liebsten den ganzen Tag aktiv sind. Sogar sie fangen in der Blauen Stunde der Dämmerung an, in sich zu gehen.

Gaia ist wunderschön, ihr seid es auch! Wenn ihr nur wüsstet, wie wunderbar es ist, von ganz oben eure Seelenstrahlung zu sehen, die wie Flutlichter in vielen verschiedenen Farben weit in den Himmel leuchtet. Oh, eure Seelenlichter leuchten kräftig, und je bewusster ihr seid, umso schöner ist euer Strahlen.

Aber nichts ist schöner, nichts macht uns mehr Freude als zu sehen, wie der Gottesfunken in euch erglüht. Wie es in euch anfängt zu glimmen, wie ihr anderen damit Wärme schenken könnt, die dann auch vor lauter Liebe anfangen zu glühen.

Selbst die Liebe sein, das ist der wichtigste Punkt eures Seelenplans. Sonst könnt ihr das beständig steigende Schöpferlicht in eurem Körper nicht aushalten.

Der Gottesfunken wird euch dabei helfen, diese Liebe zu finden, denn ihr werdet durch das Glimmen des höchsten Lichts in euch in Situationen geführt, die es euch leicht machen, die höchste Seelenanbindung zu spüren und zu leben.

Kann sein, dass dein innigster Wunsch nach einem Baby wahr wird, dass du durch das Baby in deinem Bauch zu dir findest. Oder du siehst dir einen Film an, und die Augen des Hauptdarstellers lassen dich erschauern, sodass du plötzlich wie dieser Star innerlich leuchtest. Kann sein, dass du plötzlich andere Interessen hast, dass du eine andere Person einfach nur gerne ansiehst und hörst, weil du diese Schöpferliebe spürst, die da mitschwingt.

Das sind nur einige Beispiele. Doch eins sei gesagt: Nichts ist anziehender, als das Leuchten in den Augen eines anderen Menschen. Es tut gut und macht charismatisch.

Es kann auch irritierend sein, habt ihr doch die Liebe anfangs immer als Verliebtheit gespürt. Der leuchtende Kern fühlt sich an wie die bedingungslose Liebe, hat aber nichts mit Verliebtheit zu tun.

Es ist auch nicht so, dass du zum Beispiel unbedingt aus einer Ehe ausbrechen musst, weil jemand bei dir dieses Glühen ausgelöst hat und du das mit Haben-Wollen gleichstellst: „Sie/er soll nur mir gehören", sodass du es womöglich mit der alten Form der Liebe verwechselst.

Nichts ist schöner, als sich mit denen auszutauschen, die in eurer Energie sind, die auch ihre Seelenanbindung leben. Doch um diese Nähe herzustellen, müsst ihr niemanden trennen, noch müsst ihr umziehen oder gar eure Kinder aus dem gewohnten Umfeld reißen.

Das erwähne ich, Erzengel Uriel, mit Bedacht, weil dieses Glühen der immerwährenden Liebe in euch und in anderen oft verwechselt wird mit der alten Form der Liebe, jener Liebe, die bedingt gelebt wird.

Das ewige Licht in dir ist wie ein Leuchtturm, der immer leuchtet, ohne dass die Lampen ausgewechselt werden müssen. Hat es einmal angefangen zu leuchten, wird es nie mehr aufhören zu strahlen, im Gegenteil, es wird immer stärker werden. Oh, mir ist bewusst, liebe Freundin, lieber Freund, dass du längst diesen Funken in dir fühlst, dass du längst in dir angekommen bist.

Da du automatisch das lebst, was du im Inneren fühlst, darfst du sicherlich auch dein Leben mit denen teilen, die immer an deiner Seite waren und sind.

Du darfst auch die Belohnung aller Belohnungen leben, die allumfassende Liebe in ihrer reinsten Form.

Es ist mir eine Ehre, auf diese Weise mit dir sprechen zu dürfen.

Es segnet dich und dankt dir,
Erzengel Uriel

Das Dogma der schmerzhaften Geburt

Es ist vieles im Wandel, manchmal so leise, dass ihr diesen lichtvollen Wandel erst bemerkt, wenn davon in den Medien berichtet wird.

Dass eine Geburt schmerzhaft sein muss ist eines der Dogmen, die man euch auferlegt hat. Oder, besser gesagt: Die Menschheit hat es zugelassen, dass eine Frau, die gebärt, dies unter Schmerzen tun muss.

Ja, stimmt! Es gibt längst medizinische Hilfe, damit das nicht geschehen muss. Doch seit Jahrzehnten ist es so, dass, wenn euch ein Schmerz in die Knie zwingt, ihr hilfesuchend nach Schmerzmittel greift, die dann wiederum Schaden im Körper anrichten können. Schlimmer noch, so kommt es zur Schmerzerinnerung – das Gehirn speichert die Pein wie auf einer Festplatte. Dadurch kann es zu chronischen Schmerzen kommen, und ihr fühlt euch wie im Kreislauf der Pein gefangen, denn die Medikamente, die euch den Schmerz scheinbar weggezaubert haben, wirken nicht mehr. Ihr braucht höhere Dosen oder andere Schmerzmittel, die noch stärker sind.

Oh, wir verstehen dieses Dilemma, und wir fühlen mit euch. Hat euch denn niemand gesagt, dass ihr selbst ein Programm im Körper habt, das auf allen Ebenen heilend wirkt, und das ohne Risiken, Nebenwirkungen und Kosten?

Die Geburt war früher etwas Heiliges, das im Verbund mit der Familie stattfand. In einer Atmosphäre der Ruhe, der Geborgenheit und der Liebe. In den Armen der höchsten Engel und des Schöpfers gibt es keine Schmerzen und keine Ängste.

Doch dann fing man damit an, euch von der Familie, vom Liebsten zu trennen, ausgerechnet dann, wenn ihr sie am dringendsten gebraucht hättet. Man trennte die gebärenden Frauen früher sogar von ihren Männern, die dann hilflos und ruhelos in den Krankenhausgängen herumirrten. Ja, das ist Vergangenheit, leider ist aber diese Schmerzerinnerung im Kollektiv der Frauen geblieben.

Der Schöpfer wollte nie, dass ihr leidet, während neues Leben zur Welt kommt. Im Gegenteil, er wollte, dass ihr bei der Geburt die gleichen Freuden empfindet wie bei der Zeugung.

Der Schöpfer gab den Menschen diesen Gottesfunken mit auf die Welt, damit ihr in der Lage sein würdet, die Mühsal des Lebens von euch und anderen abzuwenden.

Nun, ein Grund für das auferlegte Dogma der schmerzhaften Geburt war auch die Reduzierung der Lust. In gewissen Evolutionsphasen wurde Sexualität nur gelebt, um sich fortzupflanzen. Man setzte den Schmerz sozusagen als Geburtenregulierung ein und erreichte dadurch, dass sich manche Gläubigen schuldig fühlten, wenn sie Spaß und Freude an der Sexualität hatten, ohne eine feste Partnerschaft zu haben oder gar verheiratet zu sein.

Wenn etwas so wehtut, muss es doch auch etwas abzubüßen geben! Hast du das nicht auch schon einmal gedacht? Hast du schon einmal einen starken Schmerz gespürt und dich sofort gefragt, was du falsch gemacht hast? Du hast nichts falsch gemacht. Die dunkle Seite hat immer wieder versucht, nach den Seelen zu greifen, um sie von ihrem Weg abzubringen und das Erwachen zu verhindern.

Doch auch das ist Vergangenheit, denn die Menschen sind mittlerweile so bewusst, dass sie jede Lüge erspüren. Oft ist es sogar so, dass sich die Bürger nicht mehr für diejenigen interessieren, die Unwahrheiten verbreiten. Die Lichtträger suchen sich die Antworten selbst, sie brauchen niemanden mehr, der ihnen vorkaut, was sie denken, sagen, fühlen und tun sollen.

Wir sprachen vom Thema Schuld: Wer sich schuldig fühlt, ist manipulierbar. Das ist einer der Gründe, warum man euch die Wahrheit vorenthalten hat. Die Wahrheit über die Herkunft der Menschheit und die Zusammenhänge im Großen und im Kleinen.

Nun, es würde ein ganzes Buch füllen, wenn wir anfangen würden, das Thema Mind Control genauer zu durchleuchten. Doch wir halten uns absichtlich nicht mit diesen Schilderungen auf, denn wir wollen euren Fokus auf die erfolgreiche Zukunft richten, nicht in die dreidimensionale Vergangenheit.

Im Goldenen Zeitalter ist vieles anders, ihr werdet keine schmerzhaften Geburten mehr erleben müssen, außer ihr wollt es so. Die Schwangerschaften an sich werden kürzer sein, und ihr könnt noch im reifen Alter Babys auf natürliche Weise empfangen und austragen. Das ist kein Versprechen, denn es liegt immer daran, was eine Seele erfahren möchte und wie ihr denkt, sprecht, fühlt und lebt.

Doch eins ist sicher: Je stärker dieser Gottesfunken in euch leuchtet, umso mehr werdet ihr selbst zu Schöpfern. Umso mehr werdet ihr das auflösen können, was euch so gepeinigt hat. Ihr löst es nicht nur für euch selbst auf, sondern auch für das Kollektiv.

Mit dem Dogma der schmerzhaften Geburt waren auch die Menstruationsbeschwerden verbunden. Wir sprechen absichtlich in der Vergangenheit, denn die Lichtarbeiter sind gerade dabei, diese Glaubenssätze zu lösen, die nicht selten von der Mutter übernommen wurden, die das Ahnenthema wiederum von ihrer Mutter hatte.

Sicher gibt es für alles eine medizinische, wissenschaftliche Erklärung. Warum selbst junge Frauen schon leiden, wenn sie „ihre Tage" haben, warum gewisse Abläufe im Körper Schmerzen verursachen. Doch die gemeinschaftliche AUF-Lösung für dieses Leid findet sich nie auf der gleichen Ebene, in der diese Pein entstanden ist. Die ER-Lösung findet ihr immer auf der höheren Seelenebene.

Wir möchten hier keineswegs jemanden davon abhalten, medizinische Hilfe in Anspruch zu nehmen, denn es gäbe sie nicht, wenn ihr sie nicht brauchen würdet. Wir zeigen nur auf, wie das Leben im Goldenen Zeitalter sein kann und was mit dem eigenen Bewusstseinsprozess verbunden ist.

Ihr seid selbst eure Herrn und Meister, ihr seid selbst Engel und Schöpfer. Vergesst nie: Ihr seid unermesslich stark und sehr geliebt.

Erzengel Michael:
Die spirituelle Bedeutung der Lust

Wer denkt, er wäre ganz und gar befreit von dem Drang, Befriedigung finden zu müssen, der irrt. Doch Befriedigung findet man in vielerlei Hinsicht, es muss nicht nur über den Geschlechtsakt geschehen.

Durch die hereinströmenden Energien spürt ihr dieses wunderschöne Glühen in euch, das aber auch alte Erinnerungen auslöst. Um es deutlich zu sagen: Das Glühen des Gottesfunken kann in dir bewirken, dass du ein immenses Aufleben der sexuellen Lust verspürst. Kann, muss aber nicht. Es richtet sich danach, was dein Körper-, Geist- und Seelensystem braucht.

Doch eins sei gesagt: Diese sexuelle Neuausrichtung, also Lust zu verspüren, hat nichts, rein gar nichts mit irgendwelchen Angewohnheiten zu tun, die anderen Menschen schaden oder ihren freien Willen verletzen. Ihr werdet daher im Goldenen Zeitalter auch sexuell nur das leben können, was der höchsten göttlichen Energie entspricht.

Jemand, der diese hohe Lichtfrequenz in sich trägt, kann keinen Missbrauch begehen, in welcher Form auch immer. Zum Beispiel jemandem bewusst gegen seinen Willen zu schaden oder Schmerzen zu bereiten, wird im Goldenen Zeitalter nicht mehr möglich sein.

Wie denn auch? Wer so hoch schwingt, würde sich doch eher selbst verletzen, bevor er andere gegen ihren Willen zu irgendetwas zwingt.

Wenn wir den Willen einer Person ansprechen, dann reden wir von der Seelenebene. Dieser Ebene eines Menschen, die nicht manipuliert oder zu etwas überredet werden kann, was der Träger der Seele nicht möchte.

Manche Menschen geben sich auf eine gewisse Art und Weise hin, weil sie die Liebe nicht verlieren möchten oder vom Partner etwas erhalten, was dieser wiederum nur tut, weil er dadurch die gewünschte sexuelle Befriedigung bekommt.

Es ändert sich vieles in der Neuen Zeit, das ist nur ein kleiner Teil. Ihr werdet nichts mehr leben können, was nicht mit eurer Seele konform geht. Die Seele an sich ist unbestechlich, sie ist weise und unabhängig, sie ist vollkommen frei, auch wenn sie gerade in einem Körper wohnt.

Aber die Lust, die entsteht, wenn Menschen sich so lieben, dass sie sogar bereit sind, den Partner nicht mit Erwartungen, Forderungen, Wertungen und Begrenzungen zu überschütten, kann euch wahrlich in den Himmel heben. Diese reine Form der Huldigung (Lust) habt ihr so sicherlich noch nie erlebt.

Sie geht weit über Befriedigung hinaus und lässt euch tagelang schweben. Egal, ob ihr diese Form der Huldigung mit euch selbst oder mit dem Partner eurer Wahl lebt. Eins ist sicher: Ihr werdet zu Genießern und spüren, dass es immer eine Steigerung gibt – immer!

Nun, was weiß ein Erzengel über solche irdischen Dinge, wird sich jetzt sicher mancher fragen. Warum nicht, lautet meine Antwort, wir leben ja auch durch und mit euch.

Die spirituelle Bedeutung der Lust im Goldenen Zeitalter ist folgende: Ihr gebärt euch sozusagen immer wieder selbst, und vor der Geburt steht nun mal die Vereinigung. In diesem Fall geht es um die Vereinigung mit dem, was IST.

Simpel? Nun, die Dinge sind meistens nicht so kompliziert, wie die Menschen denken. Logik steckt oft im Kernsatz, dazu muss man aber erst einmal die Kernaussage finden.

In diesem Fall ist es so, dass ihr sehr gut und sensibel auf die hereinströmenden Energien reagiert. Zumindest die meisten von euch. So reagiert jeder Körper individuell, und wer sich der Huldigung hingibt, wird spüren, dass es ein immenses Verstärken der Gefühle gibt.

Durch das Löschen des Dogmas des kollektiven Schmerzes wird auch die sexuelle Befindlichkeit verändert. Ihr werdet auch das als sehr intensiv, erhebend und nicht mehr als ermüdend erleben.

Die Lust an sich muss euch aber nicht mehr abhängig machen. Ihr werdet dadurch nicht süchtig sein nach Befriedigung, sondern ihr werdet zu Bewunderern, indem ihr euch selbst huldigt und die Person, die ihr liebt. Reines sexuelles Gebaren, One-Night-Stands zum Beispiel, wird es sicherlich immer wieder geben, denn jedes Wesen braucht Erfahrungen, um zu wissen, was man nicht mehr möchte.

Zwar könnt ihr ab einer gewissen Schwingung im Körper nur noch das leben, was den höchsten Energien entspricht, doch alte Lebensmuster sind manchmal wie Fallen, in die man immer wieder hineintappt. Eine Begegnung, nur weil man gerade Begierde spürt, wird leer sein. Ihr werdet zwar zu Genießern, aber den Teil der Begierde, der euch abhängig und willenlos gemacht hat, nicht mehr leben müssen.

So ist also der Aufstieg durchaus eine sinnliche Angelegenheit. Mit jeder Dimension, die der Lichtträger erklimmt, erschafft er sich wieder neu.

Mit jedem Mal, wo ihr euch in noch höhere, lichtvolle Frequenzen begebt, werdet ihr die Möglichkeit haben, all das zu genießen, was euch früher versagt war, denn die Faszination gehört zum geheilten, erwachten Menschen auf Erden. Diese kann auch gelebt werden, indem ihr ganz und gar in einem Hobby aufgeht, zum Beispiel in der Kunst, in der Natur oder in der Musik, beim Sport usw.

Die neue Sinnlichkeit kann viele Fassetten haben, es ist individuell. Es kann sein, dass du dich plötzlich zum Musizieren, zum Malen oder zum Wandern hingezogen fühlst, um nur einige Beispiele zu nennen.

Das alles kann bewirken, dass du zum eigenen Seelenkern vorstößt und dich somit wie neugeboren fühlst, dich durch die Künste oder die Natur sinnlich erlebst.

Dadurch, dass die Menschheit vom Drama des Schmerzes erlöst ist, ist alles viel intensiver, was früher mit diesem Schmerz verbunden war. Wer also lange Zeit das sinnliche Erfahren abgespalten hat, aus welchem Grund auch immer, wird womöglich nun eine tiefe Sehnsucht spüren, dies zu leben, aber in seiner reinsten und edelsten Form.

Es dankt und segnet euch,
Erzengel Michael

Gute Eltern sein – eine Meisterleistung

Eltern wissen, dass es wahrlich eine große Herausforderung ist, Kinder auf das Leben vorzubereiten. Auf die bedingungslose Liebe, die in den Herzen der Kleinen wohnt, zu antworten, ist sicherlich nicht für jedes Elternteil leicht, denn euer Nachwuchs stellt euch manchmal ganz schön auf die Geduldsprobe, und das ist auch gut so.

Das hat auch damit zu tun, dass es gilt, Verzicht (Opfer) zu bringen, wenn ihr euch für Kinder entscheidet. Gerade von denen, die alleinerziehend sind und nicht dem Klischee der Gesellschaft entsprechen. Oder die nicht über ausreichend finanzielle Mittel verfügen, um dem Nachwuchs das zu geben, was er braucht. Diese Menschen werden besonders kritisch beäugt, was zum Beispiel die Kindererziehung angeht.

Aus spirituelle Ebene ist dieses „Opfer-bringen-Müssen" auch etwas, was man euch auferlegt hat, denn die vielen Jahrzehnte der Dualität haben dazu geführt, dass das Leben immer unfreier wurde. So wurdet ihr immer mehr zu Marionetten, die sich so bewegten, wie der Staat es wollte und euch vorgab, indem ihr gezwungen seid, zum Beispiel arbeiten zu gehen, um leben zu können. Wobei sich mit Sicherheit manche Mama oder mancher Papa wünschen würde, gerade die ersten Jahre nur für ihr Kind da sein zu können.

Elternschaft bedeutet auch, dass man Dinge tun muss, die nicht dem entsprechen, was man im Herzen fühlt. Dass man Kompromisse eingehen muss, obwohl man das eigentlich nicht will. Ganz normal, werden jetzt einige sicher denken. Das Kind muss in den Hort, damit ich arbeiten kann, sonst reicht das Geld nicht. Verständlich, doch so erziehen andere eure Kinder genau dann, wenn sie ihre Prägephase haben. Dann, wenn das

Liebste, das ihr habt, am empfindlichsten ist gegen störende Eindrücke von außen.

Oh, wir möchten auf keinen Fall das Lebensmodell schlecht machen, das oben beschrieben ist. Denn wir Engel wissen nur allzu gut, dass ihr nicht immer so leben könnt, wie ihr das gerne möchtet, weil es die Gesellschaft noch nicht zulässt. Doch es sei gesagt, dass dieses Lebensmodell der unfreiwilligen Angepasstheit etwas ist, das im Goldenen Zeitalter so nicht mehr gelebt werden muss. Außer natürlich, ihr wollt das alte Dasein weiter leben. Der freie Wille des Menschen ist unantastbar. Die Gesellschaft verändert sich, ihr seid im Wandel.

Sobald du ganz mit deinem Höheren Selbst verschmolzen bist und im neuen kristallinen, feinstofflichen Körper lebst, wirst du in der Lage sein, dir alles zu manifestieren, was du für dich und deine Lieben brauchst. Auch materielle Dinge wie Geld, Auto, Nahrungsmittel, Kleidung, Haus und noch vieles mehr bist du in der Lage, dir selbst zu erschaffen.

Wir sprechen hier die materiellen Dinge an, es kommt aber noch viel mehr dazu, nämlich deine Fähigkeiten, dem Altern ein Schnippchen zu schlagen, der Gesunderhaltung deines Körpers usw.

Das sind nur Auszüge, was dir möglich sein wird, was du kannst. Deine Grenzen sind dort, wo deine Träume enden.

Vielleicht wird dir nun klar, warum man versucht hat, euch abzuhalten vom höheren Bewusstsein, dem persönlichen Aufstieg, der ins kollektive Erwachen der Menschen übergeht. Aber so werdet ihr diese alten Glaubenssätze, die keine Berechtigung mehr haben, nicht mehr leben müssen.

Kinder werden wieder in einer liebevollen Gemeinschaft aufwachsen. So werden die Kleinen nach bestem Wissen und Gewissen in Liebe geschützt und betreut. Dadurch sind die Eltern nicht gezwungen, gegen ihr Herz zu entscheiden und Opfer zu bringen, weil sie nicht genügend Zeit mit ihren Kleinen verbringen können, obwohl sie das gerne möchten, gerade dann, wenn es am wichtigsten wäre für die Bindung zu ihren Kindern. Dieses und noch viel mehr der alten Lebensmuster werden sich auflösen, weil, wie erwähnt, neue entstehen. Wann allerdings etwas geschieht und sich etwas verbessert, liegt viel mehr eurer Hand, als ihr denkt.

Bedenkt bitte, dass, bevor sich etwas verbessert, das Pendel der Polarität erst in die Gegenrichtung ausschlagen muss. Dass es also scheint, als würden sich die Dinge eher verschlechtern. Das ist ein Zeichen dafür, dass etwas in lichtvoller Bewegung ist.

Zum Beispiel die Degradierung der alleinerziehenden Mütter und Väter oder der gesellschaftliche Nachteil gleichgeschlechtlicher Paare. All das wird es nach und nach in dieser Form nicht mehr geben. Das Kollektiv der Menschen erlöst gerade diese alten Glaubenssätze, also müssen diese auch nicht mehr gelebt werden. Wenn die Mehrheit der Menschen entscheidet, dass es für alle ein „bedingungsloses Grundeinkommen" geben soll, dann wird das auch kommen. Die Politik ist eine Ausdrucksform der Gesellschaft, nicht umgekehrt. Diejenigen, die ein Land regieren, werden eigentlich von der Masse der Bürger regiert, nicht umgekehrt. Die Macht geht, wie ihr in der Vergangenheit gesehen habt, vom Volk aus.

Wenn ihr euch zusammenschließt, seid ihr unermesslich mächtig, denkt an den Fall der Berliner Mauer oder den arabischen Frühling. Der freie Wille eines Volkes ist unantastbar! Die Mehrheit der Bürger Ägyptens forderte das Absetzen eines Politikers, und es geschah. Der arabische Frühling ist das Paradebeispiel dafür, was erreicht werden kann, wenn sich Menschen friedlich versammeln und im Einklang ihren Wunsch in die Öffentlichkeit rufen.

So entstehen im Kreislauf des höchsten Lichts neue Lebens- und Berufsstrukturen, die fair sind und es den Bürgern möglich machen, das zu leben, was ihre Überzeugung, das Herz, ihnen sagt.

Man hat euch suggeriert, dass ihr Opfer bringen müsst, wenn ihr euer Herz leben möchtet. Man hat euch suggeriert, dass ihr die Erlösung nur durch das Außen finden könnt. Das, liebe Leserinnen und Leser, ist nicht richtig, denn ihr erlöst euch selbst, ihr seid die Erbauer des Goldenen Zeitalters, ihr seid die Schöpfer eures Seins.

Das Spiel mit der Lichtpulsung

Für viele Lichtträger ist es Neuland, vom verkörperten Aufstieg zu lesen. Aufstieg bedeutet, dass das Bewusstsein sich ausdehnen darf, was sehr wichtig ist, denn nur so kann Mangel in allen Bereichen erlöst werden. Sie erkennen sich dann jedoch in diesen Zeilen wieder, sie sehen darin ein Spiegelbild, als würden sie ihr eigenes Leben lesen oder zumindest einige Passagen daraus. Das macht sie neugierig, und die meisten fangen dann an, Antworten auf ihre Fragen zu suchen.

Die Lichtpulsung, die in eurem Körper fließt, ist mittlerweile so stark, dass ihr gar nicht anders könnt, als euch zum Licht, der Quelle allen Seins, auszurichten. Das kann durchaus Empfindungen in euch auslösen, die so noch nie da waren, wie zum Beispiel die ansteigende Sinnlichkeit. Ihr fühlt euch und alles um euch herum intensiver als je zuvor.

Ab einem gewissen Zeitpunkt gebärst du dich neu, das kann man auch den „Phönix-aus-der-Asche"-Effekt nennen. Manche Sätze wiederholen wir mit Absicht immer wieder. Deine Seele weiß warum, sie weiß es…

In dieser Zeit kann dir dein Leben sehr isoliert vorkommen, wobei du selbst es bist, die/der sich nach Ruhe und Harmonie sehnt. Danach kommt es zum vollständigen Eintauchen des Höheren Selbst in deinen Leib, was wunderschön ist, denn, ab diesem Zeitpunkt bist du in der Lage, deine Schöpferkraft voll zu leben. Das hört sich womöglich abgehoben an. Das Licht der Schöpfung in sich aufzunehmen ist aber wichtig, sonst spürst du Stagnation in allen Bereichen deines Lebens, und Stillstand tut weh.

Du schwingst also immer höher und bewegst all dein Sein lebendig ins Licht, ähnlich einem Bergsteiger, der sich an der

Spitze einer großen Seelenfamilien-Seilschaft wiederfindet.

Früher war es so, dass der Bergführer sich abseilen konnte, absteigen, um denen zu helfen, die nach ihm gerufen hatten, weil sie hängengeblieben waren. Doch die extreme Höhe machte jeden Abstieg zur Gefahr für den Bergsteiger. Er fing an, genau die Symptome zu haben, die die Hilfesuchenden hatten. Er litt Höllenqualen und konnte den anderen nicht helfen, auch wenn sie noch so am Seil zogen. Sie mussten selbst hochsteigen, der Bergführer konnte sie ja nicht hochtragen. Das ist eine Metapher, die aufzeigen soll, wie der Seelenaufstieg vonstattengeht.

Dann kam ein Lichtarbeiter des Weges, der auch eine große Seelenfamilie am unsichtbaren Seil führte. Der sagte zum Bergsteiger: „Du bringst dich in Gefahr und alle anderen auch, die du führst. Du möchtest helfen? Dann musst du Vorbild sein und vorneweg gehen. Dreh dich nicht um, denn die anderen in deiner Seilschaft folgen deiner Energiespur. Du wirst sehen, sie lernen dadurch, ihr eigenes Leben in den Griff zu bekommen. Sie lernen, dass die wahre Hilfe die des Vertrauens und des Loslassens ist. Erwartung, Forderung, Begrenzung, Festhalten von alten Verhaltensweisen sind keine Lösung, sie führen zum Absturz."

Der Bergsteiger atmete tief ein. Die Luft ist so nah am Gipfel zwar wunderbar rein, aber auch sehr dünn. Sein Zellsystem hatte Mühe, sich umzustellen. Doch durch den Tipp des Lichtarbeiters, der sagte: „Geh ja nicht zurück, vertraue deiner Seilschaft. Sieh dich nicht um, sei du selbst, kümmere dich gut um dich, damit sorgst du auch für all jene, die deiner Lichtpulsung folgen", fand er heraus, dass es keineswegs egoistisch ist, sich um sich zu kümmern, sondern dass er mit dem Eintauchen in ihre Energie den Jammernden das Jammertal verlängern würde. Dadurch würden alle an Kraft verlieren, auch er. Außerdem brachte er sich immer wieder selbst in Gefahr.

Das ist nur ein Beispiel, denn der verkörperte Aufstieg, das Erlangen des hohen Bewusstseins, ähnelt der Besteigung eines hohen Bergs.

Durch die ständig steigenden Lichtfrequenzen ist ab einer gewissen Phase, wenn ihr fast im vollkommenen Bewusstsein seid, euer Herz gefragt, also die Intuition. Nur so könnt ihr aus dem Stand heraus prüfen, ob etwas gut für euch ist. Deshalb ist es wichtiger denn je, dass ihr bei euch bleibt und euch so schnell wie möglich der nächsthöheren Lichtpulsung des Schöpfers anpasst.

Das Anpassen an die aktuelle Schöpferenergie geht ganz einfach: Bitte deine geistigen Mentoren regelmäßig darum, dich mit höchstem Licht zu durchströmen, sie reagieren sofort und heben dich energetisch hoch.

Wenn die Schwingung nicht übereinstimmt, dann bildet sich zwischen euch und den Menschen, die euch folgen, ein Vakuum. Dieses schützt euch vor Überlagerungen, früher sagte man „Energieraub" dazu. Dieses Vakuum schützt euch und hüllt euch ein. So könnt ihr zentriert bleiben, und es können nur Menschen zu euch durchdringen, die denselben Energieschlüssel benutzen wie ihr.

Es ist also kein Egoismus, wenn du eine tiefe Abneigung spürst, jemanden zu treffen oder dass etwas nicht stimmig ist. Abneigung ist sicherlich erst einmal eine intuitive Reaktion, verständlich. Denn es ist dir nicht mehr möglich abzusteigen, deine Schwingung zu reduzieren, nur damit derjenige, der gerade im Tal des Lichtkörperprozesses steckt, sich wieder gut fühlt. Du kannst am besten helfen, wenn du Mitgefühl empfindest. Wenn du dich also weiterbewegst, sodass dein Bewusstsein sich weiten kann, immer wieder aufs Neue.

Die anderen spüren deine Energie, und allein dein Lächeln

kann schon helfen. So wird jemand, der in einer schweren Lebensphase steckt, sich durch dein Vorbild von seiner Mühsal befreien können. Wem sagen wir das, du weißt aus eigener Erfahrung, dass nach einem Tief immer ein Hoch kommt. Dass Freunde nur helfen können, wenn sie einen nicht zusätzlich mit ihren eigenen Sorgen belasten. Allein dein Lächeln, dein freundliches Hallo, kann zur Heilung schon nützlich sein und dazu beitragen, dass bei dem Nachfolgenden Klarheit entsteht. Das Umsetzen folgt fast automatisch.

Marianne Williamson sagte, dass jeder Mensch dazu bestimmt ist, zu leuchten.
Marianne Williamson aus ihrem Buch „Rückkehr zur Liebe" (Kap. 7, Abschnitt 3):

„Unsere tiefgreifendste Angst ist nicht, dass wir ungenügend sind, unsere tiefgreifendste Angst ist, über das Messbare hinaus kraftvoll zu sein.
Es ist unser Licht, nicht unsere Dunkelheit, die uns am meisten Angst macht.
Wir fragen uns, wer ich bin, mich brillant, großartig, talentiert, phantastisch zu nennen?
Aber wer bist du, dich nicht so zu nennen?
Du bist ein Kind Gottes.
Dich selbst klein zu halten, dient nicht der Welt.
Es ist nichts Erleuchtetes daran, sich so klein zu machen, damit andere um dich herum sich nicht unsicher fühlen.
Wir sind alle bestimmt, zu leuchten, wie es die Kinder tun. Wir sind geboren worden, um den Glanz Gottes, der in uns ist, zu manifestieren. Dieser Glanz ist nicht nur in einigen von uns, er ist in jedem Einzelnen.

Und wenn wir unser Licht erstrahlen lassen, geben wir unbewusst anderen Menschen die Erlaubnis, dasselbe zu tun.

Wenn wir uns von unserer Angst befreit haben, wird unsere Gegenwart ohne unser Zutun andere befreien."

Das Umsetzen eines Lebenstraums ist schwer, sagst du? Aber warum denn? Du kannst alles erreichen, alles, du musst nur eins tun: Deine Absicht, deine Gedanken, deine Gefühle, deine Träume, dein Reden beständig in die Richtung lenken, in der du dein Ziel siehst.

Es ist durchaus verständlich, dass du manchmal das Gefühl hast, du würdest im alten Leben gefangen sein. Doch manche Dinge brauchen ein wenig Zeit, gerade wenn es um Materie geht. Zum Beispiel dein Körper, eine neue Arbeit, ein neuer Wohnort, ein neues Haus usw. Dann dauert die Umsetzung ein wenig, hier sind deine Aufmerksamkeit und deine Beharrlichkeit gefragt.

Ein Teil der Quelle allen Seins zu sein heißt, sich selbst zu erfahren, sich immer wieder neu nach dem Licht auszurichten. Sich immer wieder in Situationen hineinzubewegen, die deiner Seele Stoff geben für diese Lernerfahrung.

Was könnte es für eine größere Herausforderung geben, als alte Schuhe auszuziehen, sich nach einem Sturz wieder aufzuraffen. Sich barfuß weiterzubewegen, ganz im Vertrauen, dass der Weg nicht mehr so steinig und schmerzhaft ist wie noch vor Jahren.

Welche größere Belohnung könnte es geben, als der Liebe entgegenzugehen, die Liebe in die Arme zu nehmen. Mit ihr zu verschmelzen und ganz darauf zu vertrauen, dass ihr niemals mehr Verlust erleben werdet? Außer ihr richtet eure Aufmerksamkeit auf den Verlust, indem ihr zum Beispiel immense Angst verspürt, euer Partner würde euch verlassen oder betrügen. Durch die ständige Ausrichtung auf eine Angst, auf Verneinung, lebt ihr gerade das, was ihr eigentlich nie leben wolltet. Angst zieht genau das an, was nicht erfahren werden möchte.

Selbsterfahrung im Leid, auch das ist gut so, denn wie hättet ihr es sonst lernen sollen? Wie ihr wisst, lernt man durch die heftigsten Erfahrungen mehr, als wenn immer nur eitel Sonnenschein wäre. Manche Schmerzen musstest du selbst fühlen, nur davon zu lesen, wie Heilung geschieht, hätte dir nicht die nötige Erkenntnis gebracht.

Große Worte? Nun, keineswegs, denn du hast durch dein lichtvolles Sein die Fähigkeit, die Lichtpulsung zu teilen, mit einem Erzengel zum Beispiel.

Oder, besser gesagt, der Schöpfer selbst darf sich über dich erfahren. Er darf in dir wohnen, durch dich handeln, er darf fühlen, sehen, alle Sinne wahrnehmen, und er darf durch dich lieben, wenn du es erlaubst.

Da kann doch nichts mehr schiefgehen, oder? Wenn mächtige himmlische Wesen nicht nur phasenweise mit dir sprechen können, sondern du sie einladen kannst, in dir zu wohnen.

Kannst du dir die Freude von Erzengel Michael vorstellen, als Sarinah ihn bat, in ihr zu wohnen, sich über sie zu erfahren? Er lebt dadurch neu und muss den Platz im Himmel dafür nicht verlassen. Sarinah aber verliert sich dadurch keineswegs, im Gegenteil, sie findet ihr wahres Sein und erlebt Wunder bei sich und an anderen.

☆☆☆

Erzengel Michael: Wenn ein Engel nicht nur in dir wohnt, sondern sich durch dich auf Erden erfahren darf

Die Themen, die wir hier ansprechen, sind keineswegs nur für hochspirituelle Menschen umsetzbar. Diesen Eindruck möchten wir auf keinen Fall erwecken. Allein dadurch, dass du diese Zeilen liest, verankert sich das Geschriebene in deinem Körper-, Geist- und Seelensystem und kann jederzeit von dir aktiviert werden.

Die Tatsache, dass zum Beispiel Erzengel unglaublich gerne menschliche Erfahrungen machen, ist sicher nicht neu. Doch durch deinen Aufstieg kann der gewünschte Erzengel mit seinem vollen Lichtspektrum zu dir kommen, wovon du wiederum unendlich profitieren kannst.

Sarinah spürt, wenn Erzengel Michael durch sie spricht und sich ausdrückt, aber auch andere Menschen spüren das. Sie sind plötzlich in ihrer Kraft, und sie lieben es, wenn sie Erzengel Michael über ihr eigenes Herz wahrnehmen. Die Menschen lieben es, Erzengel Michael anzufassen, ihm in die Augen zu sehen, ihn zu küssen.

„Für mich, Erzengel Michael, ist das wundervoll, denn ich bin gerne bereit, Liebe zu teilen. Ich liebe das Gefühl, gesehen und angefasst zu werden. Dass ich oder auch andere Erzengel, Aufgestiegene Meister oder gar der Schöpfer selbst in euch wohnen oder uns für den Moment in euch ausdrücken dürfen, ist erst ab einer gewissen Schwingungszahl des Körpers möglich. Immer mehr Menschen sind so weit, den goldenen Engel in sich aufzunehmen.

Es ist ein riesiges Geschenk, nicht nur für uns, sondern auch für euch. Dadurch könnt ihr zum Beispiel Hilfe erhalten, wenn ihr einen Vortrag halten müsst. Es kann sein, dass sich euer Wortlaut verändert und ihr Worte benutzt, die so nicht in eurem Sprachgebrauch sind. Es kann auch sein, dass sich eure Körpersprache verändert und ihr auf Ideen und Lösungskonzepte kommt, die sehr bereichernd sind für alle Beteiligten. Dass es euch zum Beispiel plötzlich möglich ist, verfahrene Situationen mit dem höheren Bewusstsein zu betrachten, sodass Lösungen entstehen können, die ihr vorher so nicht gesehen habt.

Die Gefahr eines Identitätsverlustes besteht nicht, denn jedes Wesen aus der Geistigen Welt wird nur so lange in euch sein, wie es dem Lichtträger guttut. Viele Menschen wissen oft selbst nicht, was ihnen guttut. Sie haben es verlernt, in sich zu fühlen, sich zu spüren und wie es möglich ist, Wünsche in die Umsetzung zu bringen.

Die geistigen Mentoren helfen, wo sie Hand anlegen dürfen. Doch vergesst bitte nicht, dass, je höher eure eigene Frequenz ist, ihr umso mehr die Sehnsucht haben werdet, selbst zu erschaffen. Dabei hilft der Engel in dir immens, denn er bietet dir die Chance, deine Aufgaben im Irdischen zu erledigen und trotzdem im vollen Gewahrsein zu sein.

Dass sich lichtvolle Wesen aus der Geistigen Welt über dich erfahren dürfen, ist ein Geschenk des Schöpfers, der uns erlaubt hat, das Leben mit euch zu teilen. Dabei brauchen wir unseren Platz im Himmel nicht zu verlassen, genauso, wie ihr euren Platz auf Erden nicht verlassen müsst.

So werden viele Menschen vom Licht der Schöpfung erreicht, denn nichts ist unwiderstehlicher, als wenn unsere Schwingungen sich vereinen.

Es gibt immer noch Menschen, die eher skeptisch eingestellt sind, was uns geistige Mentoren betrifft. Sie sind misstrauisch, weil sie es gewohnt sind, ihr Ding lieber selbst durchzuziehen. Sie trauen sich selbst nicht hundertprozentig, wodurch ihr Vertrauen in andere ebenfalls gestört ist. Sie werden immer wieder auf Menschen treffen, die sich so unvorteilhaft verhalten, dass sie sich bestätigt darin sehen, dass ihre Zweifel berechtigt sind. Dies kann sehr anstrengend und ungemütlich sein für alle Beteiligten, denn diese Menschen erschaffen sich so immer wieder neue Schwierigkeiten und Dramen, bis sie erkannt haben, dass sie ihr Leben so, wie es ist, selbst erschaffen haben. Was verständlich ist, denn das Leben kann ganz schön hart sein und oft unfair erscheinen, sodass es vielen lieber ist, sich nur auf sich selbst zu verlassen.

Wer sich im Kreislauf einer Beschwerde befindet, kommt oft erst wieder heraus, wenn die Zeichen auf Sturm stehen. Wenn scheinbar alles um sie/ihn zusammenbricht, erst dann fangen die Sorgenträger an, sich selbst zu hinterleuchten. Sie suchen nach dem Sinn des Lebens und machen sich Gedanken über die Zusammenhänge. Plötzlich sind sie offen für den Neuanfang, in den sie hineingeschubst wurden, weil zum Beispiel der Partner sich getrennt hat oder der Körper krank wurde und sie darum eine Weile nicht arbeiten konnten. Ihr Fokus liegt dann meistens woanders, sie fangen an, sich zu zentrieren und die wichtigen Dinge im Leben zu sehen. Diese haben keineswegs mit der bedingten Liebe zu tun, die wichtigen Dinge des Lebens befinden sich in der Frequenz der allumfassenden Liebe.

Wie schön ist es, dir den Wunsch zu erfüllen, dass dieses ewige Spiel mit der Veränderung des Körpers (Altern) aufhört. Wie schön ist es, dir dabei zuzusehen, wie du endlich auch äußerlich zu dem wirst, was du innerlich durch deine Seele schon immer warst: ein wunderschönes strahlendes Erdenwesen, das sich nun streckt und zur vollen Größe ausrichtet. Dieses Wesen, das nun endlich so weit ist zu erfahren, wie es ist, gleichzeitig auf der Erde und im Himmel zu wohnen.

Wir aus der Geistigen Welt teilen mit dir unsere Heimat, und du teilst mit uns deine Heimat. Es wird zusammengefügt, was seit jeher zusammengehört. Wann immer du magst, wo immer du auch bist, kannst du dich mit einem Engel vereinen. Wie so oft gilt auch hier das Sprichwort: „Übung macht den Meister".

So sei es.

In Liebe,
euer Erzengel Michael

Das vollkommene Bewusstsein ist wie eine Rolltreppe nach oben

Das Bewusstsein der Menschen weitet sich immer mehr, es dehnt sich aus. Sie werden immer klarer, erkennen die Wahrheit sofort über ihr Herz und durchschauen dadurch jede Lüge.

Das ist sehr wichtig, denn dadurch ist jede Manipulation der Bürger sinnlos. Wer trotzdem versucht, wie ein Pokerspieler zu täuschen, wird damit keinen Erfolg haben. Im Gegenteil, wer andere betrügt, wird selbst betrogen, und schließlich kommt jede noch so kleine Lüge ans Licht.

Das Seelenpartner-Geschenk ist es, was diesen lichtvollen Wandel auf der Welt unterstützt hat. Das Seelenfamilien-Dekret könnte man es auch nennen. Wenn also ein Lichtarbeiter den Weg zum vollständigen Bewusstsein eingeschlagen hat und auf dieser Straße zum Beispiel Ängste, alte Lebensmuster, Begrenzungen, alte Verletzungen usw. heilt, dann heilt diese weise Seele nicht nur sich, sondern automatisch alle in ihrem Umkreis, die Heilung zulassen.

Ihr werdet bemerkt haben, dass die Boten des Lichts für diesen lebendigen Lichtwerdungsprozess teilweise durch die Hölle gegangen sind. Oder dass eure Nachbarn, ohne dass sie sonderlich spirituell wären, plötzlich auch auf dem Bewusstseinspfad unterwegs sind.

Das ist leicht zu erklären, da diese Boten des Lichts nicht nur sich in die Klarheit führen, sondern viele andere auch. Hier muss das Licht, das durch diese Personen geflossen ist, sehr stark gewesen sein. Das muss man erst einmal aushalten, ohne zu verglühen, denkt Sarinah jetzt.

Genauso ist es! Die Fackelträger haben den Pfad geebnet, sie mussten eine energetische Spur für die Nachfolgenden ziehen. Diese konnten die Straße des Aufstiegs dann fast wie im Schlaf gehen, ohne hinfallen und wieder aufstehen zu müssen, wie es die Fackelträger erlebt haben.

Das ist das Seelen-Dekret, ein Erlass des Schöpfers, der sicherstellt, dass so viele Menschen wie möglich in den Genuss des lebendigen Erhebungsprozesses kommen. Um sicherzustellen, dass nicht nur die hochspirituellen Menschen in den Genuss des Goldenen Zeitalters kommen, sondern auch jene, die scheinbar immer noch schlafen, deren Seele aber mit „Ja" gestimmt hat, was den Erhebungspfad betrifft. Der Aufstieg an sich trennt nie, er verbindet. Das Leben im Goldenen Jerusalem kennt keine Spaltung, kein MUSS, keine Egoschatten.

Der Erdenengel Harry – JA, ICH WILL!

Der Erdenengel litt lange Jahre unter den Lichtkörperschmerzen und all den physischen und psychischen Problemen, die mit dem Aufstieg einhergingen. Ja, das ist Vergangenheit, denn nun hat es der Erdenengel, den wir Harry nennen, auf ein Plateau geschafft, das es ihm leicht macht, alles zu überblicken, was vorher im Nebel war.

Bevor Harry irgendwelche Entscheidungen traf, kletterte er schlauerweise auf diesen Aussichtspunkt, um sich in dieser Position mit seinen geistigen Mentoren auszutauschen.

Diese Aussichtsplattform erreicht Harry einfach über den eigenen Willen, die eigenen Aussendungen. Über die Absicht, die Sprache, den Geist, die Gedanken und, ganz wichtig, über das Gefühl. Dies alles ergibt die Rolltreppe, die dem irdischen Engel jederzeit zur Verfügung steht.

Ja, Rolltreppe! Kein mühevolles Hochtapsen mehr wie noch

vor Jahren. Harry nutzt diese Möglichkeit oft, wenn es darum geht, möglichst viel Übersicht zu haben. Das hat ihm sicherlich vieles erspart. So manche Katastrophe konnte er damit vermeiden. Außerdem spart er Zeit – er kann sich ausruhen und gleichzeitig einen Plausch mit seinen Freunden im Himmel halten.

Erst durch diese Klarheit fiel es Harry auf, wie viele Erdenbürger seinen Fußspuren folgen. Energiepulsung nennt man das auch. Hätte Harry vorher davon gewusst, wäre er sicherlich nicht so frei und unbefangen den Pfad des Aufstiegs gegangen. Er wäre womöglich auch nicht so lange auf dem Hosenboden sitzengeblieben, um sich selbst zu bedauern. Oh, keineswegs ist das böse gemeint, das Ausruhen ist wichtig, denn nichts ist anstrengender, als die Umwandlung in ein lebendiges Höheres Selbst (goldener Engel) bei vollem Bewusstsein. Also ist es gut, dass Harry erst jetzt davon erfährt, was er Großes geleistet hat und wie sehr man ihm dafür dankt.

Ja, er ist fast jede Nacht im Gespräch mit seinen geistigen Mentoren, und dabei geht es meistens nur um eins: Wie kann Harry sich und anderen helfen, und wie um Himmels Willen richtet man sich nun ein im Goldenen Zeitalter?

„Du solltest deinen Raum im heiligen Herzen einfach nur ausdehnen, immer mehr. So erschaffst du dir den goldenen Raum, damit du dich in deinem neuen Leben einleben kannst", sagten seine Kumpels, die Himmelsengel.

Wie? Was?, dachte sich Harry. Ich verstehe nur Bahnhof. Wie mache ich mein Leben frei von jedem Mangel? Wie befreie ich mich und andere von Kummer und Leid?

Jede Nacht gingen die Gespräche mit seinen Freunden um das gleiche Thema. Harry war aber morgens genauso ratlos wie die Tage davor, denn er konnte sich an das Geplauder mit seinen Freunden nur lückenhaft erinnern. Doch plötzlich kam *ihm ein Gedanke: Wenn Himmel und Erde eins sind, dann brauche ich ja nur eins zu tun: einfach nur leben und vertrauen. Denn ich sehe zwar die unsichtbaren Hände meiner geistigen Freunde nicht, aber ich spüre sie und weiß, dass sie da sind, mich an die Hand nehmen und dafür sorgen, dass ich keinen Fehltritt mache.*

Also schritt der Erdenengel fröhlich pfeifend durchs Leben. Er wollte gerne die Liebe seines Lebens treffen und ging voller Vertrauen, dass er seine Belohnung erhalten würde, weiter. Harry ging einfach davon aus, dass er wie immer erst einmal selbst Liebe sein musste und dann automatisch das leben würde, was er im Herzen hat. Genauso war es! Durch die allumfassende Liebe im Herzen von Harry und in diesem energetischen Raum, der sich auf alle Menschen ausdehnte, die er traf, trat eines Tages die geheilte Liebe in sein Leben. Sie war einfach da, so, als wäre sie nie weg gewesen, als wäre es das Normalste der Welt, mit dem Erdenengel zu leben und zu lieben.

Harry genoss das Leben zu zweit in vollen Zügen. Sie liebten sich so sehr, dass es um sie herum vor Sinnlichkeit und Lust nur so flirrte. Sie begehrten sich, ohne sich zu brauchen, ohne das alte, bedingte Lebensmuster. Frei von Mühen und Sorgen.

Doch das reichte Harry nicht, er wollte mehr. Er wollte den Mangel bei sich und anderen Menschen erlösen. Ein vielfältiges und zeitraubendes Unterfangen, aber Harry war Feuer und Flamme. Denn Mangel hat viele Gesichter und zeigt sich zum Beispiel auch dadurch, zu dünn oder zu füllig zu sein, durch Krankheit oder finanzielle Not. Mangel zeigt sich auch, wenn die Menschen alleine sind, obwohl sie lieben möchten.

Harry traf sich mit einem Freund, einem Aufgestiegenen Meister, der auch inkarniert war und ein hohes Amt in der Politik besetzt. Sie redeten fast jede Nacht, oft zu dritt oder zu viert, denn beide Frauen der Engelwesen waren auch anwesend. David, der Freund von Harry, der damals fast gleichzeitig mit ihm auf die Erde kam, sagte: „Mein lieber Harry, wenn du den Mangel auf der Welt erlösen willst, musst du nur eins tun, und zwar bei dir anfangen. Wie im Kleinen, so im Großen."

Sie tauschten bei ihren häufigen Treffen die jeweiligen Erfolge und Rückschläge aus, denn auch David, der Aufgestiegene Meister im menschlichen Gewand, hatte sich bereiterklärt, seinerseits den Mangel auf der Welt zu erlösen.

So vergingen Tage, Wochen, Monate. Doch plötzlich sahen die beiden, dass es tatsächlich schon öffentliche Zeichen dafür gab, dass ihre innere Arbeit im Außen Früchte trug.

Sie trafen sich, plauderten, lachten, weinten sogar zusammen und fingen an, darüber nachzudenken, was sie als Nächstes für die Menschen tun könnten.

Dieser Dialog ist niemals abgebrochen, auch heute sind die zwei oder die vier noch im Gespräch, um herauszufinden, was sie sich und anderen Gutes tun können.

Eines Tages sagte Harry zu David: „Wenn ich von Anfang an gewusst hätte, wie einfach Heilung ist und wie mächtig ich unterstützt werde, wäre ich niemals so viel hingefallen und hätte mich sicherlich nicht so oft verletzt."

David, die weise Seele, sagte daraufhin: „Aber wir mussten fallen, wir brauchten den Schmerz, wie hätten wir sonst lernen sollen, aufzustehen und zu vertrauen?"

Harry schaute seinen Freund an und dachte: Er hat recht, aber ab jetzt will ich alles nutzen, was mir zur Verfügung steht. Ich will mit vielen anderen Boten des Lichts Erbauer des Goldenen Zeitalters sein. JA, ICH WILL!

Das tiefe Verlangen nach Vollkommenheit

Während Gaia euch sanft weiter in die Sphären der höheren Dimensionen trägt, ist euch sicherlich oft danach, auszuruhen. Sehnt ihr euch danach, euch gemütlich zurückzulehnen und einfach mal die Seele baumeln zu lassen? Durchaus wichtig, denn die wichtigste Wandlung steht ja noch an: das verkörperte Sein im kristallinen Leib.

Gerne möchten wir noch betonen, dass wir uns nicht gerne in Zahlen ausdrücken. Wir sprechen selten von Dritter, Vierter oder Fünfter Dimension, denn das würde das lineare Denken anheizen. Gerade dieses Denken nach Plan ist etwas, was die Phase der Zusammenkunft mit uns und euren galaktischen Freunden eher verhindert anstatt der Sache zu dienen.

Wir sprechen auch nicht gerne davon, dass es scheinbar Worte gibt, die der niedrigeren Energiedichte angehören. Die Bürger selbst sind es, die manchmal Trost und Sicherheit in diesen kleinen Rederitualen finden, indem sie Worte benutzen, die ihnen altbekannt sind.

Manchmal, in besonderen Krisensituationen, ist es schwer, zu vertrauen. Wenn der Energielevel absinkt, hält man sich automatisch an Silben fest, die bekannt und leicht zu erreichen sind.

Hoffnung, liebe Leserinnen und Leser, ist immer möglich. Auch wenn die eigene Schwingungsfrequenz abfällt, ist es den meisten Lichtträgern möglich, zu hoffen und zu vertrauen, was verständlicherweise manchen schwerer fällt.

Doch kommen wir zurück zum Thema. Wir sprachen davon, dass die Sehnsucht nach Vollendung euch antreibt, dass es aber auch Zeiten gibt, in denen es einfach um Zentrierung geht.

Ihr seid ja auch Empfänger. Immer wenn wieder ein neues Schöpferpotenzial freigegeben wird, ist es mehr als nachvollziehbar, dass ihr zu dem Zeitpunkt, an dem diese lichtvollen Energien in euch aktiviert werden, den Drang nach Ruhe und den eigenen vier Wänden verspürt. Wobei Zentrierung individuell ist, sie kann genauso in der Natur geschehen, in der Meditation, im Gebet, beim Sport oder indem ihr zu Kunstliebhabern werdet.

Wichtig ist, dass du dir vertraust und dir keine Sorgen machst, es könnte etwas nicht stimmig sein. Du hast so viele geistige Helfer um dich herum, die alles dafür tun, dass du in der richtigen Bahn bleibst und deinen Seelenplan erfüllen kannst. Da du bereits im Himmel angekommen bist, ist es deinen geistigen Mentoren sehr viel mehr möglich, dir zu helfen und einzugreifen. Du bist ja in ihre Welt eingetreten und sie in deine Sphäre. So verbindet sich die Erde mit dem Himmel. Wie im Kleinen, so im Großen.

Doch warum fühlst du dich manches Mal, als wäre alles beim Alten? Warum ist dann der Himmel nicht mehr zu spüren und zu sehen? Nun, das hat damit zu tun, dass dein System erst auf diese hohen Vibrationen eingestellt werden muss. Um ehrlich zu sein, ist es eine ewige Anpassung an die höheren Frequenzen, denn dein Aufstieg endet ja bekanntlich nie. Nicht mal durch den Tod, gerade dann nicht.

Hat jedoch eine bestimmte Grundeinstellung erst einmal stattgefunden, kannst du davon ausgehen, dass du die geistigen Helfer nicht nur fühlen, sondern auch sehen und selbstverständlich auch hören wirst. Natürlich gilt das auch für eure verstorbenen Angehörigen und Freunde. Auch sie warten voller Freude darauf, dass du im verkörperten Dasein bei ihnen anklopfst.

Außerdem ist eure Schöpferkraft gefragt, denn die Schulzeit ist vorbei. Ihr habt das Abitur längst bestanden. Nun geht es um das Studieren, oder, besser gesagt, um das Ausprobieren eurer eigenen lichtvollen Kraft.

Sarinah sagt, dass es der Körper ist, der begrenzend sein kann. Warum? Man hat euch seit frühester Kindheit beigebracht, dass ihr altern werdet und euer Leben mit dem Tod beendet ist. Dass ihr angeblich anfälliger für Krankheiten werdet, je älter ihr seid, usw. Viele alte Glaubenssätze. Man hat euch gesagt, dass euer Körper eure Grenze ist, und wenn ihr diesen verändern möchtet, dieses nur über Sport, Diäten oder gar die Schönheitschirurgie möglich ist.

Dass ihr all diese lichtvollen Wandlungen aber auch über das Bewusstsein erlangen könnt, hat man euch in der Schule nicht beigebracht. Doch genauso ist es. Wer die äußere Hülle im Einklang mit der Lichtfrequenz wandeln will, kann dieses längst über das Bewusstsein erreichen.

Doch mit Verlaub, liebe Leserinnen und Leser, wir möchten niemandem auf die Füße treten. Doch manche von euch sind so daran gewöhnt, das lineare Denken einzusetzen, wenn ihr etwas ändern möchtet. Wandlung über das Bewusst-SEIN, da helfen die linearen Gesetze auf keinen Fall! Im Gegenteil, das Denken nach Plan – erst kommt Punkt Eins, dann Zwei, dann Drei, dann A und B – blockt jede lichtvolle Manifestation. Gerade wenn es um feste Materie geht, wirkt es sich störend aus.

Der Erdenengel Harry und seine Unzufriedenheit mit dem Gewicht

Der Erdenengel möchte so gerne, dass sein irdischer Leib etwas schlanker ist. Doch egal, was er probiert, es scheint keine Diät mehr zu wirken, und so fängt er an, Erleichterung über sein Bewusstsein herzustellen. Gar nicht so einfach, denkt sich Harry, da er ja so lange daran gewöhnt war, mit Begrenzung zu denken.

Doch dann hatte Harry eine Eingebung: Er warf alles über Bord, auch jegliche beklemmende Denkweise über sich, und fing an, mit dem FÜHLEN zu arbeiten. Er warf sozusagen alle alten Glaubenssätze über Bord und sattelte das Pferd einfach von hinten auf. Er fühlte sich im schlanken, neuen Körper, und das tat er beharrlich, jeden Tag. Er freute sich so sehr, dass sein Herz anfing zu singen, obwohl sein Spiegel ihm noch den alten Harry zeigte. Doch der Erdenengel war schlau: „Ich mache es wie meine Engelfreunde im Himmel", sagte er sich, „dann muss es funktionieren. Ja ich weiß, so klappt alles!"

Gesagt getan. Harry ging fortan pfleglich und sorgsam mit sich um. Er liebte sich so, wie er war, und ließ sich nicht mehr von Zahlen begrenzen. Er strich mit seinen Händen täglich über sein verkörpertes Sein und freute sich, dass er die Veränderung spüren konnte, auch wenn sie noch nicht ganz manifestiert war. Er hatte den Dreh raus, das wusste Harry, als die Nachbarn und Freunde ihn ansprachen und sagten: „Du siehst so schön und schlank aus, sag, was hast du gemacht?"

Positive Spiegelung, dachte sich Harry, ich habe den richtigen Knopf für die Metamorphose gefunden. Ab jetzt erschafft mein Glaube die Realität. Siehe da, er vergaß ganz, wie er einst ausgesehen hatte. Das Bild verblich wie im Nebel, und Harry war eines Tages genauso, wie er sich vorher erfühlt hatte.

Die Wahrhaftigkeit ist für die Augen unsichtbar, das Herz aber kann die Vollkommenheit spüren. Wer mit dem Herzen sehen kann, sieht auch die Vollkommenheit.

Wenn du es schaffst, in der Liebe, im Vertrauen zu bleiben, obwohl dir etwas nicht passt, wenn das ICH WILL so stark ist, dass es dich aus dem Kraftraum des heiligen Herzens treibt, dann ist deine Aufgabe, gerade deswegen im Vertrauen und in der Liebe zu bleiben. Nur so bist du immerwährend in der Stärke, selbst zu erschaffen. Denke bitte daran, dass alles zu seiner Zeit kommt.

Abhängigkeit hat viele Gesichter

Der altbekannte Läuterungspfad, bei dem sich die Lichtträger mit allem beschäftigen, was transformiert werden muss, ist eine Erfahrung, die ziemlich kräfteraubend sein kann. Warum aber gibt es überhaupt noch Suchtverhalten auf der Erde?

Es gibt keine Fehler, Schuld oder Zufälle auf Erden, es ist alles in Bewegung. Alles obliegt der göttlichen Ordnung.

Warum wiederholen sich aber manche Dinge immer wieder? Nun, damit ihr euch erinnert, damit das uralte, göttliche Wissen in euch geweckt wird.

Denn darum geht es tatsächlich, während ihr uns entgegengeht, emporsteigt, ohne den Körper zu verlassen: UM DAS ERINNERN, DAS GEWAHR-WERDEN!

Die Lichtträger lösen über diese schwierige emotionale und oft körperlich belastende Phase nicht nur für sich das Alte auf, sondern auch für Familienangehörige. Jetzt wird manch einer denken: Aber ich habe kein Problem mit Süchten, meine Tochter/mein Sohn aber schon. Woher kommt das alles?

Nun, Abhängigkeit oder, besser gesagt, Suchtverhalten hat viele Gesichter. Das kann die immerwährende Suche nach positiver Anerkennung sein. Oder auch der Verzehr von Genussmitteln (Fett und zuckerhaltige Lebensmittel, Nikotin, Alkohol, Drogen usw.). Obwohl man weiß, dass sie krank machen können, ist es für viele Menschen schwer, dem Einhalt zu gebieten, was ihnen schadet. Oder sie fühlen sich nicht in der Lage, alte Verhaltensmuster loszulassen, weil sie intuitiv ein Familienthema heilen möchten.

All das kann immensen Druck aufbauen, hier braucht es ein Ventil, um den Druck abzulassen. Und das Ventil, ihr Lieben, sind oft eure Kinder.

Sie gehen mit Themen in Resonanz, und das so stark, dass einem angst und bange werden kann, wenn man ihnen zusieht, wie sie genau das leben, was ihre Eltern befürchtet haben.

Es ist leicht zu sagen: „Aber das Problem liegt nicht bei mir, sondern sie oder er spielt verrückt." Es tut sicherlich weh zu erkennen, dass Heilung nicht nur Sache derer ist, die so offensichtlich leiden.

Wir werden oft gefragt: „Warum gerade unser Kind, warum tut sie/er uns das an? Wir haben doch alles für unser Kind getan, wir verstehen nicht, warum ausgerechnet sie/er sich so selbstzerstörerisch verhalten muss."

Nun, das Warum kommt an zweiter Stelle. Denn die Antwort, warum etwas geschehen ist, werdet ihr erst dann erhalten, wenn ihr selbst der Lösungsweg für alte Familienglaubenssätze usw. seid.

Die Verbesserung einer Situation findet nie auf der Ebene statt, auf der das Problem entstanden ist. Die Heilung, nicht nur für euch, sondern auch für andere, findet ihr immer im inneren Kern und niemals im Spiegel.

Das heißt: Wenn du jemandem helfen willst, der scheinbar in eine Abhängigkeit hineingeraten ist, kannst du das am besten tun, indem du anfängst, bei dir zu reflektieren. Wo spürst du Resonanz? Was bringt dich dazu, emotional zu werden, was regt dich am Verhalten des Gegenübers auf? Wenn du den letzten Satz mit „nichts" beantworten kannst, kannst du dich gemütlich zurücklehnen und musst nicht bei dir nach Themen suchen, die erlöst werden wollen.

Wenn du allerdings die Frage mit „Ja" beantworten kannst, ist es Zeit, in sich zu gehen und ehrlich in sich zu spüren, welche alten Wunden sich noch nicht geschlossen haben. Natürlich helfen die geistigen Mentoren, wo immer es ihnen möglich ist.

Wie sich eure Mitmenschen euch gegenüber verhalten, ist immer ein guter Wegweiser, um herauszufinden, was noch transformiert werden will. Wenn jemand in deinem Umfeld zu Belagerungen neigt – dich nervt, indem er ständig den Kontakt zu dir sucht, obwohl du das nicht willst, ist das zum Beispiel ein Thema des Schutzes: „Ich darf sagen, wenn ich etwas nicht will, ich muss nicht immer nett sein, ich habe keine Angst davor, dass mich der andere nicht mehr gut findet."

Da die ständig steigenden Christusenergien dazu führen, dass alles an die Oberfläche gespült wird, was nicht gut ist für dich und das nächste Umfeld, ist das Erkennen des eigentlichen Themas, das zum Beispiel in die Sucht geführt hat, sehr wichtig.

Wie schon erwähnt, reicht es meistens nicht, die Person zu therapieren, die auffälliges Verhalten zeigt. Auffälliges Verhalten weist immer darauf hin, dass nicht nur ein Familienmitglied etwas zu heilen hat.

Der Erdenengel Harry und die Sucht

Der Erdenengel ging ein wenig müde seinem Alltag nach. Das Leben plätscherte so dahin, und er hatte Probleme, sich zu motivieren, sich zu finden. Manchmal eckte er an, und die Menschen um ihn herum sahen ihn strafend an, weil er es gewagt hatte, anderer Meinung zu sein. Der Erdenengel Harry fühlte sich nicht sehr geliebt und angenommen. Er merkte jedoch schnell, dass er die Aufmerksamkeit seiner Nächsten bekam, wenn er sich auffällig verhielt.

So kam Harry in Kontakt mit anderen irdischen Erdenengeln, die sich auch ausgegrenzt fühlten, die sich jedoch nach

Meinung ihrer Mitmenschen selbst ausgrenzten. Die einfach nur eins wollten: die Akzeptanz der anderen, egal, in welcher Lebenssituation sie gerade steckten.

Harry fing an zu kiffen, scheinbar nur, weil andere in seiner Gruppe das auch taten. Aber der eigentliche Grund, warum Harry zu Drogen griff, war die fehlende Eigenliebe, die Sehnsucht nach dem eigenen Seelenkern.

Es war wie ein Strudel, der ihn immer tiefer hinabriss. Harry hat sich für Geld verkauft, nur um an die Droge zu kommen. Diese Erfahrung treibt ihm heute noch Tränen der Scham in die Augen. Er nahm mal diese, dann jene Drogen, es wurde ihm viel angeboten. Aber auch seine Neugierde hatte ihn dazu gebracht, sich so zu benebeln, dass der Schmerz des Verlassen-SEINS nicht mehr zu spüren war.

Harry fühlte sich nicht nur ungeliebt, er war auch der Meinung, dass, wenn die Vergangenheit anders gewesen wäre – wenn jemand, den er sehr liebte, sich anders verhalten hätte, wenn dieses und jenes nicht passiert wäre –, er nicht in den Strudel der Abhängigkeit geraten wäre.

„Wenn das Wörtchen wenn nicht wär", sagte da eine innere Stimme zu ihm. „Suche nicht nach den Schuldigen oder dem Auslöser für die Tragödie. Zeige nicht mit dem Finger auf andere, die du als die eigentlichen Sünder siehst, sondern suche die Heilung tief in dir. Gehe kleine Schritte in Richtung Verbesserung. Wenn dich das Wort Heilung erschreckt, weil du dich nicht krank fühlst, bist du noch nicht bereit, dich heilen zu lassen", sagten die himmlischen Engelfreunde nachts zu Harry.

Harry war hin und hergerissen. Er hatte solch einen unstillbaren Drang nach diesen Abhängigkeiten, dass er sich außerstande sah, das alleine herauszufinden. Er wurde sich selbst fremd. Der kleine Engel verlor sich immer mehr. Doch genau an dem Punkt, an dem er sich nicht mehr in der Lage sah, sich selbst zu heilen, als er so tief in der Sucht steckte, dass seine Familie anfing, sich größte Sorgen zu machen, erreichte ihn der Ruf der bedingungslosen Liebe. Es gab tatsächlich einen Menschen, der ihn so liebte, wie er gerade war. Er bekam die Liebe geschenkt, ohne dass er auf sich aufmerksam machen musste, einfach so. Ohne dass er etwas erklären oder gar ein Versprechen abgeben musste, bekam er diese Liebe geschenkt.

In seiner Umgebung hatte jemand auch ein Thema mit Abhängigkeit und extremem Verhalten. Dieser hatte es geschafft, das Thema bei sich zu erlösen. Durch diese Heilung fing auch Harry wieder an, an sich zu glauben. Allein die Energiepulsung des anderen reichte, um Harry daran zu erinnern, wer er war, sodass die allumfassende Liebe des Schöpfers ihn wieder erreichen konnte und das Loslassen und die bedingungslose Liebe seiner Frau, der Familie und der Freunde ihre Wirkung zeigten.

Harry war sich selbst wieder wichtig und hatte nicht mehr den Drang, andere dazu zu bringen, ihn als Versager (was er ja niemals war) zu sehen. Der Erdenengel legte das selbstverletzende Verhalten der Abhängigkeiten ab. Er erkannte, dass er alles an sich lieben sollte, auch die scheinbar dunkelste Zeit seines Lebens. Gerade diese Phase des Verlassen-Seins liebt Harry, wenn er heute zurücksieht, am meisten. Denn er weiß, er wäre nie zu dem geworden, der er heute ist, er hätte nie in seine Berufung gefunden, wenn diese dunkle Phase nicht gewesen wäre.

☆☆☆

80

Erzengel Raphael: Die göttliche Berührung – Der Weg zu Kraft und Schönheit

Wer sich schon einmal im Strudel der Ängste befunden hat, wird wissen, wie schwer es ist, aus diesem Sog herauszukommen. Ein selbstauferlegter Sog, denn oft nutzt die Seele jede Gelegenheit, um zu transformieren. Sie erschafft sich dadurch Erleichterung, denn sie ist sehr weise und weiß, was sie tut. Oft genügt eine Angsterinnerung, und schon fließen über diese Öffnung der Emotion sofort noch mehr Ängste und Zweifel aus euch heraus. Da kann es vorkommen, dass du dich fühlst, als würde über dir die Welt zusammenstürzen. Dass Tränen fließen, du dich selbst hasst und Furcht spürst, obwohl der Auslöser dieser Transformation etwas ist, was du eigentlich längst verarbeitet hast.

Nun, manchmal sitzen die Splitter alter Verletzungen tief, sind so tief vergraben im Schatz der Erinnerungen, dass es einen nahestehenden Menschen braucht, der dich genau dort hineinschubst, wo noch etwas zu heilen ist.

Mit diesem Verhalten dir gegenüber werden scheinbar alte Wunden wieder aufgerissen, weil du zum Beispiel von jemandem genauso behandelt wirst, wie sich dein Ex-Mann dir gegenüber immer verhalten hat.

Manche Dinge müssen in die Emotion, um wegspülen zu können. Manchmal braucht es Zeit, um ein schmerzhaftes Thema ganz zu heilen. Denn würde die Geistige Welt euch in Windeseile von allem erlösen, würde etwas Wichtiges fehlen, worauf ihr euer persönliches Goldene Zeitalter aufbaut: die gelebten Erfahrungen und die darauffolgenden Belohnungen. Denn nach jedem Tief folgt ein Hoch!

So sind alte Belastungen, Erinnerungen und die Missachtung eurer Grenzen wie ein Gerüst. Dieses Gerüst kann erst dann abgebaut werden, wenn das Fundament sicher ist und die ersten Mauern darauf stehen. Die Gegebenheiten, die euch scheinbar so drückend einengen, bieten die Chance für einen neuen Lebensweg.

Warum? Nun, die Aufgaben, die ihr euch bei der Seelenplanung selbst gestellt habt, diese oft schmerzhaften Lebenszyklen, sind es, die euch weise und stark machen. Sie machen euch zu dem Wesen, das ihr in Wahrhaftigkeit immer wart.

Erdung kann auf vielerlei Weise geschehen – manche Menschen erden sich, indem sie sich zum Beispiel an Dinge klammern, die sie eigentlich nicht mehr benötigen. Es fällt ihnen schwer, Wunden heilen zu lassen. Sie reißen diese unbewusst wieder auf, indem sie sich Menschen suchen, die ihnen unweigerlich immer wieder wehtun.

Transformation hat viele Gesichter. Doch wer Reinigung durch eine Emotion erlebt, kann davon ausgehen, dass diese Art der Transformation zwar schmerzhaft ist, jedoch sehr gründlich.

Was also tun, um sich schnell wieder gut zu fühlen?

Die göttliche Berührung ist in der Tat ein sehr gutes Mittel, um aus der jeweiligen Trauer, den Zweifeln, den Ängsten und den Überlagerungen herauszukommen. Wieder ist uns bewusst, dass unsere Worte nicht ausdrücken können, mit welcher allumfassenden Liebe die geistige Heimat auf euch reagiert. Denn durch den Aufstieg, der euch in die Lage gebracht hat, dass ihr nur die Hände ausstrecken müsst, um eure Erzengel, Aufgestiegenen Meister, Schutzengel und all jene, die sehnsüchtig auf euch gewartet haben, zu umarmen, durch diese persönliche Vereinigung von Himmel und Erde ist es euch möglich, die Vorzüge der Geistigen Welt zu genießen.

Wir sind so nah, liebe Freunde, dass es uns eine Freude ist, eure Hände auf unseren zu spüren.

Ein Lichtkörper berührt den anderen, so könnte man das auch nennen. Du musst dich nicht in eine tiefe Meditation begeben, um unsere Umarmungen zu spüren. Das geht ganz einfach, indem du dir ein wenig Ruhe gönnst, dich entspannst – schon deine Bitte um eine Engelsberührung reicht aus, und wir sind da. Dieser Austausch an Energien und bedingungsloser Liebe ist sehr intensiv, wenn du an unseren Energielevel gewöhnt bist.

Es kann auch sein, dass du den Engel, den du auserwählt hast, am Anfang nur schwach fühlst. Doch er wird dafür sorgen, dass dein Wunsch nach Intensität erfüllt wird, indem er dich langsam an seine mächtige Energie gewöhnt. Dadurch fließt ein mächtiger, heilender, lichtvoller Strom durch deinen Körper, der wie ein Beschleuniger wirkt. So können schneller alte Verletzungen heilen, und du kommst hurtig in den Genuss, den feinstofflichen, kristallinen Leib zu leben.

Dieser menschliche Lichtkörper aus Fleisch und Blut ist für die Menschen in jeder Hinsicht sicher ein Gewinn, denn es bedeutet, dass ihr das Altern, die Krankheiten, den Tod und die Müdigkeit nicht mehr leben müsst.

Sarinah fragt gerade, ob die Menschen dann steinalt werden? Ja, genau, wenn sie es wollen! Eigentlich könnt ihr den Zeitpunkt des Todes selbst wählen, indem ihr dann im hohen Alter sanft einschlaft. Ihr könnt Hunderte von Jahren in eurem Lichtkörper bleiben, so ist er eigentlich konzipiert. Doch die auferlegten Dogmen durch die Religionen und die Konditionierung der Gesellschaft – die Dualität – haben die ewig währende Gesunderhaltung im eigenen Leib verhindert.

So kann es also sein, dass du längst nicht mehr so viel Schlaf brauchst wie früher und dass dein Körper die meiste Zeit des Jahres gesund ist. Dass du weniger Hunger verspürst und fitter und ausgeglichener bist als noch vor einem Jahr. Das sind

Zeichen, dass du angefangen hast, mit Hilfe deiner geistigen Mentoren deinen Lichtkörper zu bewohnen.

Du bist sicherlich eine/einer der LeserInnen, die/der sich nicht gescheut hat, nach Hilfe zu rufen, denn nichts liegt näher, als dass wir, deine Freunde aus der Geistigen Welt, alles dafür tun, damit es dir schnell wieder besser geht und deine Wünsche in Erfüllung gehen.

Je weniger du von uns gefordert, erwartet und je weniger du in der Wertung warst, was die Möglichkeit der Begleitung durch die Geistige Welt betrifft, umso intensiver konnten wir dir helfen.

Allerdings sind manche Wünsche sicherlich ein wenig anders in Erfüllung gegangen, als du es gedacht hast. Kein Wunder, denn wir nutzen immer den besten Weg für alle Beteiligten, wenn es um die Wunscherfüllung geht.

Manchmal hat es ein wenig gedauert, denn wie du vorhin gelesen hast, ist es wichtig, mit uns an einem Strang zu ziehen. So kann sich jede Erwartung, Forderung, Wertung oder Begrenzung, was unsere Hilfe betrifft, als Energieverlangsamung herausstellen und nicht als Energiebeschleunigung. Doch durch deinen beständigen Aufstieg kannst du unsere Anwesenheit nicht nur spüren, sondern es ist dir auch möglich, gemeinsam mit uns zu leben.

Wir sind immer in Liebe verbunden, wir waren und sind immer EINS! Rückwärts zu gehen ist ab einem gewissen Punkt des Aufstiegs nicht mehr möglich. Darum ist es wichtig, dass ihr euch die alten Auflösungen (Verletzungen, Wut) nicht immer wieder über den freien Willen zurückholt.

Wisst, ihr seid unermesslich geliebt.

Seid gesegnet.
Erzengel Raphael

Erzengel Metatron: Ausgrenzung hat viele Facetten

Wenn du andere verletzt, verletzt du auch dich!

Sicher hat schon fast jede Leserin/jeder Leser Ausgrenzung erlebt.

Wertung ist eine Verhaltensweise, die nicht mit den hohen Lichtenergien harmoniert. Diejenigen, die andere Menschen immer noch ausgrenzen und abwerten, weil sie eine andere Hautfarbe haben, einer anderen Religion angehören, alt, krank, behindert, fremdsprachig, transsexuell, homosexuell oder arm sind, begeben sich unbewusst in eine Art Lichtvakuum. Da ihre Verhaltensweise nicht den steigenden Energien entspricht, können sie die kommende Energiewelle nur schwer im Körper aushalten. Das Lichtvakuum wählt ihre Seele, um sie daran zu erinnern, dass gewisse Glaubenssätze überdacht und transformiert werden müssen, bevor ein weiterer Aufstieg stattfinden kann.

Nun, es ist nicht die Geistige Welt, die hier straft, sondern es sind die Menschen selbst, die sich oft wie in einer Zwangsstarre befinden, ohne zu bemerken, dass sie diese Starre durch ihr Verhalten verursacht haben.

Die hereinströmenden Energien durchfluten euren Körper sanft und wohltuend. Treffen sie allerdings auf Widerstand, wird der Level der ankommenden göttlichen Strahlung heruntergefahren, sodass die-/derjenige, die/der noch was zu transformieren hat, das tun kann. Dadurch entsteht ein Raum, der den Energien des jeweiligen Trägers entspricht, was wiederum wie ein Klärungstempel wirkt. Eine extra Loge also, die es euch erlaubt, weiter teilzuhaben an der Bewusstwerdung, indem ihr die nötige Übersicht und Ruhe habt. In dieser Loge verschafft ihr euch Zeit, um zu klären. Das kann auch unbewusst geschehen über den Gemützustand (Depression) oder Spiegelungen, die von euren Mitmenschen kommen.

Fast jeder Lichtträger hat sich schon einmal in der Loge des Zeitvakuums befunden. Das ist nicht außergewöhnlich, denn in diesem unsichtbaren Raum gibt es zudem die Möglichkeit, sich ein wenig vom Stress des Alltags auszuruhen.

Es kann also sein, dass der menschliche Körper selbst es ist, der den Träger in eine Krankheit führt. Eine Energie-Unausgewogenheit, die dazu führt, dass man sich in diesen Ruhezustand begibt, um aufzutanken und der Seele Zeit zu geben, den nötigen Reset einzuleiten, bei dem dann alles aus dem Programm (Körper – Geist – Seele) fliegt, was mit dem eigenen Seelenplan nicht konform geht.

Ausgrenzung hat tatsächlich viele Gesichter. Sie geschieht auch durch die Teilung in Alt-Jung, Krank-Gesund, Reich-Arm, Schön-Hässlich, Dick-Dünn, Hetero-Homosexuell usw. sowie die Trennung nach Rassen, Religionen, Sprachen, Staatsangehörigkeit und Geschlecht.

So kann auch das Kollektiv der Menschheit dafür sorgen, dass möglichst viele Menschen von alten Begrenzungen Abstand nehmen, obwohl zu dem Zeitpunkt, an dem dieses Buch entstanden ist, die Gemeinschaft der Menschen entschieden hat, darin zu verharren. Im Zustand der Gleichgültigkeit und der Feindlichkeit zu verharren ist sicher bequem, doch durch die kollektive Gleichgültigkeit entsteht wieder die Gefahr, dass die Menschen eine Eskalation erleben, wobei dann ein Raum entsteht, der abgeschottet ist vom Rest der Welt. In diesem Energiegitter werden die alten Themen der Belagerung meistens intensiv gelebt.

Da sich sehr viele Menschen in diesem selbst erzeugten Vakuum der Gemeinschaft aufhalten können, kann das Leben in diesen Landstrichen sehr konfliktreich, gefährlich und ermattend sein – siehe Syrien.

Die Gleichgültigkeit ist übrigens auch eine Form der Ausgrenzung. Wem das Schicksal anderer egal ist, schafft wiederum neue Ausgrenzungen – Gefühllosigkeit für sich selbst. Das Gesetz der Resonanz sollte eigentlich genügen, um das eigene Handeln zu überdenken. Was du dir oder deiner Familie nicht aufbürden willst, solltest du auch nicht anderen antun. Wer gefühllos ist, was das Wohl und Glück anderer angeht, wird genau das ernten, was er/sie ausgesendet hat.

Die Erdenbürger lösen sich aus alten Dogmen, indem sie diese erst einmal leben. Was wie ein Verharren aussieht, ist also eigentlich eine Vorwärtsbewegung.

Manchmal geht es nur darum zu verstehen, warum etwas passiert ist, um zu verhindern, dass sich die Geschichte wiederholt. Wer sich eine friedlichere Welt wünscht, sollte zuerst damit anfangen, den inneren Frieden in sich zu finden. Wie im Kleinen, so im Großen. Es hat alles seinen Sinn. Zufälle gibt es nicht. Es obliegt alles der göttlichen Bewegung, daher ist Stillstand eine Illusion. Bedenkt bitte, dass die Menschen in den Krisengebieten eure Brüder und Schwestern sind. Sie brauchen dringend eure mitfühlende, helfende Energie. Ihr seid alle Brüder und Schwestern.

Es segnet und dankt euch,
Erzengel Metatron

Erzengel Michael: Das goldene Wesen, das dich berührt

Wir sprachen von Ausgrenzung und es ist tatsächlich so: Wer andere ablehnend behandelt, lehnt sich selbst ab. Aber am schmerzhaftesten ist es sicherlich, wenn diese Ablehnung von einem Familienmitglied kommt, das man sehr liebt.

Eigentlich solltet ihr jenen, die euch wehtun, besonders dankbar sein, denn sie sorgen unbewusst dafür, dass ihr eure Lebenslektionen lernt. Ein hoher Dienst jener, deren Verhalten euch schmerzt, denn sie laufen immerhin Gefahr, dass es zu Zerwürfnissen kommt, die nicht mehr ausgeräumt werden können. Nicht selten kommt es dadurch zu lebenslangen Fehden.

Das goldene Wesen in dir möchte in der Schwingung der bedingungslosen Liebe leben. Dein Höheres Selbst, das nun in deinem Körper wohnt, möchte sich wohlfühlen und durch dich den Freunden in der Geistigen Welt die Hände reichen.

Dem Höheren Selbst ist es ab einer gewissen Frequenz möglich, in seinem Träger zu wohnen, was ein Leben in Fülle in allen Bereichen ermöglicht sowie die vollkommene Losgelöstheit vom Altern und von Krankheiten usw.

Das beinhaltet aber auch, dass eine mächtige Sehnsucht aufkommen kann, eine Sehnsucht nach dem Eins-Sein mit all jenen, die wir geistige Mentoren nennen. Das sind Erzengel, Engel, Aufgestiegene Meister, die galaktische Familie. All jene, die schon lange auf euch warten und die ihr von früheren Aufenthalten in den geistigen Reichen gut kennt. Immer wenn ihr euch zwischen den Inkarnationen in der Geistigen Welt ausgeruht habt, waren eure geistigen Freunde, das können auch verstorbenen Freunde und Angehörige sein, die ersten Ansprechpartner. Der Austausch mit den geistigen Mentoren ist unermesslich wichtig, um Mangel zu vermeiden und zu erkennen, was man möglicherweise zu Lebzeiten übersehen hat und bei der nächsten Inkarnation besser machen kann.

In dieser Phase der Rückschau sind die meisten Lichtträger gerade, aber in ihrem jetzigen Leben. Da ist euer Wunsch nach Zentrierung und Ruhe durchaus nachvollziehbar. Denn je mehr ihr eure Frequenz halten könnt, umso näher seid ihr denen, die unermesslich viel Liebe für euch empfinden. Wobei diese Annäherung erst beginnt, richtig intensiv zu werden. Das Schönste habt ihr also noch vor euch.

Da die Geistige Welt keine Trennung kennt, werdet ihr unweigerlich immer mehr in Kontakt mit eurer Galaktischen Familie kommen, außer ihr lehnt es ab, denn diese goldenen Wesen halten sich natürlich an euren freien Willen.

Wie kann so ein Kontakt mit einem Mitglied der Galaktischen Föderation aussehen? Nun, wer könnte darüber besser berichten als Sarinah selbst.

Sarinah: Mein erster persönlicher Kontakt mit dem galaktischen Seelenpartner

Ich war es gewohnt, Erzengel Michael zu spüren, mit ihm zu kommunizieren und sein blaues Licht zu sehen. Erst war es diese blaue, durchscheinende Gestalt, die ich wahrnahm, dann sah ich ihn immer klarer.

Dass Erzengel Michael auch auftauchte, wenn ich scheinbar nur im Verstand war, bei einem beruflichen Treffen zum Beispiel, fand ich besonders interessant, denn diese Meetings, bei denen es immer wieder um dasselbe geht, können einen ganz schön langweilen.

Doch bei einem dieser Treffen fiel mir auf, dass nicht nur die Schwingung von Erzengel Michael zu spüren war. Der große blaue Engel kam nicht allein, um mich zu begleiten.

Während ich der Rede des Vorgängers folgte, tauchte neben meiner Hand plötzlich eine durchsichtige, goldfarbene Hand auf. Diese wunderschönen langen Finger fand ich faszinierend, und diese Energie, die ich fühlte, war göttlich.

Es war nicht das erste Mal, dass ich mit diesen wunderbaren goldfarbenen Wesen in Kontakt war, die zu meiner galaktischen Familie gehören, wie ich mittlerweile weiß.

Ich sah hoch, um noch mehr von dem Wesen zu sehen, das so dicht neben mir stand, leicht gebeugt, als wollte es mir etwas zuflüstern.

Wunderschöne große Augen und eine Gestalt, die atemberaubend war. Sehr menschlich, so könnte man es beschreiben, sah dieses Wesen aus.

Ich unterhielt mich mit ihm und fragte: „Können die anderen dich auch sehen?"

„Die meisten nicht", sagte Marix, mit diesem Namen stellte er sich mir vor. „Es sind nur einige Menschen im Raum, die mich spüren und wahrnehmen können".

Ich weiß ja nicht, wie es euch gehen würde, aber ich fand das persönliche Gespräch mit Marix viel interessanter als die Reden meiner Kollegen.

Doch plötzlich war ich mit meinem Vortrag an der Reihe. Leider hatte ich mich wieder einmal nicht gut vorbereitet. Doch Marix schlug vor, er würde mich nach vorne begleiten, sich neben mich stellen und mir helfen.

Gesagt, getan! Wir standen da, und alles war wie immer. Ich fand mich schnell im Redefluss wieder, das Manuskript, das ich vorbereitet hatte, musste ich nicht einmal aufschlagen. Die

Sätze flossen aus mir heraus, und ich fühlte, wie meine Zuhörer sich innerlich aufrichteten, um ja nichts zu verpassen. Es wurde immer stiller im Raum.

Niemand schien dieses Wesen zu sehen, das neben mir stand. Doch nahmen sie Marix mit Sicherheit wahr, ich sah es an den Augen einiger Kollegen. Denn der Glanz, dieser unwahrscheinlich schöne, goldene Glanz von meinem galaktischen Freund spiegelte sich in den Augen der Zuhörer wider.

„Sie spüren mich", raunte mir Marix zu. „Da ist keine Angst oder gar Ablehnung." Ich hörte, wie er zu sich selbst flüsterte: „Erstaunlich, so viel Wandel in so kurzer Zeit." Er meinte damit, dass die Menschen an sich bereit sind für den öffentlichen Kontakt mit der Galaktischen Föderation des Lichts.

Zum Schluss fand ich mich in den Abschlussworten meiner vorbereiteten Rede wieder. Das Publikum stand auf und applaudierte ziemlich lange, wie ich fand.

„Der Applaus gehört dir", flüsterte ich Marix zu. „Sie spüren deine Energie, du hast durch mich gesprochen."

Er beugte sich zu mir und antwortete: „Du hast gesprochen, ich habe zugehört", und dann kam der Satz, den ich schon so oft von ihm gehört hatte: „Es ist alles in bester Ordnung, Sarinah, die Dinge nehmen ihren Lauf."

Bei dem abschließenden Essen mit meinen Kollegen fiel mir auf, dass diese sehr positiv auf die Energie von Marix reagierten. Auch wenn die meisten ihn nicht sehen konnten, spürten sie ihn sicherlich. In ihren Augen sah ich die Gestalt, sein goldfarbenes Licht.

Seit diesem Zeitpunkt tauchen seine Hände oft einfach so auf, manchmal berührt er mich auch. Ein wunderbares Gefühl, denn die bedingungslose Liebe, die er und seine Freunde mitbringen, ist etwas, was einen wirklich vor Glück schweben lässt.

Der individuelle Erstkontakt mit der Galaktischen Familie nahm immer mehr Gestalt an, sodass mein Alltag gezeichnet war von dieser allumfassenden Liebe, und das beständig. Diese wundervollen Begegnungen zu beschreiben, die ich mit meiner geistigen Seelenfamilie hatte, fällt mir schwer, weil meine Worte nicht ausreichen, um zu schildern, wie sich mein Leben dadurch positiv gewandelt hat.

Doch eins weiß ich ganz sicher: Wie im Kleinen, so im Großen. Wenn der Erstkontakt in kleiner Runde stattfinden kann, wird das auch im Großen passieren.

Erzengel Michael hatte mir meine Galaktische Familie vorgestellt, und schon vor Jahren sagte er dazu: „Sarinah, du wirst sehen, dein Leben wird dadurch leichter. Sie sind nicht da, um dich zu tragen, du musst deine Aufgaben weiterhin erledigen. Doch du wirst sehen, du wirst dich getragen fühlen von ihrer Liebe, die so bedingungslos ist, dass sie sogar ihre Energie dimmen, nur um bei dir zu sein."

Heute weiß ich, dass Marix und seine Freunde so sehr in der allumfassenden Liebe sind, dass sie alle Entscheidungen mittragen, die ich fälle. Sogar dass ich Jahre dafür gebraucht habe, bis ich bereit war, diesen Kontakt zuzulassen. Ich habe gelernt, meine Schwingung zu erhöhen, indem ich mich zentrieren kann, egal, wo ich bin. Zentrierung ist sehr wichtig, denn je inniger der Kontakt zu den Engeln, geistigen Mentoren und der Familie aus dem All, umso leichter wird das Leben. Umso schneller erfüllen sich unsere Wünsche, umso mehr können wir für die Gemeinschaft der Menschen tun.

Sarinah

Gespräch mit Marix: Galaktische Freunde – Wann endlich kommt der öffentliche Kontakt?

Die Galaktische Föderation des Lichts war einer der Gründe, warum diese Bücher entstanden sind, denn wir wollten euch so sanft auf den Erstkontakt vorbereiten, wie es nur geht.

Nun, zum Zeitpunkt unseres Gesprächs mit Sarinah hat das große Ereignis, auf das viele Lichtträger warten, noch nicht stattgefunden. Doch waren wir nicht untätig.

Ich, Marix aus Sirius, Sprecher des Erstkontakt-Teams, möchte euch sagen, dass im Hintergrund sehr viel geschieht. Es ist eine Herausforderung für mich, diese Zeilen weiterzugeben, denn ich muss dazu unsere Pläne für das nächste Jahr verraten, sonst ist der Eintrag, wenn diese Durchsagen erscheinen, wenig aktuell. Daraus könnt ihr schon erahnen, dass die Dinge sehr viel mehr in Fahrt sind als angenommen.

Da das große Event mit den vielen Raumschiffen über euren Köpfen seit langem verhindert, oder, besser gesagt, nicht zugelassen wird, kamen wir in einer Ratssitzung überein, den linearen Plan über Bord zu werfen.

So sind wir mitten unter euch, sanft und voller Liebe, ohne jemanden zu erschrecken. Punkt 7 wurde also gestartet, ohne dass wir Punkt 1 durchgeführt hätten. Dies nur, damit ihr versteht, dass wir sehr flexibel sind und lineare Pläne uns nicht daran hindern, durchzustarten.

Die führende Elite der Erde, jene Personen, die eigentlich geschworen haben, im Sinne des Volkes zu handeln, hat erkannt, dass sie unseren Kontakt mit dem Volk nicht aufhalten kann, denn die nächste Generation steht schon in den Startlöchern. Was ihre Vorgänger nicht hinbekommen haben, machen die jungen Leute im Handumdrehen, denn die Kinder der

Lichtarbeiter gehen sofort ins Handeln. Sie leben einfach das, was die Älteren nicht geschafft haben, was gar verheimlicht und unterdrückt werden sollte. Die jungen Leute haben unter anderem ein großes Talent mitgebracht, und zwar die Fähigkeit der Umsetzung von Ideen und Plänen. Die nächste Generation hat das große Talent der Ausführung. Sie sind sehr schnell, wenn es darum geht, etwas in die Tat umzusetzen.

So mischten wir uns friedlich – lichtvoll, auch im Zustand des Verkörpert-Seins – unter das Volk. Wir haben besonders Orte aufgesucht, die unsere Hilfe brauchen. So bekleiden wir Ämter, in denen man uns nie vermutet hätte. Wir sitzen neben den mächtigen Despoten, die sich durch unsere hohe Schwingung von uns angezogen fühlen. Und wir sind häufig sogar ihre gütigen Mentoren.

Wir sind die Ratgeber, auf die man hört, wir sind Freunde, keinesfalls Feinde. Oft haben sich durch den Kontakt mit euch schon Gemeinschaften gebildet, die so sehr in Liebe gelebt werden, wie es auf Erden nur möglich ist.

Vieles geschieht geheim, ohne dass man das Volk informiert – noch nicht. Der Kontakt mit uns bringt Vorteile, das ist der Grund, weshalb manche Despoten uns in ihr Umfeld eingeladen haben. Sie erwarten Pluspunkte für sich, ihre Familien, Freunde und Verwandten. Doch jeder, der in Kontakt mit uns ist, und sei es nur über die Gedanken, kann die Nützlichkeiten für sich beanspruchen.

Es gibt aber auch Politiker, die ganz aus dem Herzen reagieren und nicht, weil sie sich durch den Kontakt mit uns Vorteile erhoffen. Sie baten uns in ihr Leben und waren und sind bereit, mit uns zusammenzuarbeiten. Die Mitglieder der Galaktischen Föderation des Lichts sind dabei nicht inkognito, wir tragen das Zeichen unseres Heimatplaneten. Wir warten darauf, dass man uns erkennt. Keinesfalls möchten wir uns in den Vordergrund stellen, indem wir irgendjemanden kompromittieren.

Es ist viel geschehen, und gerade das Thema Erstkontakt haben wir in großen Runden, weitab der Öffentlichkeit, diskutiert. Dabei geht es unter anderem darum, wann der richtige Zeitpunkt ist, uns vorzustellen und ob die Menschheit dazu bereit ist.

Selbst wenn die Mächtigen der Erde entscheiden, dass der Termin für das Event unserer Vorstellung noch nicht gekommen ist, wird das, was in der Akasha-Chronik geschrieben ist, geschehen. Es nimmt längst seinen Lauf und kann von niemandem mehr aufgehalten werden. Außerdem bestimmt letztendlich immer die Gemeinschaft der Menschheit, was wann geschieht.

Auch wenn wir unseren Plan oft aktualisieren mussten, wird das Geschehen der Zeit uns zusammenführen, denn mit der Kraft der Verneinung, was unseren offenen Kontakt mit den Erdenbürgern betrifft, haben die führenden Politiker eins bewirkt: Sie haben dafür gesorgt, dass das Event des Erstkontakts sich mit Sicherheit ereignen wird.

Wie ihr wisst, ist die Verneinung eine große emotionale Kraft, die dazu führt, dass genau das geschieht, was man verhindern möchte. Jeder, der mit uns in Kontakt ist oder uns um Hilfe bittet, wird gerne in unser Herz geschlossen, sodass die Vorteile nicht nur für einige Wenige gelten, sondern für jeden Lichtträger, der uns darum bittet. Natürlich können wir euch nur helfen, wo es uns erlaubt ist, und wir dürfen und werden uns niemals störend in eure Seelenpläne einmischen.

Vorteile, die durch den offenen Kontakt mit der Galaktischen Föderation des Lichts entstehen – wie etwa das Reisen in Lichtschiffen, die Aufhebung jeglichen Mangels in der Welt und die

entstandenen, eigentlich irreparablen Schäden durch Umwelt-
katastrophen usw. –, werden durch unsere Hilfe beseitigt.

Unsere Technologie wird euch zur Verfügung gestellt, was
euch völlig unabhängig macht von allem, was euch bisher Geld
und Gebühren gekostet hat. Die vollkommene Offenlegung der
UFO-Akten. Die Vertuschung hört auf.

Das Leben mit uns bedeutet einen erleichternden Wandel
in vielen Bereichen eures Lebens.

Durch den offenen Umgang mit der Galaktischen Födera-
tion des Lichts wird eine neue Gesellschaft ins Leben gerufen.
Neue Ideen werden Gehör finden, es entstehen lichtvolle, neue
Strukturen sowie neue Berufe.

Unsere Technologie macht euch nicht nur unabhängig, sondern sie ermöglicht Fülle und bezahlbaren Wohnraum, Bildung,
ausreichend Nahrung, modernste medizinische Versorgung
und eine reine Umwelt für alle Menschen.

Nicht zuletzt ist da noch das offene Zusammenleben mit
dem galaktischen Seelenpartner, das aber auch schon durch
den individuellen Kontakt mit uns in Erfüllung gehen kann.

Werden wir zu androgynen Wesen?

Der Weg zur Vollkommenheit

Da der Wandel eine immense Bewusstwerdung mit sich bringt, wird eure Einstellung zum anderen Geschlecht sich bald so harmonisieren, dass ihr auch innerlich vollkommen ausgeglichen seid, was dem weiblichen und dem männlichen Anteil entspricht. Dabei wird sicherlich viel Druck von euch weichen, der sich im Außen durch Zurechtweisungen, Rechthaben-Wollen, Unterordnung und Perfektion immer mehr in euch aufgebaut hat. Denn im inneren wie auch im äußeren Kern seid ihr irgendwann im vollkommenen Einklang mit euch.

Ihr seid so sehr in Harmonie, dass ihr, wie erwähnt, den weiblichen und den männlichen Anteil zu gleichen Teilen lebt. Einfach so, aus dem Handgelenk heraus, wird es euch gelingen, diese Anteile auszubalancieren.

Das bringt sicher ein verändertes Aussehen mit sich, denn auch hier spiegelt sich die Harmonie zwischen der weiblichen und der männlichen Energie wider.

Die Menschen, die transsexuell sind, spiegeln der Gesellschaft, dass es darum geht, andere so zu akzeptieren, wie sie sind. Sie zeigen ihrem engen Umfeld, wie wichtig es ist, das leben zu dürfen, wie man sich fühlt.

Denn darum geht es, dass du das lebst, was dein Herz dir sagt und nicht dein Verstand. Es ist nicht ratsam, zu werten, auf andere herabzusehen. Damit teilt ihr die Verletzungen letztendlich wieder an euch selbst aus. Was ihr sät, das erntet ihr.

Der lichtvolle Lauf der Zeit verändert die Gesellschaft, sodass Diskriminierung, Wertung und Ausgrenzung nicht mehr gelebt werden müssen. Wer vollkommen geklärt ist, wird auch keine unangenehmen Spiegelungen mehr brauchen, um zu lernen. Die Lichtträger können ab einer gewissen Lichteinstrahlung in ihr Sein nicht anders, als im Einklang mit den kosmischen Gesetzen zu leben. Wer weiterhin die Erfahrung der Dualität machen möchte, kann das natürlich tun, das ist aber gefährlich, denn das göttliche Licht kann dann nicht mehr im vollen Spektrum einfließen. Die Erfahrung hat gezeigt, dass dann die Seele früher oder später dem Ruf der Schöpfung folgen möchte, indem sie den Körper durch den Sterbevorgang verlässt.

Die wundervollen menschlichen Wesen, die mit sich vollkommen im Einklang sind, haben tiefes Verständnis dafür, wenn jemand anders leben will als sie.

Ihr werdet immer mehr zu Beobachtern, was auch beinhaltet, dass man euch nicht mehr emotional manipulieren kann. Ihr werdet fast automatisch erkennen, wenn man euch belügen will. So ist jede Lüge zwecklos, denn auch durch eure Fähigkeit der lautlosen Kommunikation würdet ihr jede Unehrlichkeit sofort entdecken.

Transformation wird es sicherlich noch weiter geben, doch die Auflösungen werden für euch zur Spielerei, da ihr die Lösungswege nicht nur bei euch, sondern auch bei anderen klar sehen könnt.

Die wahren Helden sind diejenigen, die wie Spiegel für die Gesellschaft sind. Unter anderem Menschen, die in gleichgeschlechtlichen Partnerschaften leben, die homosexuell, bisexuell, transsexuell sind.

Warum? Nun, weil ohne diese Menschen eine öffentliche Akzeptanz und Gleichstellung in allen Bereichen des Lebens niemals stattgefunden hätte. Sie leben das, was ihr Herz ihnen sagt, und sind wiederum Vorbilder für andere, die sich noch nicht trauen, sich zu outen, weil sie Angst haben, Nachteile zu erfahren.

Wer aber den Weg des Herzens einschlägt, wird schnell feststellen, dass die Nachbarn, die Familie, die Freunde, Kollegen und sogar fremde Menschen durchaus mit Respekt/Bewunderung reagieren. Sollte doch jemand dabei sein, dem das „Anders-Sein" seines Mitmenschen missfällt, dann denkt daran: Nur wer mit sich im Reinen ist, kann sich darüber freuen, wenn andere auch klar Schiff machen.

Je weniger Angst und Zweifel vorhanden sind, wenn es um das „Outing" geht, umso harmonischer verläuft das neue Leben. Allein der Kontakt mit den galaktischen Energien, der galaktischen Familie, wird euch einen großen Vorteil bringen, nämlich die Neuausrichtung des Körper-, Geist- und Seelensystems und vollkommene Heilung in allen Bereichen.

So ihr zu Wesen werdet, die so viel Liebe in sich spüren, dass sie gar nicht anders können, als Liebe zu leben, und zwar in ihrer reinen und vollkommenen Form.

Die reine und vollkommene Liebe reagiert nicht auf niedere Energien, wie zum Beispiel Wertung, Ängste, Wut, Einengung, Besitzanspruch, Bespitzelung, Belagerung, Begrenzung, Forderung, Erwartung, Ausgrenzung und Manipulation.

Wer sich im Zug mit den Aufsteigenden befindet, wird bemerkt haben, dass die Reise zu sich selbst die erste Station ist. Darauf folgt eine ganze Reihe von Herausforderungen. Je nach Seelenplan ist der Verlauf der Straße mal steil und dann wieder gerade.

Menschliche Lichtwerdung vereint alles, was im Einklang mit den höchsten göttlichen Energien ist. Also ist es mehr als verständlich, dass es euch unmöglich sein wird, euch und andere zu verletzen. Das eigene Glück entfaltet erst dann seine magische Kraft der Balance, wenn es anderen auch gut geht.

Ihr werdet bald so sehr in der bedingungslosen Liebe sein

wie eure Engel, geistigen Mentoren und die Wesen aus den galaktischen Reichen, sodass es euch nicht mehr möglich ist zu unterscheiden, wen ihr nun mehr liebt. Da alles in euch vor Liebe bebt, werdet ihr das auch im Alltag leben.

Eine Vollkommenheit, die sogar eure geistigen Mentoren zu Tränen rührt, denn Vollkommenheit war immer das Geschenk, das ihr erhalten habt, wenn ihr im goldenen SEIN angekommen wart. Der Gottesfunken, der in dir glüht, mal mehr, mal weniger. Dieses Leuchten ist immerzu da, und dieser Funken macht dich zu einem vollkommenen Wesen, das nur ein Ziel kennt: den Schein der allumfassenden Liebe weiterzugeben. Zu teilen mit jenen, die diese Wärme dringend brauchen. Teilen und geben, ihr Lieben, das macht reich, niemals arm.

Erzengel Michael: Auf der Erde und im Himmel gleichzeitig sein

Aufstieg bedeutet, dass du dich weiterhin im gewohnten Umfeld aufhalten kannst. Keiner deiner Lieben muss auf dich verzichten, und gleichzeitig ziehst du lebendig in die geistigen Reiche ein und kannst verkörpert all die Vorzüge leben, es dir dort gemütlich machen.

Die Geistige Welt, die für viele Lichtträger lange Zeit unsichtbar war, nimmt durch dich Formen an. So, wie du als Toröffner in den Genuss kommst, lebendig in den geistigen Reichen zu wohnen und gleichzeitig auf der Erde zu sein, ist es zum Beispiel den Erzengeln und Aufgestiegenen Meistern möglich, sich auf Erden einzurichten, ohne dass sie ihren Platz verlassen müssen. Die wichtigen Kernaussagen wiederholen wir mit Absicht immer wieder.

Uns ist bewusst, dass unsere Worte nicht ausdrücken können, was das für ein großartiges Abkommen ist. Eine Vereinbarung, die die Menschen mit dem Schöpfer getroffen haben. Der freie Wille ist unantastbar, und so wurde jede Seele vor der Geburt gefragt. Wer sich bereit erklärte, dabei zu sein, wenn die Erde mit ihren Kindern aufsteigt, durfte schließlich auf die Erde reisen.

Jeder Lichtarbeiter hat unzählige Personen, die seiner Energiefrequenz folgen. Wahrlich, es wird ständig unterschätzt, was jeder Einzelne von euch leistet und für den Lichtdienst tut.

Es kommt oft vor, dass wir Erzengel von den Menschen hören: „Aber ich bin nur ein kleines Licht, was soll ich allein schon bewirken?" Es ist richtig, dass, je mehr Lichtarbeiter an einem Strang ziehen, sie umso mehr erreichen können, doch unterschätzt eure eigene lichtvolle Kraft nicht. Schon ein Lächeln führt dazu, dass andere Menschen sich wieder der allumfassenden Liebe zuwenden können.

Manchmal seid ihr so vom Alltagsgeschehen und der Arbeit abgelenkt, dass ihr nicht bemerkt, wie eure Kräfte schwinden. Die geistigen Mentoren sehen dieses Phänomen oft, dass Menschen sich verausgaben und das rote Blinken ihres Lebens-Akkus nicht sehen. Sie bemerken es erst, dass sie etwas ändern müssen, wenn ihr Körper oder die Psyche sie stoppen, sie zur Ruhe zwingen.

Dafür habt ihr unser tiefes Verständnis. Die langen Jahre in der Dualität haben dazu geführt, dass manche das Hamsterrad erst verlassen haben, wenn sie herausgefallen sind, weil die Psyche oder der Leib erkrankten.

Doch dieser Stopp, der nicht selten wie ein Blitzschlag erlebt wird und euch aus heiterem Himmel trifft, ist meistens von euch selbst erzeugt, um die Chance zu haben, einen neuen Lebensweg einzuschlagen. Das sind keine leeren Worte, ihr Lieben, wir wissen nur allzu gut, wie sich das Leben anfühlen kann, denn auch wir Erzengel hatten Erden-Inkarnationen!

Der beständige Aufstieg von Mutter Gaia und ihren Kindern ermöglicht es euch, aus allem auszusteigen, was Mangel in sich trägt. Die Möglichkeit, sich lebendig in den Himmels-Dimensionen aufzuhalten, befürwortet ein Leben, das vollkommen unabhängig ist von allem, was euch bisher begrenzt und die Freiheit geraubt hat.

Wie ihr wisst, seid auch ihr Toröffner, und euch beziehungsweise eurer Energiepulsung folgen viele Menschen. Sie stapfen in eure energetischen Fußspuren, und das oft, ohne euch persönlich zu kennen.

Wie aber richtet man sich im Goldenen Zeitalter, in den geistigen Welten ein?

Nun, deine Grenzen sind dort, wo deine Fantasie endet. Du hast Ideen, Sehnsüchte, Träume und Wünsche, wie dein und das Leben deiner Lieben weitergehen soll. Dann nur zu, liebe Erdenseele! Fühle deine Ideen, Sehnsüchte und Wünsche, fülle sie mit Leben, setze all deine Gedankenkraft und, vor allem, die Emotion dazu ein.

Schau dir bei den Erzengeln ab, wie Manifestation geht. Sie setzen eine Bitte frei und gehen sofort in die Energie, dass ihr Wunsch schon erfüllt ist. Erzengel zweifeln, zaudern nie, sie brauchen keine Beweise für ihre Schöpferkraft. Sie erschaffen, indem sie um nichts betteln, sie handeln und erfüllen Wünsche, indem sie diese mit der Energie der bedingungslosen Liebe aussenden.

Keine Sorge, du kannst nichts falsch machen dabei. Es wird nur das in Erfüllung gehen, was im Einklang mit der göttlichen Liebe und das Beste für alle Beteiligten ist.

Wie schön wäre es, wenn ihr zurückschauen, euch in vergangene Leben hineinfühlen könntet. Wenn ihr euch selbst in einer vergangenen Inkarnation sehen könntet. Dann würdet ihr fühlen, wie stark die Unterschiede zwischen dem Jetzt und dem Damals sind. Weise Wesen wandeln auf der Erde, wahrlich weise Wesen.

Du würdest erkennen, wie stark deine eigene Schwingung angewachsen ist und wie viel du geschafft hast, welch unglaublich große und wundervolle Seele du bist.

Die Frequenz von damals möchtest du zum heutigen Zeitpunkt nicht einmal mehr ansatzweise zurückholen, weil es dir nicht mehr möglich ist, abzusteigen und deine Schwingung so zu reduzieren.

Seht, was ihr erschaffen habt, seht, wie wundervoll euer Lichtdienst war und IST. Seht, wie weit ihr schon gekommen seid. Ihr seid wahrlich Meister, wenn es darum geht, zu manifestieren. Ihr seid Meister, wenn es darum geht, die Frequenz des Himmels aufzunehmen und zu verteilen.

Der Einzug in die Himmelreiche ist euch bereits gelungen, jetzt geht es nur noch darum, dieses Leben auszufüllen.

Kann man andere vor Schaden bewahren?

Sicherlich ist es möglich, andere vor Ausrutschern zu bewahren, doch auch wenn ihr klar sehen könnt, werdet ihr es schwer haben, wenn jemand in eurem Umkreis im Begriff ist, einen großen „Schnitzer" zu machen, ihn/sie aufzuhalten.

Es geht um den Seelenvertrag des Lichtträgers, um Lernaufgaben und darum, andere in die richtige Richtung zu schubsen.

Es gibt keine Fehler, Schuld oder Zufälle auf Erden. Immer wieder haben wir das wiederholt und betont. Weil es wichtig ist und du verstehst, warum dir zum Beispiel jemand wehgetan hat oder warum du jemanden verletzt hast. Nur so kannst du dir und anderen verzeihen, nur so wirst du den erwünschten Seelenfrieden finden und zur Ruhe kommen.

Es gibt Berater, die ihren Kunden versprechen, sie könnten sie vor Missgeschicken bewahren, aber das ist Illusion, denn die Seele hält sich unweigerlich an den Seelenkontrakt. Das Pendant, das Gegenstück dazu, ist das Leben. Das Leben verläuft genauso, wie du es vor der Inkarnation geplant hast. Hier kann kein Mensch eingreifen, niemand kann dir deine Seelenplanung verunstalten, schließlich hast du dieses Leben sorgfältig geplant.

Du hast dich vor deiner Geburt lange mit den geistigen Mentoren darüber ausgetauscht. Ihr habt unglaublich gute Arbeit geleistet, indem das Drehbuch deines Lebens am Ende sogar vom Schöpfer selbst unterzeichnet wurde.

Du wusstest genau, warum du Leid erfahren wolltest. Wie sehr das dein Bewusstsein heben, dich in deine Lebensaufgabe bringen würde und du mit deinem Schicksal anderen helfen können würdest, damit diese durch deine Erkenntnis nicht in die gleiche Falle tappen müssten. Deine Lieben wurden also durch dich von ihren Themen befreit, indem du für dich erkannt hast, warum etwas geschehen musste.

Wie im Kleinen, so im Großen! Denn durch den Weg zu dir, durch den Kontakt zu deinem Höheren Selbst und die Vereinigung mit deinem Lichtkörper (der später kristallin wird) hast du nicht nur dir geholfen, sondern diesen Pfad der Bewusstwerdung für andere geöffnet.

Wahre Helden sind nicht immer gleich ersichtlich, man erkennt sie nicht an ihrem Verdienst oder gar an den Orden, die ihnen verliehen wurden. Die wahren Helden der Geschichte sind nicht selten getarnt durch die Energie des Versagens. Sie erleiden Schiffbruch, verlieren an Ansehen, bringen Opfer und, vor allem: Sie verhalten sich oft sehr uneinsichtig.

Wahre Helden kann man nicht aufhalten vor dem Verlust, denn diese Kinder, Frauen und Männer wissen intuitiv um ihren Lebensplan. Sie verhalten sich danach und spüren, dass ihr Versagen eigentlich kein Versagen ist, sondern das Gegenteil – ein Erfolg.

Wie? Versagen soll in Wirklichkeit Erfolg sein? Warum?, fragst du dich nun sicherlich. Durch ein Scheitern, einen Misserfolg, habt ihr die Chance, sehr viel zu lernen, und das scheinbare Scheitern bringt euch dazu, eure Richtung zu überdenken.

Nicht nur das, denn durch einen scheinbaren Fehler seid ihr in der Lage, mit eurer Berufung in Kontakt zu kommen. Vielleicht sieht es erst einmal so aus, als würdet ihr andere mit hinunterreißen in den Abgrund, doch bedenkt, dass ein Absturz erst dann eintreten könnte, wenn dieses in der Lebensplanung verankert wäre. Meistens ist es das nicht, denn wer würde sich schon selbst so hart bestrafen?

Wer mit dem Rücken zur Wand gestanden hat, ist nicht mehr fähig, das Verstandes-Ego einzusetzen. Wer nicht mehr zurückweichen konnte, weil dazu die Kraft fehlte, der wird wissen, was wir mit „selbst gewähltem Leid" meinen.

Durch den Verlust der letzten Kraftreserven, den Gang über glühende Kohlen, habt ihr gelernt, eurem Schöpfer und euch zu vertrauen. Ihr habt gelernt, was loslassen bedeutet und wie man sich fallenlässt, ohne Angst zu haben, ins Bodenlose zu stürzen.

Dieses Vertrauen ist die Chance zur schnellen Bewusstwerdung. Um es einfach auszudrücken: Durch schicksalhafte Tage seid ihr in der Lage, gleich mehrere Lernaufgaben eures Seelenplans abzuhaken.

Ihr hebt nicht nur euer Bewusstsein an, sondern auch das anderer Lichtträger. In eurem lichten Schein, ihr Lieben, können sich Tausende befinden, das ist wahrlich keine Übertreibung.

Wer sich im Zug mit den Aufsteigenden befindet, muss nicht zwingend diejenigen kennen, die voranschreiten. Ebenso ist es für die, die vorneweg schreiten, von Vorteil, wenn sie nicht wissen, wer ihnen da genau folgt und wie viele es sind. Verantwortung kann wie ein schweres Kreuz sein – es zu tragen kann müde machen und sehr schmerzhaft sein.

Der Erdenengel Harry – Krieg oder Frieden?

Der Erdenengel Harry hatte Karriere gemacht, er wurde ein wichtiger Staatsmann. Mit viel Aufopferung, denn er hatte immer das Gefühl, dass seine Familie und seine besten Freunde durch seine Karriere zu kurz kommen würden.

Das versuchte Harry auszugleichen, indem er die wenige Zeit, die er hatte, so intensiv wie möglich mit seinen Lieben verbrachte. Er schenkte ihnen so viel Liebe, wie er nur konn-

te. Diese Liebe bekam Harry auch segensreich wieder zurück, denn seine Familie und Freunde liebten ihn und zeigten ihm das auch.

Doch eines Tages stand Harry vor einer beruflichen Entscheidung, die alles von ihm abverlangte, weil er sich gezwungen sah, gegen seine innere Auffassung zu handeln.

Harry war in den Sog seiner sorgenvollen Gedanken eingetaucht, sodass er die vielen Engel an seiner Seite nicht mehr wahrnahm. Er war umringt von Kollegen, die die gleichen trüben Gedankengänge hatten wie er. So konnte niemand ihn wirklich aufhalten, denn Harry war im Begriff, gegen sein Herz zu handeln.

Andere sahen wohl die herannahende Katastrophe. Sie warnten Harry und sagten ihm, dass er im Begriff wäre, einen großen Fehler zu machen, unter dem viele Bürger leiden würden.

Harry war aber so in der Energie des Recht-haben-Wollens, dass er nur die Stimmen hörte, die ihm zuflüsterten, was er hören wollte. Einige sprachen sogar von einer globalen Katastrophe, doch Harry war nicht aufzuhalten.

Gut, dass Harry nicht zu stoppen war, denn er erfüllte doch nur seinen Seelenvertrag, indem er andere Menschen mit seinem Ruf nach militärischem Eingreifen wachrüttelte. Er schubste sie aus ihrer Gleichgültigkeit. Harry sorgte mit seinem öffentlichen Verhalten dafür, dass die Menschen Mitgefühl entwickelten. Empathie, nicht nur für ihr Land, sondern auch für die Menschen anderer Länder, denen es nicht so gut ging wie ihnen.

Harry sorgte durch seinen Ruf nach Rache, Macht, Vergeltung und Abschreckung dafür, dass sich die Menschheit zwischen Krieg und weltweitem Frieden entscheiden konnte.

Es wurde demonstriert, abgestimmt, öffentlich diskutiert,

und die Menschheit suchte eine andere Lösung als die der Vergeltung. Die Mehrheit entschied sich schließlich für den globalen Frieden.

Die Erdenbürger hatten gewählt – auf der unbewussten und auf der bewussten Ebene. Erst als Harry das spürte, lenkte er ein, und Macht, Prestige, Rache und Vergeltung erschienen ihm jetzt nicht mehr richtig. Er spürte, dass es eine friedliche Lösung geben musste. So verhandelte er sogar mit dem Erzfeind, versprach Hilfe und handelte auch danach.

Sein Bewusstsein weitete sich über Nacht, denn er hatte eine große Erfahrung seines Seelenplans durchlebt und damit nicht nur sich, sondern auch viele andere Menschen wachgerüttelt.

Er erkannte, warum es niemandem in seinem Umfeld, möglich gewesen war, seine Entscheidung für einen möglichen Krieg abzufangen. Denn es ging ja darum, andere Menschen aus ihrer Gleichgültigkeit zu reißen, um sie dazu zu bringen, eine Entscheidung zu treffen. Denn Gleichgültigkeit, Zynismus oder auch Wegsehen sind Energien, die Eskalation nicht nur erlauben, sondern fördern.

Ein Fehler ist also nur ein scheinbarer Fehler, denn wenn man genau hinsieht, hat der Erdenengel damit den kommenden Weltfrieden eingeleitet. Diesen konnte er unmöglich alleine herbeiführen, obwohl das seine Anhänger von ihm erwartet hatten.

Die Wahl für den allumfassenden Frieden mussten die Erdenbürger selbst treffen, erst dann konnte Harry handeln. Erst dann hatte er die volle Unterstützung seiner Kollegen.

Er erfüllte sich selbst damit einen großen Wunsch, denn er wollte seine Kinder im Frieden aufwachsen sehen. Harry verlor zwar einige Anhänger, die sagten: „Seht her, er verliert seine Macht, sein Ansehen", doch das war Harry egal, er wusste jetzt, dass es bei den schicksalhaften Tagen in seiner Amtszeit *nicht um das Prestige seines Landes oder seine Macht ging. Er wusste, dass es auch nicht darum ging, andere für ihre Taten zu bestrafen. Und er verstand jetzt, dass Bestrafung andere nicht davon abhält, Schlimmes zu tun, sondern das Gegenteil der Fall ist. Der Kreislauf der Gewalt wird niemals durch Gewalt unterbrochen! Es ging (geht) darum, die Erde in die Energie des allumfassenden Friedens und der Liebe zu hüllen.*

Wer also jemanden kennt und denkt, diese Person hätte sein Ziel nicht erreicht, der sollte sich hüten, zu werten, denn um die Seelenpläne, die Aufgaben anderer, könnt ihr unmöglich wissen.

Es muss sogar so sein, dass ihr in gewisse Absprachen des Lebens keinen Einblick habt. Denn wie, ihr Lieben, wäre die Sache mit Harrys Ruf nach Krieg, militärischem Eingreifen und Vergeltung gelaufen, wenn er oder andere Einblick in seine Seelenabsprache gehabt hätten? Genau! Du kannst niemanden vor Fehlern bewahren, denn diese sind nur Illusion, und mancher Misserfolg muss gelebt werden, denn daraus lernen du und andere am meisten.

Harry erreichte durch sein Verhalten Heilung für sich und andere.

Die Dinge sind nie so, wie sie scheinen. Die Wahrhaftigkeit sucht sich immer ihren Weg.

Erzengel Michael: Eifersucht – Minderwertigkeit, ein Suchen nach sich selbst

Eifersucht ist eine Energieform, die der Dualität angehört, darum ist es den aufsteigenden Menschen nicht mehr möglich, dieses Programm mit Leben zu füllen.

Sarinah: „Das sagte Erzengel Michael vor kurzem zu mir. Die Menschen leben aber diese Eifersucht noch, dachte ich mir. „Wie kann man denen helfen, die nicht aus dem Strudel der Selbstzweifel herauskommen?", fragte ich Erzengel Michael.

Der blaue Engel antwortete und sprach dabei sehr bedächtig und respektvoll, was immer ein Zeichen dafür ist, dass die Engel genau fühlen können, was die Lichtträger beschäftigt. Hier also seine Antwort:

„Der freie Wille der Lichtträger ist der Grund, warum Menschen in Verhaltensweisen gehen, die eigentlich nicht ihrem Schwingungszustand entsprechen. Wer etwas erfahren will, um zu lernen oder andere ins Lernen zu schubsen, diesen Menschen müssen die geistigen Mentoren oft schwere Lebenserfahrungen ermöglichen. Sie können euch nicht davor bewahren, Heftiges zu erleben, aber sie sind da, um euch aufzufangen.

Nun, die Eifersucht trägt tatsächlich die Energie der Sucht in sich oder, besser gesagt, der Abhängigkeit. Wer sich im Sog der Abhängigkeit zu einer Person befindet, wird unweigerlich auch in Selbstzweifel stürzen, sich minderwertig fühlen.

Es ist tatsächlich so, dass eure Seelen gleich mehrere Transformationen starten, wenn schon mal etwas in euch hochkocht, das erlöst werden will. Dann wird gleich vieles geheilt, was erlöst werden kann. Wer sich jetzt angesprochen fühlt, sollte wissen, dass wir Engel niemals werten. Wir verstehen dich sehr gut und fühlen mit dir.

Diese Unsicherheit, die Angst, dass du die Liebe verlieren könntest, betrogen wirst, du der Liebe nicht wert oder nicht jung oder attraktiv genug bist für sie/ihn, sind gelebte Erfahrungen, die zu Überzeugungen geworden sind und auch aus der frühen Kindheit stammen können.

Nichts Neues, ich weiß. Doch wusstest du, dass die-/derjenige, die/der eifersüchtig ist, dies oft unbewusst tarnt? Durch zum Beispiel Wesenszüge der Unsicherheit, des Unmuts, der Sehnsucht nach dem perfekten Aussehen oder das Ausleben einer Aggression. Wobei Unsicherheit oft einhergeht mit dem Wesenszug der Arroganz. Das Gefühl, nicht attraktiv genug zu sein, löst oft eine Schutzreaktion aus, nämlich das augenscheinlich arrogante Verhalten.

Ganz schön viel? Nun, wer im Bewusstwerdungsprozess steckt, kann irgendwann Eifersucht nicht mehr so leben und zeigen wie vorher. Das würde den weiteren Aufstieg stören. Also sucht sich die Seele Möglichkeiten, die Emotion, die mit den neuen goldenen Energien nicht konform geht, so schnell wie möglich loszuwerden.

Oft kommen wir Erzengel am Ende des Tages zusammen, um zu beraten, wie wir euch helfen können und was es Neues gibt. Oh ja, wir tauschen gerne Neuigkeiten aus, das ist etwas, das uns sicherlich mit den Menschen verbindet. Manchmal brechen wir auch spontan in Tränen aus, wenn wir sehen, dass jemand gerade sehr leidet. Du fragst dich gerade, ob Engel weinen können?

Aber ja, natürlich! Wir spüren Traurigkeit, wir weinen, wir lachen, und wir sind nachdenklich, konzentriert, würdevoll usw.

Es verbindet uns mehr als du denkst, denn dein Aufstieg macht es uns wieder möglich, in Emotionen einzutauchen, die wir längst vergessen hatten. Oder, besser gesagt, die wir so schon lange nicht mehr gespürt hatten. Dabei verlieren wir aber unsere Klarheit nicht. Wenn wir traurig sind, bleibt unser Energielevel oben, das unterscheidet uns vielleicht noch von euch. Doch in einigen Jahren seid ihr selbst zu Mentoren geworden, Beobachtern, die gelernt haben, den Lichtraum um sich herum stabil zu halten.

Fühlt sich das stimmig an für dich? Ein hohes Bewusstsein und diese hohe Schwingung stabil zu halten, darum geht es, ihr Lieben. Das ist sehr erotisch, anziehend, unwiderstehlich und heilend. Was könnte besser sein, denn dann hört ja das Leiden auf. Wobei ihr aber immer mehr die Fähigkeit haben werdet, Empathie zu empfinden und zu zeigen.

Mitgefühl zeigen ist sehr heilsam, es hilft immer. Mitleid hilft jedoch nicht, das wisst ihr sicher inzwischen.

Ihr werdet also keinesfalls gefühlskalt oder starr, nur weil ihr keine dunklen Wesenszüge mehr habt, denn ihr könnt ab einem gewissen Schwingungslevel keinen Neid, Hass oder gar Gier empfinden oder leben. Das sind nur Beispiele, um euch zu zeigen, wie sehr der lichtvolle Wandel in euch verankert ist. Ihr Lichtbewahrer könnt also Eifersucht, Hass, Gier, Neid nun nicht mehr mit anderen teilen, indem ihr in das alte Programm eures Gegenübers einsteigt. Aber es ist euch dennoch möglich, andere zu verstehen und zu helfen, die noch in alten Verhaltensweisen feststecken.

Jedoch kannst du dich nicht mehr auf die Ebene einer Freundin begeben, die zum Beispiel noch Eifersucht oder eine Abhängigkeit lebt. Verstehst du jetzt, was wir meinen? Die eigene Frequenz zu dimmen, um anderen zu helfen, ist nicht mehr möglich.

Kannst du dich erinnern, dass du dich nach einem Gespräch mit einer Freundin/einem Freund oft müde und ausgelaugt fühltest? Ja, so fühlte es sich an, wenn du unbewusst deine Energie auf die des Gegenübers eingestellt hattest. Selbstverständlich kannst du deine Schwingung erhöhen, indem du mit jemandem sprichst, der viel Bewusstsein hat, doch das Gegenteil ist nicht mehr möglich.

Sarinah ist der Meinung, dass wir vom Thema abkommen. Nun, das tue ich mit Absicht. Ich hole aus, um zu erklären, wie das Ganze zusammenhängt, damit sich möglichst viele Leserinnen und Leser in diesen Zeilen erkennen. Damit sie sich daran erinnern, was sie innerlich längst wissen. Damit sie die hier angeführten Themen in ihrem Leben umsetzen können. Denn darum geht es: das Umsetzen!

Manche erkennen in unseren Beschreibungen sicherlich jemanden, den sie gut kennen. Es ist alles gut, denn wer versteht, nachempfinden kann, warum es zum Debakel einer Abhängigkeit gekommen ist, kann auch maßgebend dazu beitragen, dass etwas in die Heilung gehen kann.

Wer also eifersüchtig ist, ist eigentlich nur nicht ganz bei sich SELBST! Ist der Zustand der inneren Einkehr, das Gefühl: „Ich mag mich so, wie ich bin" wieder hergestellt, löst sich schon vieles.

Wir sprachen von der Anhänglichkeit (nicht alleine sein zu können), der Begierde nach Anerkennung. Dem Besitzen-Wollen, der Angst vor dem Verlust. Wir möchten anmerken, dass diese Eigenschaften aus Erfahrungen der Kindheit kommen können.

Wobei wir hier wirklich niemandem die Schuld geben möchten. Eltern tun in der Regel ihr Möglichstes, um ihr Kind mit all dem zu versorgen, was es braucht. Doch manchmal reicht es nicht, das Möglichste zu versuchen, denn die Kinder brauchen vor allem eins: die bedingungslose Liebe der Eltern, ohne dass

114

die Erwachsenen werten, fordern, erwarten oder Begrenzungen auferlegen.

Wer anderen Begrenzungen auferlegt, der zweifelt an ihnen. Der Begrenzende glaubt nicht daran, dass eine Sache gut wird, ein Erfolg erzielt werden kann, einfach durch die Zeit, die eine Lösung bringt. Das lassen das fehlende Vertrauen und die Ungeduld oft nicht zu.

Förderung kann übrigens auch als Begrenzung empfunden werden. Immer dann, wenn euer Ruf nach einer Verbesserung so laut ist, dass das Rufen den freien Willen eures Kindes übertönt.

Die Angst, alleingelassen zu werden, ist nicht selten die Wiege der Unsicherheit. Alleingelassen zu werden hat aber viele Gesichter, wie etwa die Gabe von Ritalin für ein Kind, damit es sich der Norm anpasst und zum Beispiel eine Klasse nicht wiederholen muss. Oder der enorme Druck, die tägliche Nachhilfe, damit das Kind nicht aus dem Gymnasium rutscht. Der gesellschaftliche Druck ist enorm, das ist uns bewusst. Doch all das kann dazu führen, dass euer Kind sich alleingelassen, nicht angenommen und nicht gehört fühlt.

Hast du schon einmal erlebt, kannst du dich daran erinnern, dass du dich von den Erwachsenen nicht verstanden gefühlt hast? Hast du womöglich eine Bestrafung erhalten, ohne dass man dich hat zu Wort kommen lassen? Hast du den Schmerz des Gefühls „die wollen mich nicht" gespürt? Bist du als Kind jemals in Kontakt mit dem Ärger der Person gekommen, die du geliebt hast und die du immer noch liebst? Hast du dich von einer Laune des anderen so stark belastet gefühlt, dass du dich besonders lieb, angepasst und brav verhalten hast, um den Ärger des anderen nicht abzubekommen?

Hast du in deiner Kindheit schon einmal gedacht, dass man dich nicht liebt, weil du so bist, wie du bist? Dass du dich anstrengen musstest, damit du wiedergeliebt wirst? Hast du dich, als du klein warst, zu Handlungen überreden lassen, die gegen deinen Willen waren, nur um nicht abgelehnt zu werden? Bist du dir wertlos vorgekommen, weil du nicht der Norm entsprochen hast?

Oh ja, die Erziehung der Lichtarbeiter beginnt früh, denn Botschafter des Lichts leben in der Regel schon in Kinder- und Jugendjahren freiwillig alles, was sie später bei anderen heilen möchten.

Manchmal kann es euch vorkommen, als ob ihr in regelmäßigen Abständen von der Geistigen Welt geprüft werdet. Dies ist aber keineswegs der Fall. Ihr, die Botschafter des Lichts, prüft euch selbst, um möglichst schnell in einen neuen Lebenszyklus gehen zu können.

Dafür nehmt ihr einiges auf euch, sodass auch ihr Themen wie Eifersucht, Unsicherheit oder Abhängigkeit ziemlich lange mit euch tragt. Ihr tut das nicht, weil ihr nicht fähig seid, loszulassen, sondern es geht dabei um einen Dienst der bedingungslosen Liebe. Ein langsameres Auflösen bringt für diejenigen, die eurer Lichtpulsung folgen, die Chance, mit euch gemeinsam zu heilen.

Der Trainer sorgt dafür, dass es seinen Spielern gut geht, dass sie sicher an ihr Ziel kommen, so könnte man es auch beschreiben.

Wir möchten noch das Ahnenthema ansprechen, denn oft löst ihr auch Themen für eure Verstorbenen auf. Ihr tut das freiwillig und aus Liebe, indem ihr zum Beispiel genau das lebt, was euer Vater, eure Mutter oder eure Großeltern gelebt haben. Warum? Nun, weil die Lichtarbeiter meistens etwas tun möchten, damit sich schwierige Familienthemen nicht wiederholen.

Natürlich gehen eure Ahnen sofort in die Heilung, wenn die Seele den Körper verlässt. Es wäre also nicht nötig, dass die Angehörigen auf Erden für die Verstorbenen etwas erlösen, indem sie die gleiche Problematik leben. Doch, wie erwähnt, tun das die meisten Lichtträger unbewusst und aus dem Herzen heraus, um sicherzugehen, dass der Kreislauf der Dramen unterbrochen ist.

Solltest du dich angesprochen fühlen von unserem Gespräch, dann, liebe Erdenseele, hadere bitte nicht, sondern vertraue dir. Sieh, wie wundervoll dein Dienst am Licht ist. Die Eigenschaften, die du womöglich noch an dir ablehnst, wollen von dir besonders geliebt werden, damit innerlich die gewünschte Veränderung – Frieden – einkehren kann. Das Unvermögen, nicht loslassen zu können, ist keine Persönlichkeitsschwäche, sondern zeugt von Stärke und zeigt, wie sehr der Funke der göttlichen Liebe in dir leuchtet.

Du lebst manchmal die allumfassende Liebe so sehr, dass du mit der Befreiung von Dingen, die dich belasten, so lange wartest, bis du nicht nur dich heilen kannst, sondern viele andere auch.

Jesus-Effekt, ihr Lieben, den Begriff haben wir bereits erwähnt. Denn auch Jesus liebte seine Nächsten so sehr, dass er für sie manchmal sogar durchs Feuer ging. Er lebte Wesenszüge, die er lange mit sich trug, so lange, bis er spürte, dass er mit der Heilung beginnen konnte, weil nun sehr viel mehr Menschen seiner Energiespur folgten.

Es dankt, segnet und verabschiedet sich für den Moment
Erzengel Michael

Erzengel Chamuel: Hohes Bewusstsein ist erotisch, anziehend, heilend und wirkt unwiderstehlich

Wenn du wüsstest, wie schön dein Leben sein wird, würdest du vor Freude auf der Straße tanzen. Wir Erzengel können dir zwar schildern, was da Wundervolles auf dich zukommt, doch unsere Worte reichen nicht aus, um das Leben im Goldenen Zeitalter zu beschreiben. Deine Grenzen sind da, wo deine Vorstellungskraft endet. Manchmal wiederholen wir bestimmte Sätze mit Absicht immer wieder, damit du dich daran erinnerst, was du in der Geistigen Welt bereits wusstest.

Dass hohes Bewusstsein heilend, anziehend ist, erfolgreich, sinnlich und unwiderstehlich schön macht, ist nicht nur für hochspirituelle Menschen erreichbar. Auch oder gerade „Otto Normalverbraucher" können das besondere Event leben. Das soll kein Versprechen sein, denn es ist immer der Lichtträger, der bestimmt, wie intensiv er etwas leben will.

Die göttliche Schwingung in deinem Körper steigt immens. Dein Aufstieg ist immerdar – auch während du diese Zeilen liest, weitet sich dein Bewusstsein.

Sobald du den Pfad der aufsteigenden Pilger betreten hast, gibt es kein Zurück mehr. Du kannst nur noch vorwärtsgehen, niemals rückwärts. Jedoch ist es dir möglich, auszuruhen, auf der Stelle zu treten. Du kannst in den heiligen Raum der Rast eintreten, um mit anderen gemeinsam die schönen und tragischen Seiten des Daseins zu erleben.

In eure Seelenpläne sind Sicherheitsnetze eingearbeitet. Wahrlich, so ist es, damit ihr euer Lebensziel auch bestimmt erreicht und euch nicht wieder Karma aufbürdet. Wo ihr doch ganz ohne Karma auf die Welt gekommen seid, weil alle eure früheren Leben geheilt und alle augenscheinlichen Sünden abgegolten sind.

Nun, wie besprochen, gibt es zum jetzigen Zeitpunkt kein Karma mehr, weil der Schöpfer einen Erlass herausgab, in dem er verfügte, dass alles, was Karma in sich trägt, geheilt werden durfte.

Der freie Wille der Erdenbürger ist jedoch heilig, die Gedanken erschaffen unter anderem die Realität. Wer also noch an karmische Angelegenheiten glaubt, wird auch das Gefühl haben, dass die schwere Last dieser Bürde auf ihm lastet. Außerdem gibt es Menschen, die sich freiwillig immer noch karmische Lebensabläufe aufbürden. Sie tun das augenscheinlich, um andere mit dieser Dynamik des Dramas zu erhellen, um zum Beispiel ihrer Familie das klare Bewusstsein zu schenken. Dass erst einmal das Gegenteil eintritt, wenn in der Familie Tragisches passiert, ist verständlich. Die Polarität bewirkt meistens, dass Verbesserungen sich ankündigen, indem etwas erst noch viel schlechter wird.

Darum sind diese Bücher unter anderem entstanden, um dich vor anstrengenden und zeitraubenden Irrwegen zu beschützen. Um dich hineinzuführen in das vollkommene Bewusstsein, indem du Antworten auf innere Fragen erhältst. Um daran zu erinnern, wer du in Wahrhaftigkeit und wie mächtig du bist. Damit du das im Dasein umsetzen kannst, was du in den Seelenverträgen gelesen hast.

Auf dem Weg in das vollkommene Bewusstsein seid ihr nicht isoliert, außer ihr möchtet es erleben. Der Aufstieg ist also ein kollektiver Aufstieg, nicht etwa ein Event, das nur einige wenige Elite-Spirituelle erreichen können.

Manchmal sprechen spirituelle Berater davon, dass es zwei Erden gibt und man sich von seinen Lieben verabschieden müsse. Dass man dann in die Himmelsdimension kommt, auf die andere Erde. Sorry, aber das ist Unfug, denn für die Bewusstwerdung müsst ihr zwar vieles loslassen, aber keinesfalls müsst ihr dafür eure Familie, Freunde oder Haustiere verlassen. Eine zweite vollkommen identische Erde gibt es nicht! Gaia ist einzigartig, sie hat zwar viele Sternengeschwister, aber es gibt keine zweite Erde, auf der dann nur die Auserwählten leben, die scheinbar alles richtig gemacht haben. Der Rest der Menschheit, so wird es von einigen spirituellen Beratern immer wieder beschrieben, bleibt weiterhin unfrei.

SO IST ES AUF KEINEN FALL!

Das nur, um zu verdeutlichen, wie verwirrend es sein kann, unterschiedliche Botschaften zu lesen. Woher kommen diese Unterschiede, fragst du dich gerade?

Nun, wer Gespräche mit der Geistigen Welt aufschreibt und veröffentlicht, tut das bestimmt aus bestem Wissen und Gewissen. Um ein Beispiel zu nennen: Du hast bestimmt schon erlebt, dass du mit jemandem gesprochen hast und die-/derjenige das Gesagte anders weitergegeben hat. Oder dass manche Freunde nicht richtig zuhören. Dass sie im Gespräch etwas hören, das sie hören wollen, und sich dann an einem Satz festbeißen. Sie geben den Sinn deiner Rede so weiter, wie sie glauben, dich verstanden zu haben. Du fühlst dich aber danach von ihnen nicht verstanden, im Gegenteil, du bist der Meinung, etwas richtigstellen zu müssen, was du so nie gesagt hast.

Genauso ist es mit den Lichtarbeitern. Sie haben womöglich wie deine Freunde gerade persönliche Probleme. Darum ist ihre Schwingung etwas gedimmt, sodass sie im Channeling mit den geistigen Mentoren nur das wiedergeben können, was ihrer

Frequenz entspricht. Sie können nur das aufnehmen, was ihre Ohren bereit sind zu hören oder, besser gesagt, was ihr Herz aufnehmen kann. Wir kommunizieren ja über die Herzfrequenz mit euch, nicht über den Verstand.

Beim Gespräch mit einem geistigen Mentor ist es wichtig, dass man keine vorgefertigte Meinung hat, sonst trübt das den Empfang. Der eigene Glaubenssatz spiegelt sich dann in der Botschaft wider.

Wir möchten hier keinesfalls degradieren oder irgendjemanden abstufen, das liegt uns fern. Wir wissen, dass alles seinen Sinn hat. So haben auch die Botschaften, die ein wenig verdreht sind und nicht immer den Ton der Wahrhaftigkeit treffen, einen Sinn. Die Menschen befinden sich nun mal nicht alle auf dem gleichen Schwingungslevel.

Darum werden sich einige sicherlich von den etwas verzerrten Botschaften mehr angezogen fühlen, weil diese ihren Glaubenssätzen entsprechen. Sie hören und lesen gerne, was sie glauben können und wollen. Das ist vollkommen in Ordnung, denn durch diese Berichte, die nicht ganz der Wahrheit entsprechen, geschieht ein Hineinschubsen auf die Art und Weise: „Schau selbst in dein Herz, fühle, was stimmig ist, benutze nicht den Verstand dazu, sondern lass dein Herz sprechen."

Hineinschubsen bedeutet auch immer, dass Transformationen geschehen können, und danach ist es euren Chakren wieder möglich, noch mehr göttliches Licht in euch aufzunehmen. Das meinen wir mit Bewusstwerdung – nicht nur euer Geist wird vollkommen klar, sondern auch der Körper, er heilt auf vielfältige Art und Weise. Manchmal tut diese Heilung auch weh, aber euer Erdengefäß wird irgendwann den Kreislauf der Beschwerde ganz verlassen können.

Wann du den neuen kristallinen, feinstofflichen Körper leben wirst, liegt an dir, denn du kannst es beschleunigen, indem du das Ziel bewusst ansteuerst. Du kannst es aber auch verlangsamen, indem du zum Beispiel die Last einer Sucht noch ein wenig länger mit dir trägst. Ja, stimmt! Alles geht in die Heilung, während der Mensch die Stufen des Erwachens erklimmt, doch Lernaufgaben bleiben wichtig. Diese können nicht automatisch abgehakt, sondern müssen gelebt werden. Nichts ist wichtiger, als Antworten zu sammeln. Besonders die Erkenntnisse sind immens wichtig, die man nur verkörpert erlangen kann. Außerdem würden sonst auch die Belohnungen ausbleiben.

Der Leib, der sehr viel Licht in sich tragen und weitergeben kann, muss durch den Schmerz gehen. Wenn sich Zellen, Knochen, Sehnen und Muskeln positiv verändern, spürst du das natürlich, und es kann wehtun. Kann, muss aber nicht, denn für Kinder, junge Menschen, gilt: Sie tragen das kristalline Gen bereits in sich, und darum wird ihre verkörperte Wandlung sicherlich sanfter ablaufen.

Je mehr du zu klären und zu heilen hast, umso wahrscheinlicher ist es, dass du das auch im Körper spürst, oft als Ziehen, Pochen, Beben, Atemnot oder indem du zu Krämpfen neigst.

Der Weg zum Arzt oder Heilpraktiker ist hier sicherlich empfehlenswert, denn Unsicherheit und Angst erschaffen ja Krankheiten. Vergesst nicht, dass euer Licht ganz besonders dort gebraucht wird, wo sich Menschen aufhalten, denen es nicht so gut geht wie euch.

Sarinah sagte eben, dass sie Schmerzen zum heutigen Tag anders empfindet als noch vor Jahren. Es tut zwar hin und wieder noch etwas weh, aber sie spürt nicht mehr diesen tiefen, andauernden Schmerz, sondern eher ein kurzes Ziehen oder Pochen.

Das ist sicher individuell, aber es stimmt schon, dass, je mehr göttliches Licht die Chakren speichern können, umso weniger empfänglich ihr für Krankheiten oder physisch-psychische Qualen seid.

Wenn hohes Licht durch deinen Leib flutet, klärt sich alles in dir und um dich herum. Das macht unwiderstehlich und göttlich schön. Was könnte anziehender und sinnlicher sein, als einem lebendigen Erdenengel zu begegnen? Eine Begegnung der besonderen Art, denn durch eure Chakren flutet mittlerweile das gleiche göttliche Licht, meistens ein wenig abgedimmt, das unter anderem durch die Erzengel fließt.

Hast du schon einmal einen Erzengel angefasst oder gar geküsst? Warst du schon mal mit ihm im innigen Gespräch? Weißt du, wie sich Engel anfühlen, wie sie riechen? Weißt du eigentlich, wie unglaublich sinnlich Engel sein können, wie sehr sie gerade das lieben, was man nur mit einem Körper erleben kann?

Doch, liebe Erdenseele, du weißt das alles, du musst nur eins tun: dich daran erinnern, dich selbst leben oder einfach weiterlesen.

Sarinah:

„Erzengel Chamuel lacht sein allerschönstes Lachen, das tut so gut, ihn so schmunzelnd zu erleben, seine Fröhlichkeit steckt an."

So sei es.

Es dankt, segnet und hüllt euch in die Energie der bedingungslosen Liebe,
Erzengel Chamuel

Sarinah: Die etwas andere Ratssitzung

Ein Klartraum einer Ratssitzung mit den geistigen Freunden

Während Erzengel Michael ruhig und kerzengerade auf seinem Stuhl saß, war der Rest der Bande ziemlich aufgeregt. Mit dem Rest der Bande sind die Erzengel Chamuel und Uriel, Christus selbst und die Aufgestiegene Meisterin Lady Portia gemeint.

Die Ratssitzung, die ich, Sarinah, hier schildere, war so interessant, dass ich sie den Lesern gerne wiedergeben möchte.

Bei der Zusammenkunft war ich (Sarinah) auch anwesend, es fühlte sich an wie ein Klartraum. Ich lag im Bett und träumte zwar nicht, war jedoch gleichzeitig in der Geistigen Welt.

Erzengel Michael war wie immer der Ruhepol, er strahlte eine Würde und Ruhe aus, die sehr wohltuend war.

„Woher nehmen die Menschen die Kraft, nach ihrem anstrengenden Arbeitsalltag auch noch nach dem Sinn ihres Daseins zu suchen? Echt bewundernswert", fragte Lady Portia gerade.

„Ich denke, die Kraft kommt von uns, ihren geistigen Mentoren", sagte Erzengel Uriel, und im Raum war ein kurzes Lachen zu hören. Die Anwesenden wussten, dass Erzengel Uriel oft einen unglaublich guten Sinn für Humor hat, trocken und auf die Sache bezogen. Das Lachen der anderen war mehr ein Ermunterungslachen, um Erzengel Uriel ein wenig anzustacheln, damit er wieder so unwiderstehlich reden möge wie in der Sitzung davor.

„Wir sind hier zusammengekommen, um darüber zu sprechen, wie wir den Menschen am besten helfen können, sich und uns besser wahrnehmen zu können", sagte Erzengel Michael gerade.

„Dass wir uns besser wahrnehmen?", fragte ich. „Wie jetzt? Ich dachte, das tun wir bereits?"

„Ich meine damit euer wahres Sein, es geht um euer Höheres Selbst, das ihr auf der Erde längst verkörpert, Engelchen."

Erzengel Michael nannte mich manchmal Engelchen. Mein Gefühl sagte mir, dass er das immer tat, wenn ich ein wenig auf der Leitung stand. Oh, das ist meine Auffassung, denn der große blaue Engel sagte zu mir, dass er für jeden, der ihn um Rat bittet, einen Kosenamen hat.

„Wir leben also längst unser Engel-Dasein, unsere Schwingung ist hoch, aber wir fühlen uns immer noch im alten Körper, im alten Sein", murmelte ich mehr zu mir selbst als in die Runde.

„Genau, das ist der Punkt", sagte Erzengel Chamuel, „um das Höhere Selbst ganz mit Leben zu füllen, solltet ihr in der Lage sein, zu vergessen. Das Gedächtnis sollte sich nicht daran erinnern, wer ihr vor dem Aufstieg wart, wie ihr ausgesehen habt usw."

„Na, na, na!", rief Lady Portia. „Erzengel Chamuel, die Erdenbürger haben Großes geleistet, sie von ihren alten Leben abzuschneiden wäre wie ein Wesensverlust."

Erzengel Chamuel rollte mit den Augen und wiegte seinen Kopf bedächtig hin und her. „Aber Schwester, wir trennen sie doch nicht von ihren Erinnerungen, aber alte Zöpfe schneiden wir gerne ab!" Da war es wieder, das aufflammende Gelächter. Lady Portia war nämlich in ihrer rot-goldenen Robe erschienen und trug einen langen Zopf.

Während ich zuhörte, war mein Körper in eine wundervolle Energie gehüllt. Es fühlte sich an wie ein kühles, wohltuendes Sauerstoffbad in seiner reinsten, besten Form. Die Sticheleien der geistigen Mentoren waren und sind nie böse gemeint oder gar gemein. Sie wissen genau, wie sie sich necken können, ohne sich zu verletzen. Was sich liebt, das neckt sich.

„Dieser Zopf", sprach Lady Portia, dabei streichelte sie zärtlich ihr Haar, „ist über 2000 Jahre alt."

Ich fühlte mich in dieser Runde so wohl, als würde ich die Anwesenden schon sehr lange kennen; gute Freunde eben.

Fragende Augen waren auf mich gerichtet. Erzengel Chamuel fragte: „Wo ist denn dein alter Zopf, Sarinah?" Jetzt war es aus mit meiner Fassung. Ich grinste in die Runde und sagte frech: „Den hast du doch schon!"

In dem Moment erschallte lautes Gelächter. Denn Erzengel Chamuel war dafür bekannt, dass er mit seiner unermesslichen Liebe seine Schützlinge förmlich abschnitt von ihren alten, belastenden Glaubenssätzen, Ängsten, Verhaltensweisen usw.

„Manch einer, der mit Erzengel Chamuel in Kontakt war", sagte Erzengel Uriel geradezu andächtig, „erinnert sich zwar noch daran, dass da mal Probleme waren wie Ängste oder gar Selbstverletzungen. Selbstverletzend, weil der Betreffende seine Gedanken wie ein Schwert immer wieder gegen sich selbst richtete. Aber die Erinnerungen sind danach wohl so, als wenn sie einer zweiten Person gehören würden, einem Double, zu dem man keinen persönlichen Zugang mehr hat."

So arbeitet Erzengel Chamuel, er ist nicht gerade zaghaft bei seinem Wirken. Die Menschen denken immer, der rosa Engel würde sanft und lieblich daherkommen, doch sie kennen Erzengel Chamuel nicht. Wer Sanftheit hat, und Erzengel Chamuel hat viel davon, der hat auch Leidenschaft, Power, Durchsetzungskraft. So ist das mit den Polaritäten, die gelten natürlich auch für die Engel, das ganze Universum ist darauf aufgebaut. Die magnetische Kraft der Polarität hält eigentlich alles zusammen. Wenn ein Engel würdevoll und ernst sein kann, dann hat er auch einen göttlich kosmischen Humor. Engel, Aufgestiegene Meister und andere himmlische Wesen sind niemals böse, denn das hohe Schöpferlicht, in dem sie sich aufhalten, kennt nur Liebe. Außerdem wurden ihre Schatten in vergangenen Leben abgeschliffen. Die Gegensätzlichkeit ist darum nicht mehr so konträr.

„Genau, das passiert bei vielen Menschen jetzt, ihre Schatten werden abgeschliffen", sagte Erzengel Michael.

„Was ist jetzt mit den alten Zöpfen?", fragte ich in die Runde. Meine Gedanken waren: Die reden und reden und vergessen dabei ganz das Thema. Um ehrlich zu sein, ich kenne das von den Interviews für dieses Buch, die geistigen Mentoren holen weit aus beim Sprechen.

Erzengel Uriel war gerade dabei, eine riesengroße rot-goldene Luftblase zu zaubern. Er hüllte damit alle Anwesenden im Raum ein. Wie so oft, sahen alle fasziniert auf Erzengel Uriels Zauberei. Und er machte sich einen Spaß daraus, die Seifenblase einfach mit seinem Zeigefinger platzen zu lassen. Genau über dem Kopf von Erzengel Michael platzte die Blase, und es regnete plötzlich im Raum.

Regen, wisperte ich zu mir selbst, der aber nicht nass macht, der Regen ist trocken. Mein Gesichtsausdruck muss wohl das Tröpfchen zum Überlaufen gewesen sein, denn jetzt bogen sich alle vor Lachen.

„Genauso, liebe Sarinah", sagte Erzengel Uriel, als er sich wieder gefangen hatte, „genauso wirken wir, wir lassen es auf euch herunterregnen, aber wir belasten euch nicht damit. Wir heilen einfach, indem wir euch zum Beispiel zum richtigen Zeitpunkt die richtigen Menschen schicken. Das sind dann Begegnungen, die euch bereichern und keineswegs schaden. So heilen wir euch und sorgen dafür, dass ihr so in das göttliche Licht getaucht seid, dass ihr euer altes Sein nicht mehr anziehen wollt. Dass ihr euch nicht verliert, jedoch eintauchen könnt in das wahre Leben der Botschafter des Lichts. Wir möchten gerne, dass ihr lebt, wie es eines Erdenengels würdig ist."

Erzengel Uriel deutete mit seinem Zeigefinger in die Luft und sagte: „Leider holen sich viele Menschen ihre alten Zöpfe wieder zurück, indem sie immer wieder freiwillig in Süchte oder verletzende Denkweisen eintauchen."

Ich fühlte mich wie in einer Karnevalssitzung. Ist das hier immer so, fragte ich mich gerade.

„Sarinah, auf Ernst folgt Spaß", sagte Lady Portia, die mir zugehört hatte, „auch Gedanken werden übrigens in dieser Runde gehört."

Lady Portia war dabei, ihren Zopf zärtlich zu streicheln. Sie wirkte so in Gedanken – verloren und süß, unschuldig, wie ein Kind. Lady Portia hielt ihren Zopf fest und schlang ihn langsam um ihren Hals, als wäre es ein Schmuckstück. Aber durch die enorme Länge, schließlich war der Zopf über 2000 Jahre alt, schien es so, als würde der Zopf ihr die Luft abschnüren.

„Na, na, na!", rief Erzengel Michael gerade zu Lady Portia, „wer wird denn so brutal zu sich selbst sein?"

„Du tust so, als würdest du festziehen", sagte Erzengel Michael, „und ich darf dann wieder die Feuerwehr spielen."

Seine Ernsthaftigkeit und der trockene Humor dabei ließen alle Anwesenden vor Lachen losbrüllen.

Erzengel Michael sagte etwas atemlos und amüsiert: „Wenn ich etwas liebe, Lady Portia, dann sind es deine langen Haare. Aber tu mir den Gefallen und mach nicht diese Handbewegung. Dabei erinnerst du mich an die vielen Male, als wir Engel während unseres Erdendaseins erhängt wurden."

„Ja, die Erinnerung, genau das ist es", sagte Erzengel Uriel, „man muss die Menschen von den Erinnerungen an ihr altes, schweres Leben erlösen. Sie heilen, sodass sie nicht mehr darauf zurückgreifen, sich den alten Schuh nicht mehr anziehen können. Dass sie trotzdem jederzeit Zugang zu diesen Erfahrungen haben müssen, ist klar. Denn gelebte Dramen, Leid, Schmerz usw. sind von unschätzbarem Wert, nur so kommen die Belohnungen."

„Das ist eine gute Idee", sagte Erzengel Chamuel, „da muss aber vorher der Schöpfer selbst dazu befragt werden. Nur wenn der Chief sein „Ja" dazu gibt, können wir so verfahren."

Der Chief, dachte ich mir grinsend, sie nennen Gott Chief? Ich sah mich verwundert um, denn die geistigen Mentoren waren schon dabei, den Schöpfer zu befragen.

So entstand also eine Pause, in der alle Anwesenden gespannt darauf warteten, was der Schöpfer sagen würde. Dass er doch einen Erlass herausgeben möge, in dem es den geistigen Mentoren erlaubt werde, dass sie die Menschen daran hindern dürfen, sich immer wieder selbst ein Bein zu stellen.

In dieser Pause spielte Erzengel Uriel wieder mit dieser wunderschönen Luftblase. Dieses Mal hüllte er sich selbst ganz darin ein. Erzengel Chamuel saß da und zeichnete mit seinem Zeigefinger etwas in die Luft, das wie ein Plan aussah. Erzengel Michael wippte mit seinem Stuhl vor und zurück, er kippelte und hatte dabei die Augen genüsslich geschlossen. Lady Portia war so mit der Bewunderung ihres Zopfes beschäftigt, dass es so aussah, als würde sie meditieren.

Endlich meldete sich Christus zu Wort, der die ganze Zeit zugehört hatte. Er schaute lächelnd in die Runde, seine Augen versprühten so viel Liebe, dass jeder der Anwesenden plötzlich innehielt. Es sah aus, als wären alle plötzlich ehrfürchtig erstarrt.

Christus sagte ganz ruhig: „Mein Vater wird zustimmen, lasst uns zum gemütlichen Teil übergehen."

OH! Jetzt wird es interessant, dachte ich bei mir und setzte mich kerzengerade hin, um ja nichts zu verpassen.

So schauten alle voller Erwartung auf Christus. Erzengel Uriel ließ seine rote Luftblase platzen. Es regnete jetzt tatsächlich, und zwar ausgerechnet über der verträumten Lady Portia, die plötzlich erwachte und ernst sagte: „Der rote Engel da hat mir meine über 2000 Jahre alte Frisur zerstört."

Gelächter war zu hören, und Lady Portia schlang Erzengel Uriel scherzhaft ihre Haare um den Hals, der so tat, als müsse er gleich sterben. Wieder Gelächter.

Erzengel Michael hörte so plötzlich auf zu kippeln, dass er das Gleichgewicht verlor und mit lautem Gepolter hintenüber fiel.

Der blaue Engel, der sonst so würdevoll rüberkommt, sah so komisch aus, als er mühsam, auf allen Vieren, wieder hochkrabbelte. Erzengel Chamuel war von Michaels hochragendem Po so entzückt, dass er aufhörte, seinen Plan in die Luft zu zeichnen und Erzengel Michael spontan einen Klaps auf den Hintern gab. Wobei Erzengel Chamuel so unschuldig aussah und Erzengel Michael so entrüstet, dass die anderen geradezu wieherten vor Lachen.

Christus lächelte und sagte: „Was seid ihr doch für eine wilde Bande. Lasst uns endlich gehen, wir werden erwartet."

Von wem erwartet?, fragte ich mich im Klartraum. Ich fühlte, dass ich wieder in meinem Körper war, und dieser lag im Bett. Die Energie des Sauerstoffbads war noch da, ich deckte mich genüsslich bis zum Kinn zu, denn ich fror trotz all der Wärme.

Später wachte ich auf, kuschelte mich ganz nah an meinen Mann und erzählte ihm flüsternd und mit verschlafener Stimme, was ich im Traum gehört und gesehen hatte. Ich sagte gerade: „Da möchte ich wieder hin, es war so schön." Kaum hatte ich das ausgesprochen, wurde der ganze Raum in gold-rotes Licht getaucht, das Gold glitzerte wie Regentropfen. „Was ist denn mit deinem Haar?", fragte mein Mann, „du trägst es doch sonst nie geflochten, und wieso schimmert dein blondes Haar plötzlich rot?" Wir lachen heute noch darüber, denn dieses wundervolle Erlebnis hat sich tief in unser Gedächtnis gebrannt.

Die verstorbenen Seelen sprechen

Manchmal, wenn wir zusehen, wie es dämmert, während auf der anderen Seite der Erde gerade die Sonne aufgeht, halten wir inne und fühlen eine solche Sehnsucht nach unserer Familie, wir fühlen diesen Urschmerz der Trennung so stark, dass es uns fast das Herz bricht.

Wir, eure verstorbenen Angehörigen, so nennt ihr uns, doch eigentlich sind wir jetzt mehr lebendig, als wir es zu Lebzeiten waren.

Es gibt keine Trennung zwischen uns und unserer Familie und unseren Freunde auf Erden. Die Trennung durch den Tod ist und war immer eine Illusion. Die meisten von uns haben das sofort nach ihrer Ankunft in der Geistigen Welt wieder gewusst.

Was also tun? Unsere irdische Familie hält diese Trennung aufrecht, und da sie so sehr an das irdische Sehen gewöhnt sind, nehmen die meisten uns nicht mehr wahr.

Warum wir uns lebendig fühlen? Wir sind nicht mehr gebunden an einen Körper. So sind Entfernungen, Werkstätigkeit (Zeit) keine Problematik mehr, wir sind vollkommen frei von all diesen Mühen. Unserer Reise zu unserer Familie auf der Erde steht nichts im Weg, und glaubt uns, wir reisen oft. Wir sind fast täglich bei euch, um euch zu helfen, um bei euch zu sein oder einfach um zu erinnern, dass nichts verloren ist.

Nicht selten treffen einige von uns auf ihre Lieben, in denen das Leben pulsiert, und diese nehmen uns wahr und sprechen mit uns. Das ist eine tiefe Freude, sogar die begleitenden Erzengel jubilieren vor Freude, wenn jemand wahrnimmt, dass der Tod keine Spaltung darstellt.

Oh, es ist tatsächlich so, die meisten Menschen wissen nicht, wie viel die Verstorbenen, die übrigens alle ins Licht gehen, wie viel Gutes sie bewirken können, und das sogleich nach ihrer Ankunft in den geistigen Ebenen.

Nicht selten kommt es vor, dass Seelen bei uns ankommen und ihr erster Wunsch den Hinterbliebenen gilt. Schreckliches Wort, stimmt, denn eigentlich bleibt niemand allein. Wenn eine liebe Verwandte oder Freundes-Seele durch das Verlassen des Körpers in die geistigen Ebenen reist, ist der Kontakt zu der irdischen Familie oft sogar intensiver als zuvor.

Ach ja, wir erwähnten das schon in Band 8 und möchten nochmals betonen, dass mittlerweile alle Seelen ins Licht gehen. Wie sollte es denn anders sein? Die Erde schwingt mittlerweile so hoch, sie ist mit ihren Bürgern in der Himmelssphäre angekommen. Das heißt, dass diejenigen, die sterben, egal, ob aus eigener Hand oder weil ihr Seelenvertrag endet, von einem erhöhten Plateau aus starten. Lasst euch also nicht in die Irre führen, wenn Lichtarbeiter behaupten, dass jemand, der gestorben ist, nicht ins Licht gegangen ist.

Dass eine verstorbene Seele herumgeistert statt in das Licht zu gehen, stimmt schlichtweg nicht! Kann nicht mehr sein, denn die erste Tür zur Geistigen Welt, gleich nach der Lieblingslandschaft, ist weit offen. Dieses Tor zieht die Verstorbenen mit einer gewaltigen lichtvollen Energie, die wie ein Sog wirkt, sofort in den Himmel, sie werden sozusagen geradezu von Gott eingeatmet.

Welche Erleichterung hier geschaffen wurde, könnt ihr wahrscheinlich nur erahnen. Denn allen Wesen, ob Mensch oder Tier, bleibt die jeweilige Zwischenstation der unteren Dimensionen erspart. Sie müssen diesen oft dunklen Läuterungsweg nicht mehr gehen.

Viele, die zu uns reisen, indem sie den Leib verlassen, wählen aber freiwillig diesen Reinigungsweg, und zwar noch zu Lebzeiten. Zum Beispiel über eine unheilbare Krankheit. Sie tun es aus Liebe, nicht etwa, weil sie böse waren. Die meisten tun es aus Liebe, um für ihre Familie etwas aufzulösen oder um auf ein Thema aufmerksam zu machen, zum Beispiel auf die Situation der Koma-Patienten.

Patienten, die im Koma verweilen, tun das nicht, weil sie zwischen Himmel und Erde festsitzen, wie oft behauptet wird. Sie benötigen noch Zeit mit ihrer Familie und machen mit ihrem Dasein auf ihre besondere Situation aufmerksam. Den Zeitpunkt des Todes bestimmen diese Patienten selbst. Nicht Gott ist es, der sie zu sich holt, sie kehren aus freiem Willen zum Schöpfer zurück. Die Geistige Welt liebt euch alle so bedingungslos, dass sie, wie erwähnt, jede Entscheidung mitträgt. Der freie Wille ist immer unantastbar, auch dann, wenn nicht bewusst entschieden werden kann. Denn die Seele verweilt im Körper, so lange das Herz schlägt. Die Seele entscheidet selbst, wann es Zeit ist, zu gehen.

Man könnte auch sagen, dass der Abschied oft ziemlich schwerfällt. Der plötzliche Tod, Unfälle, Krankheiten im Endstadium, Koma oder gar Selbstmord usw. Das Loslassen ist nicht selten auch für die Sterbenden sehr schwer. Der Urschmerz der Trennung ist dann lange Zeit ganz besonders stark, denn diesen Urschmerz der scheinbaren Trennung fühlen nicht nur die Menschen, die zurück gelassen werden, sondern jede Seele und jedes Wesen in der geistigen Heimat spürt diesen Schmerz.

Ihr Lieben, diese Pein verbindet uns, denn wir fühlen das Gleiche, so unsere heilige Energie gerade in Krisensituationen mit einer wohltuenden Sanftheit auf euch ruht. Wir aus der Geistigen Welt sind da, um euch zu schützen, euch zu helfen, euch zu heilen oder einfach zur Unterstützung.

Wir halten uns in der Himmelssphäre auf, aber es ist uns

auch erlaubt, auf der Erde zu sein, denn diese schwingt ja, wie schon erwähnt, in den Dimensionen des Himmels.

Wir, die durch den Tod von der Erde gegangen sind, halten uns aber auch oft bei Freunden auf, bei Verwandten, die ebenfalls „gegangen" sind. Oder bei unserer Ursprungsfamilie, der Galaktischen Föderation des Lichts.

Da ist er wieder, dieser Name, mit dem viele Leser noch nichts anfangen können. Andere wiederum haben längst Zugang zu ihrer Ursprungsfamilie gefunden.

Wir wissen, wer das liest, wir erkennen deinen Seelenstrahl, der hell und farbig ist und bis weit in unsere Sphären hinein flutet. Wir, die Verstorbenen, auch das Wort mögen wir nicht und benutzen es nur, weil es am besten ausdrückt, wer mit euch spricht. Wir, die euch vorausgegangen sind, möchten betonen, dass die Galaktische Föderation des Lichts aus Wesen besteht, die auch Erdenleben hatten. Und jedes dieser Mitglieder kennt jemanden, der zurzeit auf Gaia (lebt) und dort seinen Dienst tut.

So fremd sind euch diese zauberhaften Wesen also gar nicht, denn sie sind nichts anderes als Engel, die sich technisch, wissenschaftlich weiterbilden wollten, zum Beispiel auf Lichtschiffen.

Bedenkt das bitte, wenn der Zeitpunkt gekommen ist, an dem man euch den öffentlichen Kontakt zur Galaktischen Familie vorschlägt. Bedenke bitte, dass du nicht warten musst, der Zeitpunkt des individuellen Erstkontakts obliegt dir selbst.

Außerdem bestimmt das Volk anhand seiner Ausrichtung, was passiert, und nicht die führende Elite. Diese führt eigentlich nur den Willen der Mehrheit aus.

Nun, Elite ist kein schönes Wort, denn auf manche, die den Ländern vorstehen, trifft das nicht zu. Nicht selten sind es Aufgestiegene Meister im menschlichen Gewand, die mit an der politischen Spitze stehen, um die nötigen Entscheidungen zu treffen.

Alles obliegt jedoch der göttlichen Ordnung, und wer sich mit dem Gesetz der Polaritäten auskennt, wird wissen, dass, bevor Frieden und Fülle für alle Menschen eintreffen können, es vorher gewittert. Dass das, was sich von Gaia und ihren Kindern lösen soll, vorher ordentlich gelebt wird, oft mit einer Brutalität, dass es sogar den Erzengeln schwer ums Herz wird.

So sind also die Katastrophen, der drohende Krieg, die Überfälle und all die schlimmen Dinge Zeichen, dass das Pendel der Polarität dabei ist, in die lichtvollste und reinste aller Richtungen zu schwingen: die göttliche Liebe.

Die gelebte Liebe, die allumfassende Liebe, einfach alles, was Liebe in sich trägt, hat die Macht, alles aufzulösen und zu heilen, was Dunkelheit, Schmerz, Leid, Mangel, Krankheit und Verletzung mit sich bringt.

Die bedingungslose Liebe, die nichts erwartet, fordert, wertet oder gar begrenzt, hat die Kraft, allumfassend zu heilen und das zusammenzuführen, was schon seit Urzeiten zusammengehört.

Erzengel Michael: Minderwertigkeit – Ablehnung verursacht Angst, Schmerzen und trennt

Das Schlimmste sind nicht Pest und Cholera,
das Schlimmste ist, von niemandem beachtet und geliebt
zu werden.

(Mutter Teresa)

Nichts könnte besser ausdrücken, dass die schlimmste aller psychischen Verletzungen die Ablehnung ist. Das führt wiederum zum Minderwertigkeitsgefühl.

Wenn ein Kind das Gefühl hat, nicht gewollt, nicht geliebt und nicht angenommen zu sein, wie es ist, entsteht das Gegenteil von Ur-Vertrauen, nämlich das Ur-Misstrauen.

Das sind Verletzungen, mit denen sicher so mancher von euch konfrontiert wurde, meistens schon in der Prägephase der frühen Kindheit.

Kinder haben den natürlichen Drang, sich und ihre Umwelt zu erforschen. Wird das unterdrückt, aus welchem Grund auch immer, ist das nicht selten die Wiege der Schuldgefühle.

Die kleinen Erdenbürger möchten bedingungslos geliebt werden, immer! Sie spiegeln den Erwachsenen sofort, wenn etwas nicht stimmt. Diese Resonanz wird oft im Kindergarten oder in der Schule ausgelebt, was die Eltern wiederum in ein Dilemma stürzt. Denn wie sollen sie wissen, was dem Kind fehlt, da sie nicht selten die gleichen Erfahrungen in ihrer Kindheit gemacht haben.

Wir möchten keinesfalls mit dem Finger auf irgendjemanden zeigen, nichts liegt uns ferner, als zu werten. Doch bei Familien geht es oft um Themen, die sogar aus der Zeit der Großeltern stammen, die nicht fähig waren, diese zu lösen. So übernimmt das eben die jüngere, nachfolgende Generation. Ahnenauflösung sagen wir Engel auch dazu.

Wenn ein Kind Minderwertigkeit entwickelt, wird es das auch im Außen erleben. Im Umfeld des Kindes wird es Menschen geben, oft sind das sogar die Mitschüler, die auf den Mangel hinweisen.

Beispiel: „Du bist zu dick, zu unsportlich, nicht schlau genug, du hast nicht die richtige Hautfarbe, Kleidung, Religion usw."

Die Crux ist leider, dass das Gefühl, nicht gut genug zu sein, vor diesem verletzenden Verhalten der anderen schon da war.

Es ist uns Erzengeln bewusst, dass die Schuld oder der Auslöser oft im Außen gesehen und gesucht wird, wobei es hier nicht um Schuld geht, denn sobald das Kind sich nicht mehr minderwertig fühlt, wird auch das Umfeld aufhören, verletzend zu spiegeln.

Es ist sicher menschlich und auch einfacher, die scheinbaren Verursacher im Außen zu sehen oder zu suchen. Wir Erzengel sind jedoch der Meinung, dass die innere Heilung von Themen, die das Ur-Vertrauen betreffen, automatisch auch Harmonisierung im Außen nach sich zieht. Das hört sich einfach an, und wir Erzengel beobachten nicht selten, dass Menschen die etwas komplizierteren Lösungen vorziehen.

Für mich, Erzengel Michael, fühlt sich das oft so an, als würdet ihr euch selbst bestrafen. Aber warum? Wofür bestraft ihr euch immer und immer wieder?

Sicher gibt es dafür individuelle Gründe. Doch etwas ist mir aufgefallen, und zwar, dass gerade diejenigen, die zur Selbstbestrafung neigen, indem sie sich zum Beispiel in ihren Körper einsperren – durch zu viel oder zu wenig Gewicht, Süchte, Minderwertigkeitsverhalten – und diese Themen wie ein schweres Kreuz auf ihren Schultern tragen, sich das Kreuz nur ungern von ihren Engeln abnehmen lassen. Sie tragen das selbstverletzende Verhalten so lange wie möglich, weil sie dadurch zu Meistern werden können. Meister im Selbstauflösen von schwierigen Lebensthemen, weil durch ein extremes Verhalten der Heilungsweg besonders deutlich gezeichnet ist.

Gerade die Botschafter des Lichts sind es, die oft den Weg der selbsterlösenden Heilung gehen. Anstatt sich von den zuständigen Engeln helfen zu lassen, fordern sie durch den freien Willen, dass sie den Pfad der Läuterungen gehen möchten. Sie tun das, um sich zu erfahren. Nichts ist mehr wert als selbst gelebte Erfahrungen, weil dies nur durch das Verkörpert-Sein geschehen kann. Die Lichtarbeiter gehen Leidenswege, auch in früher Jugend schon, für andere, für ihre Familie, damit diese dadurch lernen. Damit andere nicht durch das Leid müssen.

Sarinah hatte zum Beispiel in der Kindheit immer wieder unerklärliche Fieberschübe. So wurde das Familienthema – die Angst vor dem Tod – vom Kind (Sarinah) geheilt. Die Eltern wurden in der Phase, in der Sarinah hohes Fieber hatte, mit ihren Ängsten konfrontiert, und so konnte das Familienthema heilen.

Bewusstwerdung, liebe Leserinnen und Leser, ist daher unglaublich wichtig. Dadurch könnt ihr nicht nur bei euch, sondern auch bei anderen den Kreislauf der Minderwertigkeit, des Mangels, durchbrechen. So kann eine Mutter durch ihr spirituelles Wachstum ihr Kind heilen, da dieses nicht mehr auf die Ahnen-Themen aufmerksam machen muss.

Viele Erdenbürger haben immer noch große Angst, Liebe zu fühlen, zu geben und zu leben. Sie haben Angst, abgelehnt zu werden. Das kommt womöglich von einer frühen Erinnerung, sie denken, sie wären nicht erwünscht. Viele fühlen Ablehnung so heftig, dass es eine Sehnsucht nach dem ewigen Frieden bei ihnen auslöst.

Minderwertigkeit und Ablehnung verursachen Schmerzen und trennen, also isolieren euch.

Wer sich minderwertig fühlt, wird durch die Selbstliebe – sich so anzunehmen, wie er/sie ist – Heilung finden. Um etwas zu harmonisieren, solltest du nicht in der Energie der Ablehnung sein, sonst kehrt das, was du ablehnst, wie im Ewigkeits-Kreislauf immer wieder zu dir zurück.

Darum ist Selbstakzeptanz die erste Station zur Heilung. Dem folgen viele weitere Stationen, wie die Selbstliebe, das Loslassen-Können, die selbst gewählte Isolation und das Verständnis, dass alles im Leben eine tiefere Bedeutung hat. Den tieferen Sinn, gerade in den Lebensbereichen, die so schmerzhaft sind, werdet ihr nicht finden, indem ihr andere für das Leid verantwortlich macht. Die Lösungen erkennt man nie auf der Ebene, auf der die Notlage entstanden ist.

Bedenkt bitte immer, dass ihr nur das an andere weitergeben solltet, was ihr selbst auch bereit seid zu leben. Siehe das Gesetz der Resonanz.

Bedingungslose Liebe jedoch, die reinste Form der Liebe, heilt alles, nicht nur bei euch, sondern auch in den Herzen der Menschen, die euch umgeben.

Es wurden damals die Besten der Besten auf die Erde gesandt – die Erdenkinder, die bereits Engel-Meister waren. Sie leben ihr Sein als Aufgestiegene Meister auf Erden weiter. So werden Erzengel zu lebendigen Engeln, und so vereinen sich der Himmel und die Erde.

Wie sehr wir euch lieben, wie sehr...

Erzengel Michael: Ratssitzung – Beziehungen und vieles mehr

Die Partnerschaft an sich ist eine absolute Herausforderung, denn das zarte Pflänzchen der Ehe will gepflegt werden, egal, welche Form auch immer gewählt wird, um zusammenzuleben. Ob ihr euch vermählt, verlobt oder einfach so zusammen seid, die Liebe braucht Aufmerksamkeit, damit sie wachsen kann.

Das zarte Bäumchen der Verbundenheit braucht eure ganze Aufmerksamkeit, das bedeutet Arbeit. Sich zu zweit individuell weiterzuentwickeln, ist sicher nicht leicht, denn das Auseinanderdriften der Paare erfolgt nicht immer nur durch Streit, sondern vielmehr durch Schweigen.

Wir kamen, wie so oft, in einer großen Runde zusammen. Es waren all die geistigen Mentoren anwesend, die dem Rat des Neuen Zeitalters angehören.

Das Thema Partnerschaft und alles, was dazugehört, ist etwas, worüber wir sehr gerne sprechen. Gerade weil wir in dem Zustand der Feinstofflichkeit diese meistens auf einer harmonischen-energetischen Ebene leben. Daher finden wir es sehr interessant, dass wir mit euch fühlen können, auch wenn wir keinen menschlichen Körper haben.

Ja, gerade darum ist es so spannend und neu für uns. Denn durch den intensiven Kontakt mit unseren irdischen Kollegen, den Botschaftern des Lichts, ist es uns möglich, Dinge so nachzuvollziehen, als hätten wir einen irdischen Körper.

An dieser Stelle möchte ich, Erzengel Michael, eine Ratssitzung schildern, in der es um Liebe und Beziehungen ging.

El Morya kam wie immer zu spät. Er war der Meinung, dass man sich auch telepathisch verständigen könnte und darum diese persönlichen Treffen nicht bräuchte. Er war deshalb ein wenig ungnädig – er ist ein Fan der nonverbalen Kommunikation, dazu muss man nicht von Ort zu Ort reisen. Oder, um es in El Moryas Worten zu sagen: „Man muss nicht irgendwo antanzen, nur um Gespräche zu führen, die man durch Telepathie, von welchem Ort auch immer, führen könnte."

Es waren außerdem Erzengel Michael, Erzengel Raphael, Erzengel Chamuel, Erzengel Uriel, der Aufgestiegene Meister Christus, Lady Maria, Lady Portia, Saint Germain und der Erdenengel Harry anwesend.

Eine große Runde also, und deshalb ging es im Saal ziemlich laut zu. Alle redeten durcheinander, bis El Morya nach vorne ging und laut sagte: „Ich bin zwar etwas spät, trotzdem scheine ich nichts verpasst zu haben, und wieder quasseln alle durcheinander anstatt unser Telepathie-Kommunikationssystem zu nutzen."

Lauter Applaus war zu hören, und El Morya sagte wie zu sich selbst: „Ach, die hören ja gar nicht zu." Er hob die Hände, als ob er andeuten wollte: „Lasst es gut sein."

„Warum denn so ernst?", fragte Erzengel Uriel. „El Morya, lass ihnen doch den Spaß, du weißt doch, dass sie nichts lieber tun, als wild durcheinander zu reden und dass wir uns bewusst für diese Art des Treffens entschieden haben, weil so die menschlichen Probleme besser nachempfunden werden können."

El Morya war nicht nach Scherzen zumute, er musste an die vielen Aufgaben denken, die noch zu erledigen waren. Außerdem war er davon überzeugt, dass seit dem Aufstieg der Menschheit die Geistige Welt durchaus menschliche Züge angenommen hatte.

„Die Ratssitzungen werden zu Veranstaltungen", erwiderte er, „und die Erdenbürger benehmen sich plötzlich wie Aufgestiegene Meister und Erzengel."

Erzengel Uriel legte beruhigend seinen Arm um El Morya und geleitete ihn an seinen Platz. Sie setzten sich beide, und Erzengel Uriel fing an, Vogelstimmen zu imitieren. Das tat er so bestechend echt, dass Maria sich zu ihm umdrehte und fragte: „Wo hast du denn das gelernt? Oh, schön, mach weiter."

Erzengel Uriel sah sich um, alle saßen, und der Kreis war nun geschlossen. Er ließ wie von Zauberhand einige Federn vor Erzengel Michael auf den Tisch fallen. Dieser erkannte das Zeichen und begann mit der Begrüßung.

„Schön, dass ihr alle der Einladung gefolgt seid.

Wir sind hier, um über die Partnerschaft im Goldenen Zeitalter zu sprechen. Die Erdenbürger haben unglaublich viel geleistet, sie sind dabei, sich und alles im Außen vollkommen zu heilen. Doch beim Thema Bindung fahren sich viele Menschen fest, weil sie nicht aus den alten Abhängigkeiten aussteigen können, obwohl sie längst frei sein wollen."

Lady Portia antwortete: „Erzengel Michael, wir können ihnen am besten helfen, wenn wir sie mit unserer Energie versorgen. Diese bricht alles auf, und es kann in die Heilung gehen." Lady Portia schaute dabei Saint Germain zärtlich an. Er sah in ihre Augen und lächelte. „Meine Zwillingsflamme", flüsterte Saint Germain gerade flirtend zu Lady Portia. Während Erzengel Uriel gelbe Federn auf die beiden rieseln ließ, sagte Saint Germain: „Ich denke", dabei pustete er die Federn von sich weg, „ich denke, wir sollten nicht reden, sondern handeln."

Erzengel Chamuel war gerade dabei, den langen Zopf von Lady Portia zu bewundern, als er erstaunt feststellte: „Aber uns fehlt noch ein Plan." Schon stand er auf, um sich eifrig an der großen Tafel zu schaffen machen. Er schrieb, zeichnete und skizzierte und war so versunken in seine Arbeit, dass er wie abwesend wirkte.

„Nun", antwortete Erzengel Michael, „die Partnerschaften der Neuen Zeit sind anders. Die Erdenbürger müssen sich nämlich erst daran gewöhnen, dass nur noch das funktioniert, was in der bedingungslosen Liebe schwingt."

„Wir haben keine Zeit", murmelte der Erdenengel Harry, „ich muss wieder zurück zur Erde, mein Wecker klingelt gleich." Harry war wie oft im Traum zu dieser Ratssitzung geeilt.

„Na, dann hurtig, hurtig!" Erzengel Uriel war so vertieft in das Fliegen-Lassen seiner Federn, dass ihm gar nicht auffiel, wie Erzengel Raphael aufstand und sich in die Mitte des Kreises stellte. „Ganz einfach, wir lösen die alte bedingte Energie von der Erde", sagte er und breitete die Arme weit aus. „Dann wird sich das Thema mit den Abhängigkeiten, in welcher Form auch immer, von alleine lösen."

„Erzengel Raphael", erwiderte Erzengel Michael und sah seinen Engelkollegen geduldig an. „Du bist echt wundervoll, deine Vorschläge klingen so praktisch. Du darfst aber nicht vergessen, dass wir damit warten müssen, bis Gaia uns erlaubt, die Schattenenergie von ihr zu lösen. Die Erde transformiert noch durch Überschwemmungen, Hurrikans, Erdbeben, Feuer usw. Darum ist es noch nicht möglich, die alte Frequenz ganz von ihr zu nehmen, wir würden sonst ihren weiteren Aufstieg stören."

Erzengel Raphael fing an, wie ein Feuerspucker Funken in den Saal sprühen zu lassen. Alles war hell erleuchtet, und er erfreute sich so sehr am Spiel mit dem Feuer, dass er übersah, das plötzlich Christus auftauchte und Wasser in den Raum regnen ließ. So war das Feuer schnell gelöscht, und die Federn, die Erzengel Uriel gezaubert hatte, wurden nass. Allein Erzengel Chamuel war so versunken in seiner Planung, dass er nicht einmal Christus' Anwesenheit bemerkte. Lady Portia und Saint Germain schauten sich verliebt an. Sie hatte ihren Zopf in seine Hände gelegt, und Saint Germain murmelte: „Ja, Christus taucht immer im richtigen Moment auf, und ja, ich liebe dich, Lady Portia, und ihn natürlich auch." Dabei nickte Saint Germain anerkennend in Christus' Richtung.

„Ich weiß, mein über 2000 Jahre alter Zopf ist bei dir in den besten Händen", sagte Lady Portia, während Saint Germain langsam und bedächtig das Wasser aus ihren Haaren wrang, indem er ihren Zopf wie einen Putzlappen zusammenrollte.

Der Aufgestiegene Meister Christus nahm neben Maria Platz und sagte: „Mein Vorschlag ist folgender: Wir helfen den Menschen, indem wir über ihre Sinne kommen. Sie so pulsen, dass sie es richtig genießen können und dadurch über ihr Wohlgefühl anfangen, bewusst zu werden."

„Wie meinst du das?", flüsterte Maria, „du bist mit deinen Gedanken uns allen wieder weit voraus, so scheint es jedenfalls. Aber ich verstehe dich, du willst mit deiner Liebe, die du trägst, deiner unermesslichen Liebe in ihrer reinsten Form, wieder mal zur Erde reisen, um dich dadurch zu erfüllen, indem du deine Vibration der Liebe mit vielen teilst."

„Ja, so sei es, ich bin unter den Menschen, man erkennt mich an den Augen", antwortete Christus. „Unser Erdenengel Harry muss zurück, lasst uns also die Sitzung beenden."

Harry schaute erleichtert in die Runde und schüttelte den Kopf, denn er sah Erzengel Michael entspannt lächelnd mit dem Stuhl kippeln. Erzengel Raphael versuchte gerade, sein Feuer wieder zum Leben zu erwecken. Erzengel Chamuel zeichnete, in sich versunken, an seinem Plan, und Saint Germain war dabei, Lady Portias Haar zu trocknen. Was für eine Ratssitzung, dachte Harry. Sie wirken so menschlich, und doch fühlt man ihre wahre Größe, ihr göttliches SEIN.

Harry sah, wie El Morya erleichtert aufstand. Mit einer Hand winkte er den Anwesenden zum Abschied kurz zu, dann schritt er nachdenklich durch die Tür, die mit einem lauten Knall hinter ihm zufiel. PENG!

Ein erschrockenes Raunen ging durch den Saal. Erzengel Chamuel verlor den Bezug zu seiner Planung, und die Buchstaben und Skizzen wirbelten wie wild durch den Saal. Erzengel Michael verlor das Gleichgewicht und kippte nach hinten, wo ihn Erzengel Raphael auffing, der gerade wie zufällig mit einer nassen Fackel in der Hand hinter Michael stand.

Christus ließ es noch weiterregnen, das Wasser stieg immer höher im Saal. Dabei war er ganz versunken im Gespräch mit Maria, die plötzlich aufsah und rief: „Lady Portia, pass auf deine Haare auf, dein Zopf wird wieder nass!"

Harry sah, wie Erzengel Uriel neue Federn von der Decke schweben ließ, die, auf dem nassen Boden angekommen, wie Boote schwammen. Harry rümpfte die Nase, denn die nassen Federn rochen ein wenig streng.

Harry war so vertieft in die Betrachtung dieser Szene, dass er gar nicht bemerkte, wie die Sonne aufging. Es schien ihm, als wäre er im Kino und würde sich einen Film in 3D ansehen.

„So sei es", sagte Erzengel Michael, stand auf und klopfte sich die Federn von den nassen Schultern. „Wir lösen hiermit die Sitzung auf. Bis Morgen, liebe Freunde."

Harry wachte in seinem Bett auf und rieb sich verwundert die Augen. Auf seinem Bett lagen eine gelbe Feder, ein langes Haar, ein Buchstabe und ein kleines Feuerzeug. Ein sonderbarer Geruch nach nassen Federn schwebte durch sein Schlafzimmer.

Harry vergaß diesen Traum niemals. Er muss heute noch grinsen, wenn er daran denkt, was er in dieser Nacht erlebt

hatte. Verrückt, flüsterte Harry zu sich, so eine verrückte Bande. Wer hätte gedacht, dass sie so menschlich sein können, so
unglaublich sympathisch. Diese geistigen Mentoren muss man
einfach lieben.

Erzengel Michael: Der spirituelle Orgasmus

Die Verschmelzung, denn darum geht es, findet auf der bewussten Ebene statt, also dann, wenn ihr ganz in der Energie der bedingungslosen Liebe seid. Das kann in der Meditation geschehen, wenn ihr intensiv mit der reinsten aller Quellen verbunden seid, dass euer Leib vor Lust erbebt, oder indem ihr die innigste aller Vereinigungen mit dem Seelenpartner lebt. Das alles obliegt natürlich eurem freien Willen, jedoch braucht ihr für die bewusste Vereinigung mit Allem-was-ist nicht unbedingt einen Partner.

Es geht dabei nicht um ein neues sexuelles Erlebnis, sondern um die sinnliche Erfahrung der Vereinigung mit dem neuen feinstofflichen Körper. Die gespürte Verbindung mit dem höchsten Licht. Der kristalline Leib reagiert sensibler und merklich ausgeprägter auf die Wellen der Liebe, als ihr das jemals erlebt habt.

Wieder ist uns bewusst, dass unsere Worte nicht ausdrücken können, was hier Wundervolles auf euch zukommt beziehungsweise was ihr schon lebt und was sich noch immens verstärken wird.

Die Sexualität des Menschen wurde lange Zeit als etwas angesehen, das nicht konform gehen kann mit Bewusstsein und Reinheit. Man spaltete sozusagen diesen sinnlichen Teil eurer Persönlichkeit von euch ab, weil man euch schon von Kindesbeinen an erzählte, dass es schmutzig ist, sich zu berühren usw. Die Kirche stellte Reinheit mit Engelhaftigkeit gleich, und Sexualität wurde immer so dargestellt, als wenn sie Teufelswerk wäre. Miteinander zu schlafen war laut Kirche denen vorbehalten, die verheiratet waren und Kinder wollten. Es ist aber keineswegs eine Sünde! Wie kann etwas Sünde sein, was die Verbindung mit der göttlichen Quelle forciert?

Wir möchten nochmals betonen, dass dies kein Freibrief ist für sexuelle Überlagerungen oder Missbrauch, bei dem andere verletzt und ihr freier Wille gebrochen wird.

Dabei seid ihr von Geburt an sinnliche Wesen. Mutter Erde hat euch einen Körper gegeben, damit ihr all das leben und erfahren könnt, was man verkörpert erleben und erfahren kann. Jedoch wird der Pfahl der Marterung aus Mutter Erde entfernt. So werden sich auch die alten manipulativen, verletzenden, wertenden und begrenzenden Lebensprogramme wie leer anfühlen, sodass sie zwar noch gelebt werden können, der freie Wille ist ja unantastbar, aber der weitere Aufstieg der Person, die Missbrauch verübt, wird unterbrochen sein.

Wenn die Bewusstwerdung stoppt, das wisst ihr bereits, wird die Seele den Aufstieg durch Krankheit, Pein oder gar durch den Tod herbeiführen. Auf diese Weise wird alles von der Erde gehen, was nicht im Einklang ist mit der Schöpferfrequenz. Das Einsetzen des lichtvollen Wandels in der Welt erkennt man dadurch, dass mehr denn je die Dunkelheit, der Hass, die Gewalt, die Lüge usw. das Zepter schwingen. Die Polarität der Dunkelheit wird erst einmal verstärkt, bevor das Gute (Lichtvolle) siegt. Je lichtvoller die Erde und damit ihre Kinder strahlen, umso deutlicher wird alles, was bisher in der Dunkelheit war, gezeigt und vom Licht durchdrungen, damit es sich wandeln kann. Das Licht bringt alles an die Oberfläche, was bisher versteckt, verleugnet, gelogen oder missachtet wurde.

Alles, was aus dem Gefühl der allumfassenden Liebe heraus geschieht, geschieht in der göttlichen Anbindung. Die Angst ist die Abwesenheit der Liebe! Alles, was aus Angst, Hass, Wut, Gewalt, Ego, Besitzen-Wollen und Abhängigkeitsverhalten heraus geschieht, ist nicht in der göttlichen Anbindung.

Wenn ihr euch also etwas wünscht, dann sollte dies in Liebe

geschehen und zum Wohl aller Beteiligten. Je höher ihr dabei schwingt, umso sicherer und schneller erfüllt sich der Wunsch. Ungeduld ist übrigens eine Form von Misstrauen, weil man Angst hat, dass es sich doch nicht erfüllt. Wer im Vertrauen ist, braucht keine Beweise, sondern bleibt in der Liebe.

Aber kommen wir zurück zum eigentlichen Thema: dem spirituellen Orgasmus. Wir greifen dies auf, um zu zeigen, wie wundervoll sich das Gefühl für eure Sinne und euren Leib verändert. Ein spiritueller Orgasmus ist viel intensiver als das, was ihr bisher erlebt habt. Danach fühlt ihr euch nicht müde, sondern sehr energiegeladen, und es ist euch möglich, innerhalb kürzester Zeit wieder für diese Art der Vereinigung bereit zu sein. Ja, Vereinigung, das ist es, entweder mit euch und der Quelle oder mit dem Seelenpartner.

Es geht dabei nicht um einen Akt, der euch Energie kostet, denn diese Art der Vereinigung braucht keine Akrobatik. Es ist eine Form der ursprünglichsten aller Bewegungen, wenn ihr euch liebt. Wobei das natürlich individuell ist, denn es ist alles erlaubt, was euch Freude macht: still oder wild, sanft oder leidenschaftlich oder beides im Austausch. So lange es in Liebe geschieht, könnt ihr durch die Form des neuen Spürens Wundervolles erleben.

Ihr werdet zu Genießern, zu Bewunderern, und das Wohl des Partners wird euch mehr am Herzen liegen als der eigene Genuss. Davon sprachen wir schon einmal. Dort, wo ihr früher gesagt hättet: „Nein, das versage ich mir, das erlaube ich mir nicht, man tut so was nicht", wird das neue Bewusstsein anfangen, jegliche Verneinung, die in eurem System ist, zu hinterfragen. Der kristalline, feinstoffliche Leib sehnt sich so sehr nach dem höchsten Licht, dass er das herbeiführt, was er braucht, um in der göttlichen Anbindung zu sein.

Ihr werdet also wieder eins, vollkommen im Einklang mit euch und mit der Quelle. Darum geht es bei der neuen Form des freudigen Verlangens.

Wie immer ihr das seht, ob ihr es lebt oder auch nicht, auf irgendeine Art und Weise, und sei es über eine Engel-Einweihung, werdet ihr wieder zu dem Wesen, das ihr von Geburt an seid. Eure Seele will mit euch leben, sie will nicht vergessen werden, denn sie möchte sich, auf welche Art auch immer, sinnlich auf der Erde erfahren dürfen.

Wir sprechen das Thema der neuen Sinnlichkeit an, weil es sein kann, dass es euch verwirrt, wenn ihr plötzlich erotische Träume habt, wo ihr doch so etwas normalerweise nie träumt oder euch gar zu alt dafür seht. Es kann auch sein, dass ihr die Lust lange Jahre nicht gespürt habt, und plötzlich habt ihr das Verlangen nach einer intensiven Vereinigung.

Wir sprechen darüber und bitten euch nicht, dass ihr etwas leben sollt, nur weil Erzengel Michael darüber gesprochen hat. Aber ich, Erzengel Michael, möchte gerne, dass das, was ihr auch immer tut, in der allumfassenden Liebe geschieht, und ich wünsche mir, dass ihr vollends glücklich seid. Natürlich helfen wir Erzengel und die geistigen Mentoren, wir tun unser Möglichstes, damit wir glückliche Menschen auf der Erde sehen.

Wir möchten, dass du weißt, was geschieht, dass du deinen Körper liebst, verstehst, achtest, egal, wie jung oder wie alt du bist. Wir wünschen uns so sehr, dass du die neue Sinnlichkeit spüren darfst und dich die Symptome, die damit einhergehen, nicht verwirren, sondern erfreuen.

So kann es sein, dass du ein unglaublich schönes Glühen in dir fühlst und irritiert bist, weil du es nicht an einer Person festmachen kannst. Dieses Glühen ist nichts anderes als der Gottesfunken, der wie eine Flamme in dir leuchtet, mal mehr, mal weniger. Es kann auch sein, dass du plötzlich Sehnsucht hast, Dinge zu tun, die dich früher nicht interessiert haben. Dass du dich erfahren willst, in der Natur zum Beispiel, wo du doch früher eher ein Stubenhocker warst. Möglicherweise wirst du zum Gourmet und kannst eine Mahlzeit viel mehr genießen als vorher.

Was auch immer dein Herz dir rät, nimm dir Zeit und folge dem Rat deines heiligen Herzens. Das Herz ist die Verbindung zur göttlichen Quelle, nicht die Gedanken oder gar der Verstand.

Wer mit sich im Einklang ist, der ist auch im Einklang mit der eigenen Sinnlichkeit. Wie immer diese dann gelebt wird, eins ist sicher: Die Wiege des spirituellen Orgasmus ist die respektvolle, zärtliche, vorbehaltlose Berührung.

Die neue Form der Erotik sprüht geradezu vor Licht und Liebe, ist niemals manipulativ und macht keineswegs abhängig. Alles geschieht zum Wohl aller Beteiligten. Niemand wird zu etwas überredet, was sie/er eigentlich nicht tun möchte. Solltet ihr eine bedingte Sexualität doch noch erleben, bei anderen oder bei euch selbst, dann wisst, dass die alten Programme der Abhängigkeit früher oder später nicht mehr laufen werden, weil diese Energien von der Erde transformiert werden.

Ihr könnt euch also irgendwann nicht mehr hingeben, nur weil ihr sonst Angst habt, den Partner zu verlieren oder weil es eben zur Routine gehört. Verlieren werdet ihr all das, was ihr mit der Energie der bedingten Liebe füttert, denn Pflichtbewusstsein ohne Liebe macht nicht glücklich, sondern verdrießlich.

Es dankt, segnet und verabschiedet sich für den Moment, Erzengel Michael.

Erzengel Uriel: Kontrolle loslassen – Hingabe und Vertrauen

Die spirituelle Bedeutung von SM

Hingabe und Vertrauen gehören zusammen, das eine funktioniert nicht ohne das andere.

Das Trainingsfeld dafür ist unter anderem die Sexualität. Viele denken zum Beispiel, dass SM (Sado-Maso) eine Randerscheinung ist. SM wird im Allgemeinen von erwachsenen Partnern praktiziert. Das geschieht freiwillig, mit vorherigen Absprachen, was man erleben will, und mit einem Kodewort, wenn man genug hat von diesem Spiel. Man begibt sich sozusagen aus freiem Willen in ein Machtgefüge.

Viele denken, dass SM eine schmutzige Sache ist. Hart, strafend, erduldend, pervers, lustvoll, Fesselungen, Schmerz, Latex und Schläge auf den Po. SM hat allerdings viele Gesichter. Es gibt diejenigen, die es so soft betreiben, dass es kaum als SM zu bezeichnen ist, und es gibt die extreme Variante. Es geht aber immer um das Verlangen, das vollkommene Loslassen der Kontrolle, Vertrauen, und es geht um das Gefühl der absoluten Macht.

Eine Grundregel von SM ist, dass es beidseitig gewollt sein muss, und es wird vorher besprochen, wie weit man gehen darf. Manchmal sind es auch Rollenspiele, die hier gelebt werden. Ob soft oder hart, eins haben alle Varianten gemeinsam, nämlich dass einer die Kontrolle aufgibt und der andere umso mehr Macht hat. Es geht also um Hingabe und Vertrauen.

Ich, Erzengel Uriel, greife das Thema hier auf, weil immer mehr Menschen sich nach extremen Erfahrungen sehnen. Dies scheint zurzeit wirklich ein Modetrend zu sein, den wir gerne spirituell hinterleuchten möchten.

Wird SM im Goldenen Zeitalter irgendwann nicht mehr gelebt werden? Diese Praktiken, liebe Leserinnen und Leser, werden sich abschleifen, also immer sanfter werden und schließlich ganz von der Erde verschwinden. Ganz schön provokant, denkt Sarinah.

Ja, ich provoziere gern, denn dadurch werdet ihr auf ein Thema aufmerksam. Sicher gibt es jetzt Menschen, die Resonanz spüren und sagen: „Was wissen denn die Engel schon darüber?" So, wie es Leser gibt, die bei diesen Zeilen denken: „Ja, ich kann es mir vorstellen, dass es diese sexuellen Spiele, die auf Gewalt basieren, irgendwann nicht mehr gibt."

Wir sprechen absichtlich aktuelle Themen an, weil es wichtig ist zu verstehen, warum etwas gelebt wird.

Nun, die spirituelle Bedeutung von SM ist, dass die Betreffenden eine so tiefe Sehnsucht nach der absoluten Erfüllung ihrer Fantasien haben, dass sie es im Erotikbereich ausleben. Außerdem ist SM ein Spiegel einer Gesellschaft, die Ventile braucht, um nicht unter dem Druck zu zerbrechen, funktionieren zu müssen. Da die Menschheit weiter aufsteigt und bewusst wird, ist es ab einem gewissen Zeitpunkt nicht mehr nötig, Ventil zu sein oder gar Gewaltgefüge im sexuellen Bereich zu suchen.

Bedenkt aber bitte, dass die Polaritäten ihre eigene Gesetzmäßigkeit haben. Die Gesetzmäßigkeit der Polarität ist die Balance. Die Balance der Polarität wird in einer Wipp-Bewegung gelebt, sodass irgendwann die zwei Seiten wieder eins sind. Diese Wipp-Bewegung schlägt allerdings erst mal in das Extreme aus. Wenn also eine devote und machthungrige Energie von der Erde transformiert wird, wird das, was von Gaia weicht, erst einmal umso mehr gelebt.

So erkennt man, dass Transformation einsetzt, denkt doch nur einmal an euch. Wenn ihr das Thema heilt, der Liebe wert zu sein, erlebt ihr es über eure Emotion, und das oft richtig heftig.

Nun, wir möchten auf keinen Fall bewerten oder mit erhobenem Finger zu euch sprechen, nichts liegt uns ferner als das, denn hinter allem steckt ein tieferer Sinn.

Die Betroffenen sind oft nicht in der Lage, etwas zu erlösen, das ihnen den Schmerz immer wieder zurückbringt. „Ja, genau!" Sarinah sagt, dass viele Leute auch nicht von ihren Überlagerungsspielen lassen möchten.

Das ist doch in Ordnung! Jeder darf seine Erfahrungen machen, solange er will. Sollte dabei allerdings etwas geschehen, was nicht im Einklang ist mit den höchsten Energien, wird das Spiel irgendwann so leer sein, dass es keine Freude mehr macht. Außerdem besteht bei gelebten Überlagerungen die Gefahr, dass der Prozess der Bewusstwerdung erst einmal stoppt.

Die Gemeinschaft der Menschheit und Gaia sind gerade dabei, alles vom Blauen Planeten zu transformieren, was nicht mit der Schöpferfrequenz einhergeht. So wird sich nach und nach auch das Handeln der Bürger auf das höchste Licht einstellen. Das geschieht schon ziemlich lange. Seht doch nur zum Beispiel, wie viele Vegetarier es gibt, und es werden stündlich mehr.

Zu sich selbst zu finden, sich selbst zu spüren, wird irgendwann nur noch über die bewusste Ebene stattfinden können.

Wer zu sich selbst finden will, wird ab einer gewissen Phase der Körperanhebung auch aufgefordert sein, die eigene Weiblichkeit oder Männlichkeit voll anzunehmen. Das ist für manche nicht so einfach, vor allem dann nicht, wenn sie schon einmal Missbrauch, in welcher Form auch immer, erlebt haben. Verständlich, denn wer beschäftigt sich schon gerne mit Persönlichkeitsanteilen, wenn beim Eintauchen in alte Erinnerungen Verletzungen und Missachtungen wieder aufflammen können?

Das vollkommene Gewahrsein kann aber nur die-/derjenige erlangen, die/der mit sich und der Vergangenheit im Reinen ist. Also dann, wenn alle Wunden geheilt sind.

Es ist sicherlich nicht immer einfach, das eigene Innere Kind in den Arm zu nehmen und ihm zu sagen: „Egal, was du getan hast oder was dir Schlimmes widerfahren ist: Ich liebe dich genauso, wie du bist." Zumal die Menschen von klein auf gelernt haben, dass man sich Liebe verdienen muss. Im Umkehrschluss: „So, wie ich bin, bin ich nicht gut genug." Viele von euch haben das so erfahren.

Doch du bist gerade so, wie du wirklich bist, sehr geliebt.

Die Aussöhnung mit sich, dass man sich so annimmt, wie man ist, ist ein wichtiger Baustein zur Heilung. Wer mit sich im Reinen ist, wird auch eine gesunde Einstellung zur eigenen Sinnlichkeit haben. Wir möchten das Wort Sexualität nicht so oft benutzen, denn über dieses Wort wurdet ihr oft fehlgeleitet. Fehlgeleitet, weil dieses Wort durch die Eltern, die Familie, die Religion oder auch durch die Medien mit alten Glaubenssätzen belegt wurde. Glaubenssätze, wie zum Beispiel: Sich selbst zu befriedigen wäre nicht im Sinne der Bibel; das Reden über intime Dinge macht diese schmutzig. Wenn Männer viele Intimpartnerinnen haben ist das in Ordnung, doch wenn Frauen das Gleiche tun, werden sie schnell in eine schmuddelige Schublade gesteckt.

All das ist natürlich Unsinn, denn Gesellschaftsregeln waren immer dann in aller Munde, wenn es Menschen gab, die diese Tabus öffentlich gebrochen hatten.

Doch kommen wir zurück zur Überschrift: die Sinnlichkeit, die Hingabe, das Verlangen und das dazugehörige Vertrauen. Das alles ist mit viel gelebter Emotion verbunden. Wenn ihr Meister seid, seid ihr absolut top im Erschaffen eurer Realität über das Gefühl. Das funktioniert immer! Meistens habt ihr unbewusst Angst, Sorgen, negative Gedanken usw. dazu benutzt, um euch den Alltag von Morgen zu kreieren. Es kann aber auch anders sein, denn das Realisieren eurer Träume und das Erschaffen einer besseren Welt sollte und kann doch Freude machen.

Nichts macht doch mehr Spaß, als wenn ihr in Liebe mit jemandem die Sinnlichkeit lebt. Wenn ihr bei dem Akt der Vereinigung bewusst die Manifestationskräfte nutzt. Dann könnt ihr all das in euer Leben ziehen, was im Einklang mit der höchsten Energie ist. Denn wie ihr wisst, erschafft ihr Realität über die Emotion, und wann seid ihr sehr stark im Fühlen? Genau, wenn ihr euch körperlich liebt. Oder stellt euch vor, wie ihr mit anderen Boten des Lichts gemeinsam erschafft, indem ihr der sinnlichen Kunst frönt, zum Beispiel dem Malen mit den Fingern.

Nun, wir sprachen in den vorhergehenden Büchern darüber, dass Transformation eines Tages Spaß machen würde. Dass es ein Kinderspiel für die Menschen im Goldenen Zeitalter sein würde, etwas zum Leben zu erwecken, was sie oder andere brauchen.

Es ist tatsächlich so, dass es Botschafter des Lichts gibt, die die Aufgabe haben, zu erschaffen. Sie tun es in einer kleinen Runde oder im Verbund mit vielen Lichtbewahrern.

Wir sprachen von den Erbauern des Goldenen Zeitalters und dass diese die Erde neu erschaffen, sodass Gaia für alle Menschen, die das möchten, der Himmel auf Erden sein wird. Gaia ist zwar aufgestiegen, doch Mutter Erde erwartet von ihren Kindern, dass sie nun anfangen, erwachsen zu werden. Dass sie ihr angestammtes SEIN voll ausfüllen. Das, was wir hier mitteilen, ist keine Übertreibung. Keineswegs, denn all das passiert ja bereits.

Die Menschen haben immer gerne das Gebet gesucht, um

ihre Wünsche erfüllt zu bekommen. Das Gefühl ist ein Gebet! Der direkte Kontakt zur göttlichen Quelle, wie auch immer du diesen Kontakt herstellst, diese innige Verschmelzung wird dich automatisch autorisieren, selbst in dem Gewahrsein eines Engels zu agieren.

Wer sich also plötzlich in der Stimmung der Sinnlichkeit zu sich oder Verlangen und Sehnsucht nach Hingabe und Vertrauen spürt: Welchen Weg auch immer ihr wählt, um den Engel in euch zum Leben zu erwecken, zweifelt bitte nicht an euch. Vertraut euch, denn hinter allem steckt ein tieferer Sinn.

Um es in den Worten von Johann Wolfgang von Goethe zu sagen:

„In dem Augenblick, in dem man sich endgültig einer Aufgabe verschreibt, bewegt sich die Vorsehung auch. Alle möglichen Dinge, die sonst nie geschehen wären, geschehen, um einem zu helfen. Ein ganzer Strom von Ereignissen wird in Gang gesetzt durch die Entscheidung, und er sorgt zu den eigenen Gunsten für zahlreiche unvorhergesehene Zufälle, Begegnungen und materielle Hilfen, die sich kein Mensch vorher je so erträumt haben könnte. Was immer du kannst, beginne es. Kühnheit trägt Genius, Macht und Magie. Beginne jetzt."

Wer für sich selbst manifestiert, tut das auch für andere, die wiederum diesem Lichtbeispiel folgen.

Bei allem, was du tust, solltest du dir bewusst sein, dass eine hohe Grundschwingung deines Körpers dich dazu autorisiert. Dass du nicht nur lebendig in die Welt der Engel eintauchen kannst, sondern damit auch die Geistige Welt zum Leben erweckst.

Wie wundervoll euer Dienst ist, wie schön, euch auf der Erde und im Himmel gleichzeitig zu sehen. Worte reichen nicht aus, um zu beschreiben, wie wertvoll eure Lichtarbeit ist.

Es dankt und segnet euch,
Erzengel Uriel

Gespräch mit den geistigen Mentoren: Hinter den Kulissen – Am Anfang des Lebens war die Lust – Von der Trennung zurück zur Einheit

Wir haben angefangen, auch über den Bereich des Lebens zu sprechen, der eigentlich nur im Privaten stattfindet und über den oft nur mit vorgehaltener Hand gesprochen wird.

Die intimste aller menschlichen Erfahrungen, das sinnliche Begehren und alles, was damit zusammenhängt, war durchaus immer Thema in der Öffentlichkeit, doch zeigte man euch dabei meistens nicht auf, was der tiefere Sinn hinter dem Erotikgetuschel ist.

Eigentlich haben die Religionen und die Medien euch absichtlich auf die falsche Fährte gelockt, bis immer mehr Menschen bewusst wurden und die Lüge hinter den Lügen entdeckten. Nun, die Wahrheit ist, dass der Mensch von Geburt an ein sinnliches Wesen ist. Diese Sinnlichkeit ist sogar eine Möglichkeit, den Kontakt mit dem Schöpfer herzustellen. Wer glaubt, dass wir Erzengel keine sinnlichen Wesen sind, der irrt. Die Geistige Welt vibriert geradezu vor Liebe, da gehört Sinnlichkeit doch dazu. Ja, die Ebene, auf der wir diese ausleben, ist meistens rein energetisch, aber auch wir und die galaktischen Freunde lieben alles, was eigentlich nur verkörpert möglich ist: Niesen, Tränen, Streicheln, Küsse und die Vereinigung mit dem Seelenpartner, um nur einige Beispiele zu nennen.

All das Gerede über Sex in den Medien hatte nur den Grund, euch eine Wahrheit zu servieren, die eine Lüge war. Die übliche Vorgehensweise der Dunkelmächte war so, dass sie die Lüge mit etwas Wahrheitsgehalt vermischten. So trugen es die Medien an euch heran, weil der Konsument es dann leichter glaubte.

Wir sprechen absichtlich in der Vergangenheit, denn mittlerweile ist das Bewusstsein der Menschen so hoch, dass sie spüren, wenn etwas nicht stimmig ist. So verändert sich auch die Mediengestaltung, und die Gemeinschaft der Menschen bestimmt, was geschieht. Die Gemeinschaft der Erdenbürger hat sich für das Licht und die Wahrhaftigkeit entschieden, für den beständigen Aufstieg.

Bevor sich ein System umstellt, ehrlicher wird, kommt erst einmal der ganze Dreck ans Licht. Aufstieg ist ja nichts anderes als eine beständige, positive Weiterentwicklung.

Was wir aber eigentlich sagen wollten ist: Ganz am Anfang war die Lust. Die Lust, etwas zu erschaffen, die Lust, mit jemandem zu verschmelzen. Die Lust auf neue Erfahrungen und besonders die Lust und die sinnliche Vereinigung mit sich selbst, mit dem, was ist.

Als wir angefangen haben, mit Sarinah über diese etwas verfänglichen Themen zu sprechen, sagte sie: „Es wird Leser geben, die dieses Thema nicht interessiert, vielleicht sogar eher abschreckt. Wie passen intime Passagen in ein spirituelles Buch, haben diese darin überhaupt etwas zu suchen?"

Wir, die geistigen Mentoren von Sarinah, haben darauf geantwortet: „Vertraue uns bitte, wer über Spirituelles schreibt, wird irgendwann unweigerlich auf die Essenz allen Seins stoßen. Nämlich die allumfassende Liebe, die in allen wohnt, auch im Intimsten der Liebenden."

Nochmals sei erwähnt, dass unsere Erklärung hier kein Freibrief ist für sexuelle Nötigung, Pädophile und andere manipulative Überlagerungen. Wir sprechen von der erwachsenen Liebe im gegenseitigen Einverständnis, der schönsten aller Vereinigungen. Wie auch immer das gelebt wird: Frau/Mann, Frau/Frau, Mann/Mann, alles obliegt der Möglichkeit der Intensität, wird vielleicht noch schöner und erfüllender erlebt wie noch vor Jahren. Ja, je höher euer Körper schwingt, umso intensiver könnt ihr euch auch erfahren. Ihr könnt die Sinnlichkeit auf vielerlei Arten genießen, beim gemeinsamen Kochen und Essen mit Freunden, wenn ihr musiziert, malt, Bäume umarmt oder eben in der Liebe. In allem steckt die Möglichkeit, in Kontakt zu kommen mit sich SELBST, der Seele des Partners und den geistigen Sphären. Wenn es in euch nur so flirrt vor Licht und Liebe, werdet ihr automatisch zu Genießern. Wer den Zeitpunkt des Genusses etwas hinauszögern kann, wird mit Intensität belohnt.

Die Leserinnen und Leser, die mit Ablehnung reagieren, sind es vielleicht nicht gewohnt, dass Erzengel über etwas sprechen, was im Allgemeinen zu Hause im Schlafzimmer passiert. Es geht nicht darum, dass das, was hier besprochen wird, allen gefallen muss. Es geht vielmehr darum zu verstehen, warum etwas geschehen ist, sodass endlich die kollektiven Vorurteile aufhören. So auch, dass das Bewerten untereinander aufhört. Das kann nur geschehen, wenn der tiefere Sinn, zum Beispiel von der Lust, der Begierde, der Eifersucht und der intimen Vereinigung, verstanden wird.

Die spirituelle Bedeutung der Lust ist der Draht zur Quelle allen Seins. Denn wer sich im Liebesspiel der Lust hingibt, erfährt in der Regel beim Orgasmus eine kurzzeitige Verschmelzung mit der Wahrhaftigkeit allen Seins. Außerdem findet während der Vereinigung in Liebe eine Energie-Angleichung der Partner statt, so muss dieses zum Beispiel nicht über den Streit passieren. Wie immer diese Sinnlichkeit gelebt wird – kuscheln, streicheln, miteinander verschmelzen, küssen, um nur einige Beispiele zu nennen –, es besteht immer die Möglichkeit, dadurch in Kontakt mit sich selbst, der Seele des Partners und der geistigen Heimat zu kommen.

Oder, besser gesagt, wenn ihr die Möglichkeit habt, selbst hineinzuspüren und zu entscheiden, was eure Wahrheit ist, bringt euch das allemal weiter. Niemals möchten wir erhaben wirken oder gar besserwissend. Es ist nur so, dass auch wir einmal im menschlichen Gewand gesteckt haben, und schließlich hört das Lernen nicht auf, auch nicht für Erzengel.

Eins sei gesagt: Die geistigen Mentoren, die dich begleiten, oft schon über mehrere Inkarnationen hinweg, kennen dich gut. Sie kennen deinen Seelenvertrag, und sie sehen dich selbstverständlich nicht als Anschauungsobjekt, sondern du bist längst auf Augenhöhe mit deinen Erzengeln. Was macht ein Erdenengel, der das Leben erleben will? Genau! Der Engel fängt an, sich herabsinken zu lassen – er trennt sich scheinbar erst einmal von seinen himmlischen Freunden, um herauszufinden, was er selbst weiß und kann.

Die Trennung von der Geistigen Welt ist und war allerdings immer eine Illusion, denn der göttliche Funke leuchtet immerwährend in dir. Auch wenn er nicht gespürt wird, ist die Verankerung zur Quelle immer vorhanden. Diese kann von niemandem gestört oder getrennt werden, nicht einmal von dir selbst. Auch du konntest die rote Schnur zur geistigen Heimat nicht durchschneiden. Immer wenn du es versuchtest, reagierte deine Seele sofort auf den Ruf der bedingungslosen Liebe. Du wurdest krank, und im drastischsten Fall verließ die Seele den Körper durch den Sterbevorgang und reiste wieder nach Hause zum Vater aller Väter.

Nicht immer ist der Grund für eine Krankheit die fehlende göttliche Verankerung oder dass der Seelenplan nicht eingehalten wurde. Manchmal nehmen Freunde, Angehörige oder Liebende etwas auf sich, damit niemand aus der Familie beziehungsweise aus dem Freundeskreis erkranken muss. Ein wahrer Liebesdienst, findest du nicht auch? Aus einer jahrelangen Unausgeglichenheit ergibt sich allerdings auch die Chance, aus den alten Lebensmustern, die nicht mehr guttun, auszusteigen, um rechtzeitig die Notbremse zu ziehen. Die Herausforderung dabei ist, nicht zu warten, bis der Körper schmerzhaft reagiert oder andere die Bremse ziehen, sondern selbst Resümee zu ziehen, um zu verändern, was man verändern kann, damit das Erdendasein wieder rundläuft.

Am Anfang war die Lust, die Lust auf deine Inkarnation. Als du in den Bauch deiner Mutter reistest, empfandest du Lust auf das Leben. Du warst neugierig auf das Leben, und du wolltest auf keinen Fall in eine Wiederholung gehen.

So denken fast alle Seelen: „Wenn ich mich schon auf der Erde ausprobiere, dann möchte ich nicht das wiederholen, was ich schon in früheren Leben war. Ich möchte Neues erschaffen, Spuren hinterlassen. Meine kosmischen und meine irdischen Eltern sollen stolz auf mich sein. Sie sollen mich lieben, egal, wie ich bin, was ich tue, wen ich liebe."

Das sendet fast jede Seele aus, bevor sie zur Erde reist. Durchaus verständlich, oder? Der Wunsch, geliebt zu werden, ohne Frage, ohne Antwort, einfach so, weil man IST.

Lichtarbeit hat viele Gesichter, ja, so ist es. Und die wahren Helden sind nicht die, die sich in den Vordergrund drängen, die den schönen Schein in der Öffentlichkeit suchen. Die wahren Helden sind die, die ihr Licht mit anderen teilen. Ganz ohne Bedingung, einfach so, aus dem Herzen heraus, und die die Fähigkeit haben, trotzdem noch ihren Alltag zu leben. Die wahren Helden sind nicht abgehoben, sie können normale Gespräche mit ihren Mitbürgern führen, sie haben allerdings auch die Fähigkeit, jederzeit hinter den Vorhang zu sehen.

Wahre Helden, ihr Lieben, sind daran zu erkennen, dass

sie schwere Passagen in ihrem Leben hatten, aber sie sind Vorbild für andere, denn sie leben ihre Vorstellungskraft ganz ohne Grenzen.

Wer das Talent hat, sich das Dasein im Einklang des höchsten Lichts selbst zu erschaffen – kraft der Tagträume, Visionen, Vorstellungskraft, der Fantasie, dem Gefühl, der Gedanken und der Sprache –, wird irgendwann den dringenden Wunsch verspüren, eine tiefe Sehnsucht im Herzen, zum Wohl aller zu agieren, nicht nur für sich selbst.

Wahre Helden erkennt man daran, dass sie das Los einer scheinbar falschen Entscheidung auf sich nehmen. Damit versuchen sie, den anderen dieses schwere Los zu ersparen, indem immer der Stärkste der Starken die Illusion der Schuld auf sich nimmt.

Seht genau hin, liebe Freunde, wenn man vor euren Augen jemanden an den öffentlichen Pranger stellt. Wenn man euch sagt, dass ihr diesem Menschen euer Vertrauen entziehen sollt. Wenn man euch suggeriert, dass ihr jemanden mit Steinen bewerfen sollt (schlecht über ihn reden sollt). Dann seht genau hin und wisst, dass die Dinge niemals so sind, wie sie an der Oberfläche erscheinen. Die Wahrheit sucht sich immer ihren Weg.

Erzengel Michael: Spirituell – Warm oder kalt?

Das göttliche Licht und die wohlwollende Umwandlung

Wir sprechen oft über Spiritualität, aber was bedeutet „spirituell sein" eigentlich?
Hier kommt erst mal das, was wir damit keinesfalls meinen.

- Es ist nicht eure Konfession, diese macht euch nicht automatisch spirituell.
- Reichtum und die damit oft gelebte Behäbigkeit. Sich selbstgefällig zurückzulehnen im Kreise derer, die sich teure Seminare leisten können. Dies führt nicht automatisch zu hohem Bewusstsein. Dabei entstehen oft Gleichgültigkeit und Wertung gegenüber den Hilfesuchenden, und das ist nicht spirituell.
- Es bedeutet nicht, selbstverliebt zu sein, den Kopf in den Sand zu stecken, damit man sich nicht die Finger schmutzig macht. Können ja andere Ehrenämter wählen und helfen, das obliegt nicht dem Geist des Spirits.
- Spirituell ist man nicht einfach dadurch, dass man glaubt: Alles ist gut, der Herrgott wird es schon richten, während man selbst die Hände in den Schoß legt. (Hilf dir selbst, dann hilft dir Gott.)
- Die Augen vor der Realität zu verschließen, um nur im rosaroten Wolkenland leben zu können, ist nicht spirituell.
- Wer denkt, mit dem Gotteslicht nur an sich und an einigen Auserwählten wirken zu müssen, der irrt. Denn dieses Licht wird gerade von jenen dringend gebraucht, die aufgrund ihrer Armut, Bedürftigkeit, nichts dafür bezahlen können.

Ich, Erzengel Michael, will damit keineswegs ausdrücken, dass in all diesen Sichtweisen keinerlei Wahrheitsgehalt wäre. Ich möchte nur sagen: Diese Sicht- und Lebensweisen sind nicht Ausdruck wahrer Spiritualität.

Die spirituelle Basis, auf der ihr die Neue Erde erschaffen könnt, und glaubt mir, hier seid ihr sehr mächtig, heißt: Liebe.

Das Herz ist der spirituelle Ort in euch, denn dort spürt ihr die Liebe, nicht wahr? Im Grunde könnt ihr alles erreichen, wenn ihr die göttliche Liebe seid und lebt. Ihr könnt sogar die harten Herzen der mächtigen Staatschefs damit erweichen.

Die Macht geht vom Volk aus. Ja, das stimmt. Das Kollektiv bestimmt, was geschieht. Die Gemeinschaft der Menschen willigt über die Seelenebene ein, dass es keine Kriege mehr geben soll und Terroristen zur Strecke gebracht werden können. Die Mehrheit der Menschen hat energetisch dafür gestimmt, dass das Böse getötet werden darf. Dass dabei Unschuldige zu Schaden kommen, nahm dieser Kreis in Kauf. Und genauso geschieht es! Oder, besser gesagt, geschah es. Denn wie die Erdenbürger wählen, obliegt dem Wandel der lichtvollen Bewusstheit. Die Mehrheit bestimmte, was geschah, die anderen trugen diese Entscheidungen mit (zum Beispiel Tötung durch Drohnen).

Versteht ihr, was wir damit ausdrücken wollen?

Eure Politiker können nur das für oder gegen euch tun, dem ihr zuvor als Gemeinschaft zugestimmt habt. Auf der Ebene der Seele wird gewählt, und das geschieht meistens nachts im Schlaf.

Das heißt also, wenn dir etwas nicht gefällt, was im Außen passiert, gilt es erst einmal, deine Einstellung dazu zu überdenken und dann möglicherweise dein Handeln zu ändern (siehe Fleischskandal). Warum nicht weniger Fleisch kaufen, und dafür Bio-Qualität, anstatt billiges?

Malala, das pakistanische Mädchen, das die Taliban erschießen wollten, weil es für das Recht auf Bildung kämpfte, sagte in einer Rede, dass ein Mensch die Welt retten kann. Sie sagte: „Ein Kind und ein Stift können die Welt retten", und meinte damit sicherlich, dass Bildung und Bewusstsein rettend sein können.

Dem stimme ich, Erzengel Michael, voll und ganz zu.

Doch kommen wir zurück zum Thema: Liebe SEIN, was heißt das?

Liebe beginnt bei euch, beim Kontakt mit eurem Höheren Selbst. Dann lebt ihr diesen Engel auf Erden, ihr seid zurück. Der Himmel auf Erden ist zurück, wie es damals in Lemurien schon der Fall war. Gebt bitte Liebe und seid Empfänger, spürt diesen Funken der allumfassenden Liebe in euch.

Die bedingungslose Liebe verwandelt alles ins Positive, sie wirkt unwiderstehlich und heilt. Sie macht schön, edel, rein (falls ihr das nicht schon seid), glücklich, gesund, vertreibt alle Krankheiten und wandelt Mangel in Wohlstand um. Göttliche Liebe füllt jede Leere, und ist diese noch so groß.

Der Mangel an Liebe wirkt zerstörend, bringt Not, Elend, Kummer und Angst auf die Erde. Jeder Krieg entstand zuerst auf der energetischen Ebene der Menschheit. Hass, Mangel an Mitgefühl, die Gleichgültigkeit der Menschen (ich setze mich nicht für andere ein, ich bin glücklich, alle anderen sind mir egal), einer Rasse gegenüber überlegen sein – dies führte in der Vergangenheit immer wieder zu brutalen Konflikten. Der frühere Glaube der Menschheit an ihre eigene Machtlosigkeit hatte in Krisensituationen oft fürchterliche Konsequenzen. Der Glaube, Frieden durch Krieg herbeiführen zu können, ist eine

Illusion. Wie wollt ihr denn dabei das Gesetz der Resonanz außer Kraft setzen? Denn das müsstet ihr tun, um eine friedliche Welt zu sehen, um wirkliche Sieger zu sein. Macht ohne Liebe macht herrisch. Verantwortlich sein zu müssen ohne Liebe führt zu Taubheitsgefühlen, was das Elend anderer angeht.

Mittlerweile ist das göttliche Licht so stark auf der Erde verankert, dass es für wohlwollende Umwandlung gesorgt hat und dies auch weiter tun wird. Die meisten Menschen sind mittlerweile so klar, dass sie denen, die sie manipulieren wollen, nicht mehr auf den Leim gehen.

Nun, eigentlich ist es mein Grundsatz, nicht über Negatives zu sprechen, und ich habe es trotzdem getan, damit ihr versteht, was spirituelles Wohlwollen heißt. Dieses geht nämlich immer mit Herzenswärme einher, keinesfalls mit Kälte.

Ich sprach von den gemeinschaftlichen Entscheidungen der Menschheit, damit ihr eure Vergangenheit besser verstehen könnt. Ich möchte betonen, wie mächtig jeder Einzelne ist, und wie mächtig und heilend Lichtarbeit sein kann. Damit ihr denen vergeben könnt, die sich selbst nicht vergeben können, und sie durch eure Lichtarbeit auch ihren Frieden und Heilung finden können.

Was bist du doch für ein wundervolles Wesen, das auf die Erde gereist ist, um diese wieder mit dem Himmel zu vereinen. Wir sind unglaublich stolz auf dich, denn du bist sehr erfolgreich. Wir, die wir immer an deiner Seite waren, auch damals, als du noch gedacht hast, dass der Himmel von dir getrennt wäre. Wir lieben dich so sehr, dass unsere Herzen anfangen zu beben, wenn wir von dir sprechen.

Wir wissen, wer diese Zeilen liest, wir wissen von all deinen Heldentaten, auch wenn du dich nicht als Held fühlst. Das

Leuchten deines Seelenstrahls ist so weitreichend und hell, dass du allein durch deine Anwesenheit auf Erden ein glückliches Lächeln in die Gesichter derer zaubern kannst, die dich niemals verlassen haben – niemals!

So sei es.

In Liebe,
euer Erzengel Michael

Erzengel Michael: Erhebet und erinnert euch

Mittlerweile seid ihr zu Weltenreisenden geworden, ihr switcht zwischen Himmel und Erde hin und her. Genau das Gleiche tun eure verstorbenen Angehörigen. Wenigstens die meisten von ihnen finden und verwirklichen sich in der Geistigen Welt und haben freien Zugang zur Erde, ohne ihren Platz im Himmel, das ist wichtig zu wissen, verlassen zu müssen.

Sie bleiben weiterhin im Licht und können sich ein Stück weit irdisch verwirklichen. Na ja, dem sind Grenzen gesetzt, denn sie besitzen keinen Körper mehr, um richtig arbeiten zu können oder gesehen zu werden.

Arbeiten? Ja, viele eurer Lieben, die vorausgegangen sind, würden gerne wieder etwas tun. Euch helfen, Babysitten, etwas für euch bauen oder stricken, kochen, backen, so, wie sie es früher zu Lebzeiten getan haben.

Das nur, um dir zu zeigen, wie wichtig und kostbar der irdische Körper ist. Behandle ihn sorgsam und gut, denn ohne ihn wärst du auf Erden förmlich hilflos. Wenn das Herz aufhört zu schlagen, musst du sofort abreisen zur Quelle allen SEINS. Egal, was du noch erledigen oder gutmachen wolltest. Wenn der Körper stirbt, ist diese Inkarnation beendet. Ohne dein irdisches Vehikel kannst du dich nicht mehr auf dem Blauen Planeten erfahren. Du bist nicht dein Körper, du bist die Seele, die in deinem Leib wohnt. Du bist die Seele, die sich herabsinken ließ, um Karriere zu machen, indem sie zum irdischen Teil des Höheren Selbst wurde, das durch dich zu Fleisch und Blut geworden ist.

Manchmal sind die Menschen so zerstritten, sich so gram, dass sie sagen: „Es ist nie wieder gutzumachen." Ich, Erzengel Michael, sehe das anders. So lange der Mensch einen leben-

digen Leib besitzt, hat er auch die Chance, etwas wieder gutzumachen (zum Beispiel Ehrenamt), das ist der Deal. Wenn der
Körper aber stirbt, reist die Seele sofort in die Geistige Welt, wo
auch die Möglichkeit besteht, zu lernen, aber in anderer Form.

Ja, es ist viel geschehen, die Lichtarbeit der Boten des
Lichts und unser Wirken sind sehr erfolgreich. Manchmal, wenn
die Sonne auf dem Blauen Planeten untergeht und der Himmel
in den allerschönsten Farben erstrahlt, sitzen wir, eure Erzengel, zusammen, um das Gleiche zu tun, was ihr Menschen so
gerne macht. Wir beobachten die Farben, saugen geradezu die
Stimmung des Abends in uns auf und riechen den Duft von fri-
schem Gras und Heu. Wir atmen tief ein, um die süße Luft des
Sonnenuntergangs zu genießen.

Ja, Engel können durchaus riechen, denn wir bekommen
nach und nach unsere Sinne wieder zurück. Das hat euer Aufstieg bewirkt. Ihr werdet immer feinstofflicher, ohne etwas zu
verlieren, was ihr braucht, und wir werden immer irdischer,
ohne etwas von unseren himmlischen Fähigkeiten zu verlieren.

Wahrscheinlich kannst du nicht erahnen, wie wertvoll dein
Dienst am Licht ist und war. Denn deine Bewusstwerdung stoppt
nie, so auch das Wunder der Vereinigung immer mehr, immer
intensiver und, vor allem, immer reeller werden wird.

Wir sprachen irgendwann davon, dass Lemurien wieder
auferstehen wird. Für viele, die diese Zeilen lesen, war in Lemurien ihre erste Inkarnation und auch sicherlich die glücklichste.

Damals gab es noch keine Gewalt, keine Kriege, keinen
Hass, keinen Mangel. Ihr hattet das, was ihr zum Leben brauch-
tet, und davon ausreichend. Das Teilen war selbstverständlich,
der Dienst am Nächsten auch.

Es war kein Geld vonnöten, warum auch? Ihr erschuft euch
das, was ihr nötig hattet. Ihr wart in innigster Verbindung mit

den Freunden aus dem All, der Geistigen Welt, und im Einklang mit der Natur. Die Delfine waren eure Freunde. Wenn ihr hinaus aufs Meer geschwommen seid, begleiteten euch die Delfine, und ihr konntet selbstverständlich mit ihnen kommunizieren.

Da ist es nur logisch, dass in Lemurien die meisten Menschen Vegetarier waren, denn ihr verstandet die Sprache der Tiere. Wer würde etwas essen, mit dem er vorher eine innige Unterhaltung hatte, dessen Gedanken und Leben er kennt?

In Lemurien war es gang und gäbe, mit einem Partner zusammen zu sein, der nicht von der Erde stammte. Das Leben mit jemandem aus einer befreundeten Sternennation war besonders mit Liebe gesegnet und erfüllend.

Das Reisen war euch nicht fremd – auch wenn es noch keine Flugzeuge gab, waren eure Kenntnisse von fremden Ländern und Planeten ohnegleichen gut. War doch der Kontakt mit denen, die ihr heute oft so abschätzend Aliens nennt, eine Garantie dafür, dass ihr euer Wissen auffrischen und gänzlich ohne Grenzen reisen konntet.

Teleportation, die Fortbewegung über den Geist, und die intergalaktische Art, euch zu bewegen, waren normal. Ab und an stiegt ihr in ein Shuttle eurer galaktischen Familie, um für einige Wochen Freunde auf entfernten Planeten zu besuchen.

Manchmal, wenn du träumst, setzen Erinnerungsmarker ein, das heißt, deine Seele erhebt sich, und du reist wie damals durch die Galaxie.

Nicht selten wird dein Schlaf gestört, und deine Seele und deine zuständigen Engel müssen dich in Windeseile zurückbringen in deinen Wirkungskreis. Dann kann das Andocken etwas ruppig ausfallen. Das heißt, du reagierst zum Beispiel mit Husten, mit dem Wunsch, deine Schlafposition zu ändern, oder du wachst mit dem dringenden Bedürfnis auf, zur Toilette zu gehen. Womöglich stufst du den Traum, den du hattest, auch als Albtraum ein, denn durch das frühzeitige Wachrütteln, aus welchen Grund auch immer, entstehen oft Verwirrungen, weil ein gutes Stück des Traums, meistens das Happy End, fehlt.

Nun, dass deine Seele nachts reist, das wusstest du schon. Dass aber ab einer bestimmten Phase der Bewusstheit eine wahrhaftige nächtliche Reise (Bilokation) möglich ist, wissen viele nicht. Die meisten, die davon nichts ahnen, tun das bereits regelmäßig. Auf Bilokation (Fähigkeit, an zwei Orten gleichzeitig zu sein) gehen wir später noch genauer ein.

Astralreisen kennt ihr ja bereits. Es bleibt ein Wächterengel an deinem Bett, der dafür sorgt, dass dein Materiekörper nicht auskühlt und gut versorgt ist. Sobald der Wächterengel spürt, dass du zurück musst, zieht er dich zurück in dein mattes, irdisches Gewand.

Du bewegst dich mit dem neuen kristallinen, feinstofflichen Körper in der Nacht von dannen. Du kannst dich per Bilokation fortbewegen, um ferne Länder zu besuchen, Freunde zu treffen oder Teleportation zu üben.

Alles braucht seine Zeit, denn auch die Psyche darf reifen, sich erinnern und sich daran gewöhnen, dass deine Grenzen immer da sind, wo deine Vorstellungskraft endet.

Es dankt und segnet dich,
Erzengel Michael

☆☆☆

Ratssitzung: Erlösung folgt auf dem Fuß

Der Erdenengel Harry war so unruhig, dass er nicht schlafen konnte. Er hatte vor, zu einer dieser spaßigen Sitzungen in der Geistigen Welt zu reisen, und darum weigerte er sich, einzuschlafen.

„Die haben ohne mich angefangen", murmelte Harry, „ich spüre das. Wie also komme ich da jetzt schnell hin?"

Trotz seiner Überlegungen roch Harry schon den wundervollen Blumenduft seiner Engelkollegen, und schließlich schlief er doch ein. Harry nahm den vielfältigen Geruch dieser Versammlung wahr. Dann ahnte er im Traum, wie sich die begrüßende Hand von Lady Portia anfühlte. Er spürte eine schmale, kleine Hand, die sich erstaunlich hart anfühlte. Wie eine Hand, die viel gearbeitet hat, dachte sich Harry. Schon war er da, er war rechtzeitig zur Sitzung gekommen. „Aha", sagte Harry zu sich selbst. „Teleportation geht am einfachsten, wenn man ganz entspannt ist und fühlen kann, wo man hin will.

Lady Portia und Erzengel Michael nahmen den Erdenengel in ihre Mitte und führten ihn zu den anderen.

Da waren außerdem noch Erzengel Uriel, der Aufgestiegene Meister Christus, der Sprecher des Erstkontakt-Teams der Galaktischen Föderation des Lichts, Marix, und Erzengel Metatron, der sich kurzfristig entschlossen hatte, dabei zu sein.

Erzengel Michael stand auf, wartete, bis es still war, dann sagte er: „Ich grüße euch alle, Sitzung eröffnet, legt los." Erzengel Metatron schaute seinen Engelkollegen an und meinte: „Was habt ihr bloß alle, dass ihr den persönlichen Kontakt dem telepathischen vorzieht? Das hier könnte einfacher gehen, indem man sich einfach über die Seelenebene trifft."

„Nach dieser Sitzung verstehst du es", sagte Erzengel Michael mit einem Lächeln auf dem Gesicht, das wieder einmal alle Anwesenden bezaubernd und unwiderstehlich fanden.

Erzengel Uriel ging gerade an Harry vorbei, nahm ihn an die Hand und ging mit ihm zum Podium. „Es wird Zeit, dass du auch zu Wort kommst", raunte er Harry zu. „Keine Angst, ich sorge schon dafür, dass sie dir zuhören", sagte Erzengel Uriel und stupste Harry zärtlich an.

„Das Thema Erlösung, was soll ich denn dazu sagen?", murmelte Harry wie zu sich selbst und zuckte zusammen, denn seine Stimme war laut im ganzen Saal zu hören.

Erzengel Uriel raunte ihm zu, er solle sich ruhig ein wenig an ihn lehnen, wenn er sich dann sicherer fühle. „Mich kennt ja jeder", sagte Erzengel Uriel, „ich muss mich nicht vorstellen. Den Kleinen hier kennt ihr auch, das ist der Erdenvertreter Harry, den einige von euch als etwas unreif bezeichnet haben."

„Na ja, als unreif kann man ihn wirklich nicht bezeichnen", sagte Erzengel Uriel und schaute Harry fast zärtlich von der Seite an, „denn mein Nachbar hier ist eigentlich über 200 Jahre (Summe der Inkarnationsjahre) alt. Er spielt mit seiner Reife, er probiert sich gerade aus."

Harry grinste in sich hinein. Er lehnte sich ein wenig an Erzengel Uriel, und der legte sogleich seinen Arm um ihn. „Wisst, dass die Menschen Erlösung auf vielerlei Wegen erreichen können", sagte Erzengel Uriel. „Erlösung oder vielmehr das Abstreifen des alten Seins ist jedoch etwas, das sich viele versagen, sie scheinen sich damit geradezu selbst zu bestrafen. Aber warum?

Während meinen eigenen Erdeninkarnationen hatte ich selbst Kontakt mit der schweren Seite meines Seins. Ich kann also nachvollziehen, warum sich die Menschen selbst geißeln, zum Beispiel mit Angewohnheiten, die ihnen wirklich nicht gut-tun", sagte Erzengel Uriel.

Harry richtete sich kerzengerade auf, um neben Erzengel Uriel nicht so klein zu wirken, und räsonierte: „Wer eine Ver-besserung seines Lebens will, kann dies oft nicht in die Tat um-setzen, weil der Wandel mit dem Sturm der Umwälzung ein-hergeht, sodass einem erst einmal alles um die Ohren fliegt, was man loslassen sollte. Alte Glaubenssätze, Emotionen, die selbstverletzend sind, Gedanken, die negativ sind. Das Spre-chen, das nicht konform geht mit dem eigentlichen Wunsch. Lethargie, die einsetzt, wenn man glaubt, Fehler gemacht zu haben. Depression, wenn man zu lange versucht hat, stark zu sein, usw. Das ist für viele Menschen zu viel, sie waren ja daran gewöhnt, dass man scheinbar Probleme im Außen lösen, aus-sitzen kann. Also versagen sie sich lieber die Erlösung, denn sie spüren, dass vorher immense Transformation einsetzt, und so harren sie lieber aus.

Woher sollen sie wissen, dass die hereinströmenden gött-lichen Energien zwar unglaublich heilsam sind, jedoch alles schneller vorantreiben, und dass es kein Aussitzen mehr gibt? Wer wie früher in alten Verhaltensmustern hängenbleibt, dem fliegen diese geradezu um die Ohren, und das ist unbequem, ja, geradezu schmerzhaft, denn auch der Körper reagiert da-rauf", sagte Harry.

Erzengel Uriel schaute ihn bewundernd an und sagte: „Er hat recht, die Bewegung des Aufstiegs ist schneller geworden. Bewusstwerdung wird sozusagen zur Kür, an der man täglich üben sollte. Da liegt viel Gutes darin. Die Menschen können sich in kürzester Zeit wie Phönix aus der Asche aus ihrem Di-lemma erheben. Und sie leben hinterher, nach dieser Prozedur, die Vertrauen erfordert, ein Dasein, das angefüllt ist mit allem, was sie brauchen. So viel Glück kann man nicht beschreiben, das ist schwer in Worte zu fassen", sagte Erzengel Uriel.

Jeder der Anwesenden hatte gespannt zugehört. Lady Portia war so fasziniert, dass sie sogar vergessen hatte, verträumt an ihrem Haar zu riechen, wie sie das normalerweise immer tat.

Erzengel Michael wedelte mit der Hand, denn es roch im Raum so sehr nach Blumen und Heu, dass es fast schon zu viel war. Er rief: „Kommt zu uns, ihr zwei, ihr steht euch ja die Beine in den Bauch, das alles kann man auch im Sitzen besprechen." Dabei kippelte er mit seinem Stuhl, wie er es sooft tat, und hielt in der Kippbewegung ganz hinten an, dass es so aussah, als würde er in der Luft schweben.

Erzengel Uriel gab dem Stuhl von Erzengel Michael im Vorbeigehen, einen Schubs, sodass dieser wieder normal dasaß. „Vorsicht, du blauer Engel", säuselte Erzengel Uriel, „du bist schon des Öfteren umgefallen, wir wollen dich zwar gerne fliegen sehen, aber nicht so."

Spontanes Gelächter war zu hören. Wer hätte gedacht, dass sie so lustig sein können, dachte Harry gerade.

Marix war aufgesprungen, um einer Duftwolke auszuweichen, die Erzengel Uriel gerade spaßig über seinem Kopf herabregnen ließ. Marix sagte, während er mit der Mappe, die vor ihm lag, herumwedelte: „Ich glaube nicht an Zufälle. Wenn jemand den schweren Weg wählt, dann tut dieses Wesen es auch für die anderen, um für sie aufzulösen. Doch ich meine, dass man den stillen Helden helfen muss, sie sind sonst zu lange im Tal der Tränen gefangen. Helfen, indem man ihnen zwar nicht die Steine aus dem Weg räumt, aber die Betreffenden auf einen Sockel stellt, sodass sie dadurch mehr Überblick über ihr Leben haben. Damit sie die Nase in den neusten goldenen Energien haben, die ja wie eine Sauerstoffdusche wirken. Sie springen also vom Sockel herunter, bringen ihr Leben in Ordnung und haben dann auch noch die Kraft, für andere da zu sein. Die Kraft kommt von innen, nicht von außen. Selbst Popeye hat erkannt, dass Milch und Spinat nicht zur Willensstärke führen."

An diesem Punkt erschallte lautes Gekicher im Raum, sogar der ernste Erzengel Metatron, der neben Marix saß, lachte laut und sagte: „Lieber galaktischer Freund, du drückst dich wie immer in Metaphern aus, wie sehr wir das an dir lieben."

„Man kann dir ja nicht widerstehen", sagte Erzengel Metatron, „denn du bist zwar ein dünner langer Kerl, aber du hast so viel Charme in deiner Ausdrucksweise – die Bilder, die du beim Reden zeichnest, werden richtig lebendig." Dabei fasste er Marix am Arm und flüsterte ihm zu: „Schön, dass du da bist, diese Ratssitzungen sind oft eine echt trockene Angelegenheit."

Das war das Zeichen für Erzengel Uriel. Er zauberte für die Anwesenden ein Glas Milch und ließ die Gläser ein wenig schweben, sodass jeder bewundernd auf dieses Schauspiel guckte. Dann stoppte er das Schweben und ließ die Gläser mit der Milch vor der Nasen der Anwesenden landen. Es roch jetzt so intensiv nach Heu im Raum, dass Lady Portia sofort niesen musste.

„Erzengel Uriel", sagte sie, „du übertreibst, wie immer." Meine Freundin Lady Faith würde sagen: Wer so viele Dinge schweben lassen kann, der braucht dringend ein wenig Erdung." Als der Name von Lady Faith erwähnt wurde, richtete sich Erzengel Michael mit leuchtenden Augen gerade auf und sagte: „Wo ist sie? Warum ist sie nicht da? Lady Faith ist mir so ans Herz gewachsen, dass sogar ihr Name bei mir Herzflattern auslöst."

„Nun, lieber Freund", sagte Christus, der bis dahin ruhig zugehört hatte: „Dann wohlan, lasst uns zum Ende kommen, dann kannst du deine Holde wieder besuchen. Und nächstes Mal denkt bitte daran, auch Lady Faith einzuladen."

Christus stand auf und sagte, während er die Sitzung verließ, indem er jedem der Anwesenden die Hand reichte: „Ich danke euch – die Lösung ist einfach: Wir führen die Menschen zusammen, die sich gegenseitig helfen können. Wir tun dies mit Hilfe ihrer Schutzengel. Wenn dann noch jemand in der Ewigkeitsschleife der Mühen steckenbleibt, lösen wir diese Schleife auf. Wir baden sie also geradezu in den wohltuenden goldenen Energien, und so kann es vorwärtsgehen.

Ich denke, mein Vater wird das genehmigen", sagte der Aufgestiegene Meister Christus, während er sich an der Tür umdrehte, und die Hand zum Gruß hob.

Erzengel Michael erhob sich so plötzlich, dass sein Stuhl fast umgefallen wäre, und sagte: „Wir sehen uns ja bald wieder, lasst uns gehen, auf uns wartet noch viel Arbeit."

Marix legte seine Arme um Lady Portia und flüsterte ihr grinsend ins Ohr: „Ich weiß, warum es Erzengel Michael jetzt so eilig hat", dabei spitzte er die Lippen wie zum Kuss. „Wie wäre es mit Spinat zur Milch, ich lade dich ein."

Lady Portia raunte ihm zu: „Du Schlingel, komm mir nicht mit etwas Grünem, du weißt, dass ich nur rote Energieringe zu mir nehme."

Marix ließ Lady Portia los, lächelte wissend und verließ den Saal, indem er sich an der Tür umdrehte und sich mit betenden Händen vor den noch Anwesenden verneigte.

Der kleine Engel Harry erwachte plötzlich in seinem Bett, und das Erste, was er wahrnahm, war die Duftmischung von Blumen und Heu in seinem Zimmer. Er gähnte, drehte sich behaglich zur Seite und fühlte sich so geliebt und beschützt, dass er augenblicklich wieder einschlief. „Gefühl, Gedanke, Erlösung." Diese drei Worte murmelte der kleine Engel beim Ein-

schlafen wie ein Mantra immer wieder vor sich hin: „Gefühl, Gedanke, Erlösung…" Erst war das Gefühl, dann erst kommt der
Gedanke, ist dieser im Einklang mit dem Wunsch, folgt schon
die Erlösung.

Während Harry selig schlief, schwebte Erzengel Michael
in sein Schlafzimmer und streichelte sein Haar. Er legte dankbar seine blaue, wunderbar kühl prickelnde Liebesenergie über
Harry und flüsterte sachte in sein Ohr: „Vergiss nicht, kleiner
Engel: Gefühl, Gedanke, Erlösung. Wir lieben dich so sehr.

So sei es."

Gespräch zwischen Erzengel Michael und Sarinah: Hiermit breche ich meine goldene Regel

„Wer durch das Tal der Tränen gegangen ist", sagte heute Erzengel Michael zu mir, „den stören die Pfützen nicht mehr."

Heute breche ich eine meiner goldenen Regeln, denn ich schreibe eigentlich nur, wenn es mir gut geht. Seit Tagen plagen mich Schmerzen, die mich an die Wachstumsschmerzen erinnern, die ich als Teenager hatte. Da ich keine Schmerzmittel nehme, kann ich diesem pochenden Schmerz nicht ausweichen. Die bewährten Heilenergien scheinen dieses Mal nicht zu helfen. Mein Herz schlägt wie verrückt, ich friere und fühle mich schwindelig.

Also hatte ich ein Gespräch mit Erzengel Michael, indem ich ihn fragte, warum dieses Mal die Heilstrahlung nicht mal scheinbar Linderung verschaffe? War ich es doch gewohnt, dass immer alles sofort geheilt war, dass, wenn ich mal Beschwerlichkeiten hatte, diese schnell vorbei waren.

Doch die Worte von Erzengel Michael machten mich nachdenklich. Er sagte: „Durch diese Bücher startet eine automatisierte, individuelle Transformation, und das gilt natürlich, wie du weißt, auch für dich, Sarinah.

Automatisch wird eine Metamorphose gestartet, was ja sehr wichtig ist. Das ist außerordentlich wertvoll, denn nur so kann das Bewusstsein sich weiter klären.

Es sind aber auch Frequenzen der Heilung in den Zeilen verankert, sodass du dir selbst helfen kannst, indem du jetzt weiterschreibst und nicht wie geplant einige Tage Pause machst.

Die Energie, die beim Schreiben und vor allem beim Lesen fließt, ist individuell auf jeden einzelnen Lichtboten abgestimmt. Das ist wie ein Geschenk, denn dadurch müssen die Menschen nicht unbedingt auf das Resonanzverhalten des Gegenübers achten, sondern das Umfeld bleibt durch automatisierte Auflösung meistens von heftigen Auseinandersetzungen verschont. Diese führen, wie du weißt, oft zur Trennung. Diese Metamorphose, die Körper und Psyche durchschreiten, ist mittlerweile leicht geworden. Kein Vergleich zu den heftigen Transformationswehen, die ihr noch vor einigen Jahren hattet.

Du staunst, Sarinah? Nun, du hast sogar oft den Zustand des Schmerzes festgehalten, um dich geradezu darin zu baden."

„Ich halte fest?"

„Ja, das tun viele Menschen. Sie versuchen erst einmal, selbst Hand anzulegen, sie verharren in depressiven Phasen und im Schmerz. Doch das sind Erfahrungen, die ihr so demnächst nicht mehr machen könnt, da ab einem gewissen Aufstiegsgrad die Auflösungen so durchlaufen, als wären sie ein Film, in dem ihr euch selbst sehen könnt. Außerdem darf man nicht vergessen, dass ihr auch für das Kollektiv auflöst und darum unbewusst oft ein wenig länger im Leid verweilt. Ein großartiger Akt der Nächstenliebe, findest du nicht auch, Sarinah?

Da der Aufstieg unendlich ist, wird es auch weiterhin Auflösungen geben. Diese werden aber so sachte und zart verlaufen, dass ihr davon nicht mehr beeinträchtigt werdet.

Also wohlan, liebe Sarinah, du fragtest nach einer Lösung für deine Wachstumsschmerzen. Ich rate dir, schreibe weiter, denn im nächsten Kapitel folgt der Heilungsschlüssel für das, was du gerade fühlst."

Sarinah: Inneres Wachstum führt zu positiven Körperverän-
derungen, das kann aber erst einmal wehtun. Gemeint ist damit
sprichwörtlich, über sich hinauszuwachsen – die Ausdehnung
des Bewusstseins, indem es sich den Raum dafür nimmt, den
es braucht.

Aus eigener Erfahrung kann ich sagen, dass der neue kristalline Körper wunderschön und rein ist. Doch dafür muss erst
all der Dreck aus unserem System, der sich darin angelagert
hat. Gestern sah ich mich im neuen, wunderschönen kristallinen Body, und heute scheint es so, als würde sich eine Baustel-
le in mir befinden. Ich bin eine von den Ungeduldigen, mir geht
nichts schnell genug, und manchmal wird man eben gebremst.
Ja, man lernt Geduld auf diesem Weg.

Sicher geht es vielen Lesern genauso. Darum schreibe ich
das Gespräch mit Erzengel Michael auf, in dem er mir riet, nichts
abzulehnen. Denn alles, was man ablehnt (Schmerz), lebt man
umso mehr. Ich hatte lange Zeit eine tiefe Ablehnung gegen
Schmerzmittel. Dadurch aber geriet ich immer wieder in Situationen, in denen ich diese dringend gebraucht hätte. Autsch,
kann ich nur sagen, diese Erfahrung tat weh! Erzengel Michael
sagte zu mir: „Was du ablehnst, verneinst, genau das lebst du.
Wenn du Schmerzmittel annimmst, musst du auch diese Situationen nicht mehr erleben, du brauchst also diese Mittel nicht."

Alles, was man annimmt, geht in die Heilung, man muss
es nicht mehr leben. Lehnt man Schmerz ab, indem man sich
fragt, was man falsch gemacht hat, hält man genau diese Pein
fest, man lebt sie.

„Nun, vieles geschieht unbewusst", sagte Erzengel Michael, „da heißt es aufpassen, denn der Teufel steckt im Detail. Ihr
seid mittlerweile in der Schwingung der Erzengel, das bedeutet,

das Schulungsprogramm, das für uns gilt, gilt auch für euch. Natürlich habt ihr unzählige geistige Mentoren an eurer Seite, die euch helfen, doch sie dürfen niemals Entscheidungen abnehmen, sonst würden sie in den freien Willen eingreifen, und dieser ist absolut heilig."

Was also tun, wenn man sich fühlt wie ein Teenager, weder Fisch noch Fleisch. Mit Wachstumssymptomen und einer unglaublich starken Sehnsucht nach Freiheit, in der man nur das leben möchte, was Freude macht? Ungeduldig, bis endlich die nächste Himmelssphäre verkörpert erklommen werden kann?

„Ganz einfach", antwortete Erzengel Michael, „fühle dich im Ziel angekommen, fühle es, denn über das Gefühl erschaffst du Realität. So machen wir Erzengel es übrigens auch. Alles, was wir brauchen, wird über die bedingungslose Liebe und das Gefühl Wirklichkeit.

Es würde uns nie einfallen, zu zweifeln oder gar zu fragen, wann wir etwas bekommen, was wir für unsere Schützlinge brauchen. Denn wir sind die Zeit, so, wie jeder die Zeit ist. Wir gehen sofort nach der Manifestation in die Absicht, dass wir erhalten haben, was wir brauchen. ES IST! Nicht es wird schon werden, sondern ES IST! Die Übung der Dankbarkeit! Obwohl es sich noch nicht in der Realität gezeigt hat, schon jetzt dafür zu danken, denn dadurch bekräftigt man, dass es schon da ist.

Erfahrungen sind wichtig, von daher ist das Verweilen im Schmerz mehr als verständlich. Doch Sarinah, ganz ehrlich, vergiss nicht, dass du auf die Erde gekommen bist, um deinen Seelenvertrag zu erfüllen. Da dieser mit sehr vielen freiwilligen Aufgaben gespickt ist, wie auch bei vielen anderen Lesern, bitte ich dich hiermit, dich einfach in meine Hände fallenzulassen.

Ihr Lieben, lasst euch in die Energie der zuständigen Erzengel fallen. Hört bitte auf, zu zweifeln und Angst zu haben, zu versagen. Hört auf, zu viel von euch zu erwarten und, vor allem, hört auf, den Verstand einzusetzen. Dieser hat euch, wie ihr wisst, schon oft fehlgeleitet.

Hört auf, zu strampeln. Wenn ihr müde seid, lasst euch in unsere Hände fallen, dafür sind wir da. Wir richten euch wieder auf, wir heilen und wir lösen auf, was von euch gehen möchte. Wir tun für euch, was wir tun dürfen.

Sarinah kann ein Lied davon singen. Sie weiß, wie wundervoll sich die Energie der Erzengel anfühlt. Sie wird euch nachfolgend schildern, was sie bei den Engelberührungen empfindet."

Erfahrungsbericht von Sarinah: Engelberührungen

Ich fühlte wieder diese Schmerzen, der ganze Körper tat weh, die Muskeln waren hart, mir war furchtbar übel. Es war abends, ein nebeliger Tag im November, und es roch nach Blumen im Raum. Das bedeutet, Erzengel Michael ist hier, dachte ich mir.

Ich zündete einige Kerzen an und sorgte dafür, dass ich nicht gestört werden konnte. Ich hatte das Gefühl, dass die Sitzung mit dem großen blauen Engel intensiv werden könnte.

Wie sich später herausstellte, sollte ich Recht behalten.

Ich lag bequem und war mit einer leichten Decke zugedeckt, und schon ging es los. Dabei war ich nicht im meditativen Zustand, nein, keineswegs. Ich war sogar etwas verdreht, weil mir der Körper weh tat, und gerade dabei, mich selbst zu hinterfragen, also sehr im Verstandesdenken.

Hast du alles richtig gemacht? Hast du auch nichts übersehen? Was will mir der Schmerz sagen usw.? Noch bevor ich hineingleiten konnte in diesen „Loslass-Punkt", der nötig ist, um in die Meditation zu gehen, war ich schon eingehüllt in die wunderschöne Erzengel-Frequenz.

Ich schloss die Augen und ließ es einfach geschehen. „Ich lasse mich in deine Arme fallen", sagte ich zu meinem Mentor. Kühl und prickelnd, wunderschön, wie Sekt auf der Haut, fühlte es sich an. Die Wellen, die ich dabei spürte, umhüllten meinen ganzen Körper. Mal waren es die Beine, dann schwappte die süße Liebesenergie bis zum Nabel, um dann Anlauf zu nehmen und lustig prickelnd, kühl und abwechselnd, sanft und intensiv meinen ganzen Leib zu umspülen.

Etwas stärker, dachte ich gerade, und schon fingen die Wellen an, mich intensiver zu umarmen. Es war so, als würde Erzengel Michael testen, welche Stärke der Heilvibration ich vertrage. Angenehm, so empfand ich es. Es fühlte sich zwar mittlerweile an, als läge ich im Energiefeld von mächtigen, großen Magneten, dennoch war es eine tolle Erfahrung. Langsam reagierte sogar mein Herz, es fing an, wie wild zu pochen, meine Atmung wurde schneller, worauf Erzengel Michael die Energie sofort drosselte. Das empfand ich als sehr wohltuend. Ich war beschützt, nichts konnte mir passieren.

Ich fühlte mich wie ein Baby, das, frisch gebadet und gefüttert, im Arm der liebenden Mutter liegt und in den Schlaf gewiegt wird.

Dieses Schaukeln war tatsächlich da. Auch kann ich mich erinnern, dass ich mich wunderte, wie viel von dieser mächtigen Energie unser Körper aushält. Ja, buchstäblich aushält, denn du kannst ja nur so viel aufnehmen, wie deine Chakren bereit sind, zu verarbeiten.

Es ist schwer für mich, für diesen Heilungsevent die richtigen Worte zu finden, so schön war es und kaum zu beschreiben.

Später schlief ich ein. Selbst im Schlaf spürte ich immer wieder diese süße, prickelnde Energie. Als ich aufwachte, war alles gut. Ich schwebte geradezu von dieser bedingungslosen Liebe, und ich war endlich schmerzfrei. Dabei hatte ich jedoch noch die Worte von Erzengel Michael im Ohr, der gesagt hatte: „Du solltest den Schmerz nie ablehnen, sonst lebst du ihn umso mehr. Lass es zu, atme dort hinein, wo es wehtut, atme bewusst und tief, den Rest machen wir Erzengel."

Der Zustand des Schwebens hielt an, und die Sitzungen, in denen Engelberührungen zu fühlen waren, wiederholten sich noch oft und wurden immer intensiver. Bis heute meditiere ich jeden Tag. „Hausaufgaben machen", nennt Erzengel Michael das. Das regelmäßige Einstellen auf die neuste Energiewelle ist wichtig, sonst kann es blocken, im wahrsten Sinne des Wortes.

Die Schilderung soll helfen, dass jeder, der das noch nicht erlebt hat und es möchte, diese Engel-Heilungsberührung fühlen kann.

Erzengel sind immerzu bereit, Berührungen zu schenken, einfach so, sie tun es in ihrer ganzen Göttlichkeit. Es gibt für mich bis heute nichts Schöneres, als diese allumfassende Liebe zu fühlen. Heilung zu erfahren oder einfach nur im Arm von einem Erzengel zu liegen.

Sicher gibt es viele Leser, die die gleiche Erfahrung gemacht haben oder es sich schon lange wünschen. Außerdem finde ich, wird dadurch die weltliche Partnerschaft sehr viel inniger, weil man in sich ruht. Auch wer keinen Partner hat, findet zu sich und hat dadurch die Möglichkeit, sich jederzeit im eigenen heiligen Raum aufzuhalten. Das ist wie ein Geschenk.

Also, nur zu! Es ist nicht kompliziert. Es genügt, in die Absicht zu gehen, das Zimmer für die Sitzung herzurichten, den jeweiligen Erzengel einzuladen, und los geht's!

Viel Freude, und denkt bitte daran: Die Engel lieben es, wenn sie uns berühren dürfen, sie freuen sich aber auch sehr über ein Dankeschön.

Maria Magdalena und Christus: Die heilige Sexualität, die ursprünglichste aller Heilungsquellen

Die weibliche Mystik ist ein Thema, dem ich, Maria Magdalena, mich schon zu Lebzeiten gewidmet habe. Ich habe mich schon damals für die schmerzlose Geburt eingesetzt, damit Frauen ihre Babys genauso gebären können, wie sie es idealerweise empfangen haben: mit Lust und Freude. Mein soziales Engagement war groß. Menschen in Armut, Kindern und ihren Müttern zu helfen, war mir immer ein großes Bedürfnis.

Überliefert ist davon fast nichts, denn den Geschichtsschreibern war mein Leben zu modern, zu frei. Schon damals, als die Bibel geschrieben wurde, waren die Mächtigen der Meinung, dass man die Schwachen einer Gesellschaft im Mangel halten müsse. Hält man eine gewisse Gesellschaftsschicht im Mangel, haben die Despoten Sklaven und können sich über die ärmlich lebende Bevölkerung in der Öffentlichkeit profilieren. Das ist heute immer noch so, allerdings erwachen die Menschen, und wer sich seiner selbst bewusst ist, wird unabhängig werden von allem, was mit Mangel zu tun hat. Außerdem sind es oft Persönlichkeiten im Führungsbereich, die mit der weisen Seele eines Aufgestiegenen Meisters zur Erde gekommen sind.

Ich bin Maria Magdalena. Ich war Freifrau und Mentorin, außerdem weihte ich Jesus Christus in die höhere Schwingung der heiligen Sexualität ein.

Einige Leser werden jetzt bestimmt aufstöhnen, in Resonanz gehen. Anderen ist das alles sicher längst bekannt, sie fühlen über ihr Herz, was wahrhaftig ist. Es darf alles sein. Ich hatte schon damals mit Zweiflern zu tun, und im Gegensatz dazu hatte ich Menschen um mich, die mir sehr wohlgesonnen waren. Genau das lebte auch Christus. Auch er hatte scheinbare Freunde um sich, die ihm dann nachts auflauerten, ihn beschimpften und mit Steinen bewarfen. Jesus Christus hatte auch echte Freunde, Fans würde man heute sagen, die alles dafür gaben und taten, damit er seinen Dienst erfüllen konnte.

Sowohl ich, Maria Magdalena, wie auch Christus sind wieder inkarniert. Wir sind keinesfalls gekommen, um zu trennen, sondern unter euch, um zu vereinen. Die Aufgestiegenen Meister haben ihr Wort gehalten. Sie sind wieder auf der Erde, um diejenigen zusammenzuführen, die schon immer zusammengehörten. Um das zu tun, was sie in früheren Leben möglicherweise nicht ganz erfüllen konnten. Wir sind hier, um der Erde und ihren Kindern zu helfen, zu gesunden, damit sie sich vollständig herausheben mögen aus jedem Mangel und das volle Bewusstsein erlangen können.

Ich, Maria Magdalena bin hier, um mitzuwirken, da die Menschheit gerade die leeren Blätter in der Akasha-Chronik füllt. Das Leben im Goldenen Zeitalter, das Leben im Himmel und auf Erden gleichzeitig. Dies wird gerade von jedem, der diese Zeilen liest, erschaffen.

Die leeren Blätter in der Akasha-Chronik? Ja, so ist es. Denn das, was jetzt gelebt wird, war noch nie da, niemand konnte so genau vorausplanen. Nicht einmal der Schöpfer selbst wusste vorher, wie grausam oder eher liebevoll seine Kinder spielen würden. Wie sie das Neue Zeitalter erschaffen (mit Leben füllen) und, vor allem, wann sie den Zusammenschluss zwischen Himmel und Erde zulassen würden.

Wir sprachen vom vollen Bewusstsein, und nichts ist wichtiger als das. Denn wer ganz geklärt ist und die volle göttliche Anbindung hat, wird unabhängig sein von allem, was so viel Schweres ins Leben gebracht hat.

Ihr werdet fähig sein, euren Körper zu verjüngen, sodass ihr im Grunde einige hundert Jahre in einem gesunden, verjüngten Körper auf der Erde weilen könnt. Mit allem, was ihr und eure Lieben zum Leben braucht, denn ihr seid fähig, zu erschaffen. Durch die Kraft des hohen Bewusstseins könnt ihr euch alles in euer Dasein ziehen, was ihr braucht. Das ist Teil der Absprache in Liebe, viele Leser werden sich daran erinnern. Das ist auch der Grund, warum viele Seelen die beschwerliche Reise auf diesen wunderschönen Planeten auf sich genommen haben, denn das menschliche Handlungsorgan ist die Voraussetzung, dass ihr euch hier erfahren könnt. Der Körper war aber auch lange Zeit euer großes Risiko oder im besten Fall der Joker. Warum? Weil ihr euch unbewusst Siechtum, Krankheit und Tod erschaffen habt, denn man hatte euch über eure Macht im Unklaren gelassen und wer ihr in Wahrheit seid. Doch die Seelen erinnerten sich an ihre Träger, und die Erdenengel begannen, in ihre Kraft zu gehen, ihre unsichtbaren Flügel zu entfalten.

Nun kommen wir endlich zum Thema dieses Kapitels: die heilige Sexualität und ihre Heilkräfte.

Maria Magdalena und Christus sprechen gemeinsam:

Wenn wir von der heiligen Sexualität sprechen, ist damit der Ursprung aller Vereinigungen in Liebe gemeint und nicht das, was die Erdenbürger daraus gemacht haben.

Sexualität wurde und wird vielerorts heute noch missbraucht, um zum Beispiel Geld zu machen, jemanden an sich zu binden, die schnelle Befriedigung zu finden, zu unterdrücken, Druck loszuwerden oder den scheinbaren Wert eines Menschen zu steigern. Um zu manipulieren, zu erpressen und

Ziele zu erreichen. Sexualität gilt vor allem bei Männern als Machtausdruck. Außerdem stellt man damit immer noch Menschen, die nicht dem Gesellschaftsbild entsprechen, an den öffentlichen Pranger.

Jedoch der Ursprung dieser Vereinigung, der reinsten aller Verschmelzungen, entstammt unter anderem aus dem früheren Leben von Maria Magdalena und Christus.

Wir waren und sind noch immer die Erfinder der weiblichen und männlichen Mystik, wir sind die Mentoren der Liebenden.

Die innigste, ja, man kann auch sagen, die heiligste aller Vereinigungen in Liebe beruht auf dem vollständigen gegenseitigen Vertrauen der Liebenden. Das, was man heute so banal Sex nennt, wird zelebriert, nicht einfach getan. Dabei werden auch immense Heilkräfte freigesetzt, wenn die Begegnung im Rahmen der bedingungslosen Liebe geschieht.

Ja, richtig gelesen, um Liebe zu machen in der Energie der Göttlichkeit braucht man Zeit, das vollständige Vertrauen des Gegenübers und ein wenig Geduld und Einfühlungsvermögen in die Gefühlswelt des Partners.

Nichts Neues, wird sich sicher mancher denken, alles schon mal dagewesen. Doch es ist neu, denn für die Vereinigung aller Vereinigungen müsst ihr nicht am selben Ort sein. Sie kann auch über die Seelenebene gelebt werden, zum Beispiel mit dem galaktischen Seelenpartner. Dieser wird durch die innige Verbindung einen Körper bekommen, mit dem sie/er sich auf der Erde ausdrücken kann. So wird das Zusammenleben endlich möglich. Ihr spürt, während ihr die Zärtlichkeit teilt, genau die Hände, den Mund und den Körper des anderen, auch wenn dieser Seelenpartner noch aus Energie besteht.

Ihr müsst euch nicht wirklich körperlich berühren. Um euch zu streicheln genügt es, wenn ihr euch energetisch trefft. Das obliegt allerdings dem freien Willen des anderen und der göttlichen Anbindung der Paare und kann nicht zu manipulativen Zwecken genutzt werden. Damit meinen wir, wenn zum Beispiel eine Frau ihren Ex-Partner, der längst mit einer anderen Frau (Familie) lebt, unbedingt zurückhaben will und das über die spirituelle Sexualität versucht, wird das nicht klappen, außer es steht so im Seelenplan. In der bedingungslosen Liebe wird man nicht nur für sich erschaffen, sondern für alle Beteiligten das Beste wollen. Das macht das Liebesspiel doch um einiges interessanter, oder nicht? Nicht nur das, denn wer sich mit seiner Liebe so vereinen kann, lebt die Sexualität so intensiv wie noch nie, und es werden immense Heilkräfte freigesetzt.

Wer Meister darin ist, die körperliche Liebe im Einklang mit der höchsten Energie zu zelebrieren, egal, ob über die Seelenebene oder den persönlichen Kontakt, die/der ist in einer unglaublich großen Manifestationskraft, also auch in der Lage, zu heilen.

Ja, genau! Ihr wart und seid immer noch Meister darin, euch über das Gefühl Dinge für den Alltag – berufliche Situationen, Partnerschaft, Elternschaft, um nur einie Beispiele zu nennen – zu kreieren. Wann seid ihr am stärksten im Gefühl? Stimmt, wenn ihr liebt, wenn ihr die Sexualität lebt. Wir wählen absichtlich das Wort Sexualität, auch wenn es normalerweise nicht in unserem Sprachgebrauch ist. Was sich lichtvoll wandelt, darf man auch beim Namen nennen.

Natürlich sind Seelenpläne wegweisend, aber der Zeitpunkt, wann etwas geschieht, wie intensiv es ist und wie es in euer Leben tritt, liegt bei euch, nicht in der Vorausplanung eures Lebens.

Um zu verdeutlichen, was mit heiliger Sexualität gemeint ist, der ursprünglichen aller Heilungsquellen, folgt hier der Erfahrungsbericht von Christus und Maria Magdalena.

Christus:

„Wir waren wie alle Liebenden sehnsüchtig und voller Erwartung, doch wir konnten nicht immer zusammen sein, denn
ich reiste viel, und unsere Verbindung blieb lange Zeit geheim.
Das war ein Wunsch von mir, ich wollte so Maria Magdalena
vor meinen Widersachern schützen, denn ich hatte nicht nur
Freunde in dieser Zeit. Wie ihr wisst, waren meine Lehren auch
umstritten. Die, die sich am gläubigsten wähnten, waren es oft,
die mich gerne an den Pranger stellen wollten.

Ich hatte aber auch viele Freunde, sehr gute Freunde, auf
die ich mich verlassen konnte und die oft auch meine Gönner
waren. Heute würde man sagen, Sponsoren.

Maria Magdalena war es, die mich das Lieben über die
Seelenebene lehrte und mich darin einweihte. Das war eine
wundervolle Idee, denn so musste ich sie nie verlassen. Sobald
ich die Tore der Stadt passiert hatte, konnte ich zu ihr zurück-
kehren, indem ich energetisch zu ihr reiste. Unsere Sehnsucht
nacheinander war enorm, sicher wird das jeder verstehen, der
schon einmal wahre Liebe gespürt hat.

Ja, ich konnte meine Frau immer beschützen, mit ihr leben,
sie küssen, mit ihr kommunizieren und auch mit ihr schlafen,
auch wenn wir nicht am selben Ort waren. Denn durch diesen
innigen Kontakt weitete sich unser Bewusstsein so enorm,
dass wir fähig waren, uns und andere zu heilen, und wir konnten feinstofflicher werden. Unsere Körper waren zum Schluss
so kristallin, wie eure Leiber sein werden, wenn ihr im vollen
Bewusstsein angelangt seid. Wenn ihr die höchste göttliche
Schwingung halten könnt, ohne zu verglühen. Dann seid ihr lebendig im Nirwana angekommen.

Sarinah interviewte uns schon in den vorangegangenen
Seelenverträgen, und immer wieder war das Thema ihrer Fra-

gen die reelle Seelenpartnerschaft mit einem Wesen aus der Geistigen Welt.

„Wie soll das gehen, wie soll man mit jemandem leben, der aus Licht besteht?"

Ich, Christus, antwortete ihr: Ihr steigt auf und werdet dadurch lebendig zu Licht. Wir Wesen aus der Geistigen Welt sind Licht und werden durch euch zu Fleisch, ohne unseren Platz im Himmel verlassen zu müssen. So, wie ihr euren Platz auf der Erde durch den verkörperten Aufstieg nicht verlassen müsst.

Eine sehr einfache Erklärung, ich weiß, doch manchmal ist es besser, die Schritte selbst zu gehen anstatt jeden einzelnen vorhergesagt zu bekommen.

Eines Nachts, als ich wie so oft zu Maria Magdalena reiste, um wenigstens über die Seelenebene bei ihr sein zu können, berührten wir uns so innig wie noch nie. Wir wollten uns so sehr, wir spürten uns. Ich war in der Herberge im Bett und gleichzeitig bei ihr. Ich spürte ihre Berührungen, als wenn sie neben mir wäre. Unsere Feinstofflichkeit war so ausgeprägt, dass wir zuwege brachten, was eigentlich nicht möglich ist. Wir zeugten ein Kind über die Seelenebene, indem wir die heilige Sexualität lebten.

Ist das möglich, denkt Sarinah? Ja, es ist möglich! Dafür braucht es allerdings das volle Vertrauen. Die volle göttliche Anbindung, die Übereinstimmung mit dem Seelenplan, und der Partner sollte mit freiem Willen zustimmen.

Wow, oder die spinnen doch? Egal, wie immer auch hierzu die Resonanz ist, alles darf sein. Ich, Christus, berichte hier das, was mit der Wahrheit übereinstimmt. Das muss aber nicht mit der Auffassung der Leserinnen und Leser übereinstimmen. Alles darf, nichts muss! Wer sich hier abwenden möchte, darf es gerne tun, ich habe volles Verständnis. Schließlich hat man euch euch über Jahrtausende in dem Glauben gehalten, ihr wärt machtlose Wesen. Manchmal braucht es ein wenig, bis man zulassen kann, dass es womöglich noch eine andere Wahrheit gibt, die es gilt, über das Herz zu überprüfen. Nicht über den Verstand, denn der hat euch schon oft fehlgeleitet.

Zurück zum Thema: Wer die heilige Sexualität lebt, wird nicht nur für sich und den Partner Wohlgefallen erschaffen, sondern für alle, die in der gleichen Energiepulsung sind.

Ihr öffnet sozusagen für diejenigen die Tore, die ebenfalls eine besondere Seelenpartnerschaft in ihrem Lebensplan stehen haben, aber, aus welchem Grund auch immer, nicht fähig sind, die Sexualität so zu leben.

Sarinah lacht und sagt, dass die Lichtarbeit anfängt, richtig Freude zu machen, dass es leicht ist, für das Licht zu arbeiten.

Nun, wohlan! Die Botschafter des Lichts erkennt man daran, dass sie niemals etwas nur für sich alleine tun. Sie erschaffen (leben) immer so, dass möglichst viele Menschen davon profitieren können.

Während der innigsten aller Vereinigungen kommt es natürlich irgendwann auch zu dem, was ihr Orgasmus nennt.

Mein Wort dafür ist die heilige Verströmung. Wenn das geschieht, öffnen sich alle Chakren. Es flutet in Sekundenschnelle heraus, was nicht mit den höchsten Energien konform geht, es wird geradezu ausgestoßen. Danach flutet reines Schöpferlicht in alle Chakren, ihr atmet sozusagen den Schöpfer ein. Das fühlt sich sehr ekstatisch an, so, als würde man vor lauter Wohlergehen die Lustwellen nicht mehr aushalten. Dann erst folgt das Verströmen, über die Seelenebene geschieht das meistens gleichzeitig mit dem Partner. Während des vollkommenen EINS-SEINS mit der Liebe, mit der Quelle, werdet ihr eine sinnliche Achterbahnfahrt erleben, die ihr so noch nie erlebt habt.

Keine Versprechungen, sagt Sarinah gerade. Sie hat recht,

denn wie immer ihr das lebt, ob mit heiliger Verströmung oder ohne, indem ihr euch liebt und wiegt, indem ihr auf den Wellen der Lust schwebt oder einfach inspirierende Dinge tut, eins ist sicher: Diese Vereinigung aller Vereinigungen vereint, sie trennt nie! Und ihr werdet dadurch enorme Heilkräfte erfahren dürfen.

Wen auch immer ihr liebt, Frau-Mann, Frau-Frau, Mann-Mann, die heilige Sexualität kann nur gelebt werden, wenn ihr euch selbst voll gewahr seid, zu euch gefunden habt. Wenn ihr euch liebt, wie ihr seid, wenn ihr die Liebe selbst seid, dann ist der Weg frei für diese wunderschöne Erfahrung.

Miteinander zu schlafen wie in der alten Zeit dient der Übung. Wer aber die Verschmelzung im Schöpfersinn lebt, wird spüren, dass Raum und Zeit unbedeutend sind, das Hauptspiel oft zum Vorspiel wird, das Wohlergehen des Partners am wichtigsten ist und Lust eine neue Definition erhält. Dass man, während man in diesem intensiven Gefühl ist, wunderbar manifestieren kann und die Welt sich aus den Angeln zu heben scheint, wenn man sich verströmt (vereint). Dass das, was früher Orgasmus hieß, dem Namen nicht mehr gerecht wird, weil alles viel intensiver ist, so intensiv, dass die Lust und der Schmerz EINS werden. Man ermüdet auch danach nicht mehr, im Gegenteil: Die spirituelle Vereinigung geht einher mit dem Wissen, dem Gefühl, dass es nie enden muss.

Wer sich so vereint, wird keine Lebensenergie vergeuden, sondern dazugewinnen. Wer die Liebe im höchsten verkörperten Schwingungsgrad lebt, wird eine betörende Anziehungskraft besitzen.

„Was ist aber", fragt Sarinah, „wenn jemand mit dieser spirituellen Sexualität nichts am Hut hat?" Nun, diese Fluttore öffnen sich auch, indem man sich selbst liebt oder kreative Dinge tut wie Malen, Töpfern, Schreiben, Komponieren, Musizieren usw.

Was innerlich zu Gold wird, wird auch äußerlich zu Gold, was innerlich Liebe ist, drückt sich auch im Außen so aus. Wer die Liebe selbst ist, wird unweigerlich auch die Liebe verkörpern und die Menschen erreichen können, die auch Liebe sind oder fähig sind, Liebe zu werden. Wer selbst vertrauen kann, dem wird man auch vertrauen.

Wir führen die zusammen, die schon seit Urzeiten zusammen gehören.

So sei es.

Seid gesegnet.

In Liebe,
Maria Magdalena und Christus

Verliebt sein ist nicht schwer,
beständig Liebe SEIN dagegen sehr

Ich liebe mich so, wie ich bin. Ich lebe das Leben mit Selbstachtung und Selbstverantwortung. Wer das nicht kann, wird auch nicht die wahre Liebe erfahren können.

Wir sprachen gerade von der heiligen Sexualität. Heilig, dieses Wort haben wir mit Absicht gewählt, um auszudrücken, dass Liebe im Goldenen Zeitalter bezaubernd sein kann. Es ist schwer, die richtigen Worte zu finden, denn Worte reichen nicht aus, um zu beschreiben, was es alles bewirkt, sich in der bedingungslosen Liebe zu begegnen.

Immer wieder haben wir davon berichtet, dass die Bewusstwerdung der Menschheit, der Aufstieg der Erde, eins mit sich bringt: Erst einmal das extrem zu leben, was sich an alten Mustern lösen muss, weil es nicht kompatibel ist mit den goldenen Energien. Zum Beispiel bringen die Medien den skandalösen Umgang mit Tieren in alle Wohnzimmer, um die Menschen wachzurütteln.

Es sieht also erst einmal so aus, als ob alles eher schlechter wird statt besser. Die Polaritäten bewirken zuerst, dass das Pendel der Gegensätzlichkeit heftig auf die Seite schwenkt, die etwas zu transformieren hat. Die Menschen sehnen sich nach Frieden, doch es scheint, als würde dieser in weiter Ferne sein. Wo etwas aufzulösen ist, dort brennen die Feuer der Transformation.

So scheint zurzeit alles auf dem Prüfstand zu stehen. Partner werden sich immer wieder im Strudel von Resonanzverhalten wiederfinden. Das Gegenüber spiegelt sofort heftig, wenn eine Handlung mit dem Seelenplan und den goldenen Frequenzen nicht übereinstimmt.

Das kann sehr anstrengend sein, ob in der Familie, im Beruf oder im politischen Bereich. Die Spiegelungen sind so heftig, dass sie oft heftige Auseinandersetzungen mit sich bringen.

Darum sollte man sich nicht scheuen, sich selbst zu hinterfragen, das ist gerade dann sehr wichtig, wenn man Resonanz spürt, weil jemand etwas gesagt oder getan hat, was man als störend oder verletzend empfindet.

Wer das Thema der fehlenden Selbstachtung hat, wird zum Beispiel von der Familie, den Kollegen usw. immer wieder in diese Selbstachtung geschubst. Diese benehmen sich so vehement unsensibel, dass man nicht anders kann, als sich das eigene Thema Selbstachtung anzusehen. Man badet geradezu in diesen Emotionen „Ich bin es nicht wert". Das kann sogar zu Trennungen führen, denn die scheinbare Schuld wird gerne zuerst bei anderen gesucht. Verständlich, hat man euch doch Jahrzehntelang suggeriert, dass ihr Probleme im Außen lösen könnt.

Ein Problem, das mit dir zu tun hat, kannst du nicht im Außen lösen. Aber sobald du erkennst, dass du dich zum Beispiel zuerst selbst achten musst, damit andere dich achten, kann sich das leidige Thema geradezu in Luft auflösen, weil das schmerzende Resonanzverhalten der Menschen aufhört.

Eigenliebe, Eigenverantwortung, Selbstachtung, Selbstschutz und Selbstwürde sind sehr wichtig, denn nur so können Harmonie, Frieden und wahre Liebe eintreten.

Eine glückliche Partnerschaft steht sehr oft auf den Wunschzetteln, die uns in der Geistigen Welt, erreichen.

Denn verliebt sein ist nicht so schwer, Liebe sein dagegen sehr!

Der Weg zum vollkommenen Glück ist gepflastert mit Stolpersteinen, so scheint es fast. Doch eigentlich sind diese Stolpersteine wegweisend, und auch, wenn es so scheint, bringen euch diese Lernaufgaben keinesfalls vom Pfad ab.

Wer sich in den Mühlen des Alltags befindet, wird sich manchmal schwertun mit dem Klarsehen und Fühlen. Verständlich, denn das, was ihr da so nebenbei erledigt, würde vermutlich jeden Erzengel zu Fall bringen, müsste er all die Alltagsarbeit zuzüglich seines Bewusstseinswirkens tun.

Dies nur, damit ihr seht, wie wertvoll und hochgeachtet eure Arbeit ist. Nicht selten applaudieren deine Engel, wenn du wieder einen anstrengenden Tag geschafft hast. Sie klatschen in die Hände vor Stolz und Freude, weil du in der Freizeit auch noch die Kraft hast, dich um deinen Seelenzustand zu kümmern.

So viele Helfer hast du an deiner Seite: Erzengel, Schutzengel, Aufgestiegene Meister und Angehörige, die auf dieser Seite des Himmels auf dich warten. Sie alle tun, was in ihrer Macht steht und darüber hinaus, um dir zu helfen, dich zu schützen und zu unterstützen.

Was immer du an Erfahrung brauchst, um weiterzukommen, deine Engel führen dir all das zu, damit du zu deinem eigentlichen Sein zurückfinden kannst.

Wer Liebe sein will, der wird den Pfad der Läuterungen gehen dürfen. Ist das aber geschafft, erlangt der Reisende nach und nach die göttliche Macht und Kraft zurück, die ihm seit Urzeiten innewohnen.

Wer immer alles runtergeschluckt hat, weil die Angst vor Konfrontation zu mächtig war, die/der wird auf dem Weg lernen, zu explodieren. Erst einmal wird die Reise zu sich selbst dazu führen, dass man sich in Situationen wiederfindet, die man womöglich beim Zurücksehen mit Kopfschütteln betrachtet.

Sollte da etwas sein, das du bereust, dann vergib dir bitte, nur so kannst du Vergebung von anderen erlangen.

Wer verletzt, wird selbst verletzt; wer seine Macht missbraucht, wird um seine Macht kämpfen müssen; wer lügt, wird belogen; wer betrügt, wird betrogen.

Das Gesetz der Resonanz sollte ausreichen, um diejenigen auf den lichtvollen Pfad zu bringen, die dem Licht zwar hinterherliefen, die jedoch bislang nie wirklich selbst Licht waren.

Gerade diejenigen, die sich als die Mächtigen der Erde sehen und die Verantwortung für viele Menschen haben, tragen die Zeichen der spirituellen Läuterung in ihren Gesichtern. Bedenkt bitte, dass gerade die Politiker eurer Lichtarbeit bedürfen, denn wer viel Verantwortung auf seinen Schultern trägt, wird unweigerlich diesen ermüdenden Druck spüren. Die Energie eines einzelnen Lichtträgers kann schon helfen, dass jene ihren Lebensplan erfüllen können, die Millionen von Menschen in ihrer positiven Lichtpulsung führen.

Vergesst bitte nie, dass die Menschen, die sich klein wähnen und zum Mittelmaß zählen, den Tarnmantel des Normalbürgers so lange tragen, bis der individuelle Startschuss für ihre Lebensaufgabe fällt. Die Großen lernen von den Kleinen, nicht umgekehrt. Wahre Lichtarbeit findet meistens nicht in der Öffentlichkeit statt, wird oft nicht mal von jenen wahrgenommen, die diese wertvolle Arbeit tun.

Wer denkt, dass er klein ist und nicht viel bewirken kann, täuscht sich. Die Tarnung der Erdenengel ist so perfekt, dass nicht mal die eigene Familie und Freunde bemerken, wer da an ihrer Seite ist. Das ist eine Absprache in Liebe. Hättest du von Anfang an gewusst, welch mächtig göttliches Wesen du bist, wärst du Gefahr gelaufen, dass dein Ego dich überflügelt hätte.

Wie sehr wir dich lieben, wie sehr…

Bindungsängste

Trennungen scheinen zum Leben zu gehören – Trennung vom Ehepartner, von den Kindern, weil sie flügge werden, von Freunden, Bekannten oder gar, weil jemand stirbt, den man liebt.

Doch jede Trennung ist eine Illusion, die von den Menschen erzeugt wird, damit sie neue Erfahrungen sammeln können. Natürlich verläuft das Leben nach Seelenplan, und ihr könnt mit jemandem nur so lange zusammen sein, wie ihr es geplant hattet. Aber im Seelenplan sind keine Trennungen verankert, sondern das Loslassen. Loslassen ist eine wichtige Erfahrung und heißt nicht, etwas abzubrechen, hinter sich zu lassen. Loslassen heißt, die Situation so anzunehmen, wie sie ist, und nicht zu versuchen, sie zu verändern. Das „Ich will aber, es muss so oder so sein" sollte ausgetauscht werden in „ES darf sein, wie es IST".

Kein leichtes Unterfangen, denn wer sich dieser Lernaufgabe nicht stellen mag, wird von den Mitmenschen darin geprüft. So lebt man die Aufgaben im Seelenvertrag und kann nichts übersehen.

Das hört sich einfach an, kommt aber im Leben mit viel Dramatik und Pein daher. Das bewusste Auflösen und Abarbeiten der Lernaufgaben über die innere Klarheit wäre sehr viel einfacher als das Auflösen über das Leben. Denn bei dem bewussten Auflösen wird das Umfeld nicht belastet, es müssen keine Spiegelungen entstehen. Man wird zwar in Resonanz gehen mit dem, was angeschaut werden soll, aber die verbalen Verletzungen werden nie so schlimm sein, als wenn man etwas leben muss, damit man es lernt.

Ihr baut euch das Morgen also heute, indem ihr fühlt, was ihr morgen leben werdet. Viele sagen jetzt sicher: „Aber mein Alltag ist so, und ich fühle und denke so, weil die Realität meine Aussendungen bestimmt." Es ist umgekehrt, ihr Lieben, ihr fühlt, denkt und sagt heute das, was ihr morgen leben werdet.

Das ist sicher etwas überspitzt ausgedrückt, denn wenn jemand heute die kommende Scheidung fühlt, weil die Angst davor da ist, wird diese nicht schon morgen stattfinden. Doch meistens ist die Angst der ständige Begleiter, eine riesige Emotion. Da kann es also durchaus sein, dass der Partner sich morgen schon so verhält, als würde er darauf hinarbeiten, sich scheiden zu lassen.

Kraft eurer Aussendung habt ihr es also auf jeden Fall, schon am nächsten Tag mit der Resonanz zu tun

Wenn die Resonanz positiv ist, müsst ihr nichts überdenken. Gefällt euch jedoch nicht, was ihr lebt, liegt es in eurer Macht, die Dinge zu verändern. Der Wandel geschieht von innen nach außen, nicht umgekehrt. Es ist immer leichter, jemandem im Umfeld die Schuld zu geben, als vor der eigenen Haustür zu kehren.

Wer eifersüchtig ist, wird dieses leben, indem der Partner sich so verhält, dass man eifersüchtig werden darf. Darf, ja, denn so lernt es sich doch nachhaltig. Oder nicht? Doch wer das Spiel durchschaut und sich bewusst in die Selbstliebe, die Balance, die Angstauflösung und den Selbstwert begibt, kann davon ausgehen, dass diese anstrengenden Lebenssituationen nicht mehr gelebt werden müssen. Es kehren endlich Harmonie und Glück ein.

Das Seelenpartner-Gesetz besagt, dass alles, was du für dich erkannt hast, auch bei deinem Partner und der Familie heilt, oft sogar, ohne dass diese etwas dafür tun müssen. Es lohnt sich also hinzusehen und selbst zu reflektieren, bevor man andere reflektiert. Es lohnt sich, das Loslassen zu üben und jede Ablehnung zu verändern. Du musst zum Beispiel nicht mehr gekündigt werden, wenn du dich mit dieser Angst anfreundest. Wenn du diese Erfahrung nicht mehr ablehnst, musst du es auch nicht mehr leben.

Durchaus verständlich, und wir sehen zu dir auf, denn wir Erzengel sind voller Stolz auf dich. Dein Alltag ist schon so ermüdend, meistens jedenfalls, sodass es erstaunlich, ja, fast ein Wunder ist, dass noch Kraft bleibt, um zu dir zu finden und dein Sein in die Balance zu bringen.

Gerne würden wir den Jammernden zurufen: Mach dies oder unterlass jenes! Dann geht es dir besser! Doch Entscheidungen dürfen wir euch nicht abnehmen, und wir dürfen euch nicht am Leben hindern. Herausforderungen sammeln heißt nun mal, das Leben zu leben.

Wo spürt man das Leben am meisten? Ja, genau! Wenn es schmerzt, wenn man liebt oder wenn man einen neuen Weg einschlagen muss, weil der alte blockiert ist.

Lachen ist die beste Medizin, dieses Sprichwort ist irdisch, und wir lieben es. Denn wer positiv, fast schon ein wenig pragmatisch durch das Leben geht, wird es leichter haben und schneller durch Auflösungen gehen können. Schicksal nennt ihr das oft. Nun, Transformation ist kein Schicksal, es ist ein Glück. Doch erst mal sieht es so aus, als wäre alles auf dem Prüfstand, was nicht mehr kompatibel ist mit dem, was euch guttut.

Vergesst bitte nie: Ihr geht lebendig dadurch, wo eure Verstorbenen durchgereist sind, indem sie den Körper verlassen haben, um in den Himmel zu gelangen.

Das fühlt sich manchmal sicher an wie eine Achterbahnfahrt, auf der man alles verliert, was man zu sehr festhält. Alles geht weg, was mit dem Lebensplan nicht kompatibel ist. Die Angst, die finanzielle Sicherheit zu verlieren ist zum Beispiel etwas, das euch immer wieder außer Rand und Band gebracht hat. Denn durch diese Angst habt ihr Abhängigkeit erschaffen oder diese festgehalten.

Selbstzweifel, Minderwertigkeit, fehlende Balance, fehlende Eigenliebe haben euch immer wieder mit Menschen in Berührung gebracht, die euch scheinbar etwas wegnehmen wollten. Scheinbar, denn auch Verlust ist eine Illusion. Ihr könnt nicht verlieren, was ihr nicht habt. So haben sich viele Lichtträger ein Umfeld kreiert, in dem sie sich aufhalten, aber wo keine tiefe Liebe oder Freundschaften entstehen können. Zum Beispiel Freunde, zu denen man keinen Bezug findet, Kollegen, die sogar nach Jahren nur Kollegen sind. Der Partner, den man eigentlich nicht liebt. Der heimliche Liebhaber, den man nicht wirklich haben kann, weil der verheiratet ist. Familie, die man nicht an sich heranlässt.

All das sind Beispiele, die zeigen sollen, was die Menschen unbewusst alles tun, um dem Verlust, dem Schmerz, aus dem Weg zu gehen. Was man nicht hat, kann man nicht verlieren. Diese Schutzreaktion geschieht unbewusst, denn du hattest so eine große Angst vor Verlust, dass du dir kreiert hast, was du nicht verlieren kannst.

Bei demjenigen, der tiefe, lang anhaltende Verbindungen aufbauen wollte, es aber nie konnte, werden nun vielleicht die Alarmglocken läuten. Vieles, was geschieht, wird über das Unbewusste geregelt. Doch unbewusst sein ist doch Vergangenheit, oder nicht? Denn du wärst jetzt nicht hier und würdest diese Zeilen lesen, wenn du nicht schon einen mächtigen Bewusstseinssprung hinter dir hättest.

Wir maßen uns nicht an, dass du fertig bist mit deiner Entwicklung. Keinesfalls! Aber Bewusstwerdung wird zur Spielerei.

Du wirst sehen, dass es Spaß machen kann, zu sich zu finden. Du erschaffst oder, besser gesagt, gebärst nicht nur dich selbst neu, sondern tust das Gleiche im Außen. Die Erbauer des Neuen Zeitalters haben wir euch genannt, und wahrlich, das seid ihr. Die Erbauer des eigenen Lebens und des großen Goldenen Zeitalters.

Während du dies liest, steht dein Schutzengel hinter dir und berührt dich sanft. Riechst du seinen Duft, spürst du seine Berührung? Er riecht nach Blumen. Er streichelt dich zärtlich und flüstert in dein Ohr: „Sei unbesorgt, ich bin immer für dich da, ich helfe dir, ich verlasse dich nie. Du darfst mir vertrauen, ich habe und werde dich niemals verlassen … nie."

Erzengel Raphael: Das verletzte Kind

Warum stagniert es bei mir? Das will ich doch nicht!
Warum erfüllen mir die Engel meinen Wunsch nicht?
Warum führen sie mich stattdessen in die Vergangenheit
zurück?

Der Weg zum Glück ist oft blockiert, weil man sich selbst „auf Pause stellt", indem man alles, was laut Lebensplan gerade ansteht, anpackt – alles, außer den nächsten Punkt. Diesen stellt man immer wieder zurück, zum Beispiel die Heirat mit dem Seelenpartner. Diese kann nur eintreffen, wenn man sich selbst vertraut, dass es keinen Liebesverlust geben wird. Ebenso bei einer Geburt, dass das Baby gesund ist und nicht (er)leben muss, was man selbst erlebt hat. Alle diese Dinge laufen unbewusst ab. Oft wird dieses „Sich-auf-Pause-Stellen" nur durch Hypnose oder eine Rückführung aufgedeckt. Dieser Kreislauf mit den oft schrecklichen Erfahrungen kann man nur unterbrechen, indem man sich selbst vertraut. Niemand im Außen hat die Befugnis, in die Lernaufgaben eines anderen einzugreifen. Und niemand kann dir die Erfahrungen abnehmen, die du vor deiner Geburt selbst gewählt hast.

Viele Menschen stellen sich dadurch „auf Pause", dass sie zum Beispiel viel zunehmen oder Magersucht, Bulimie usw. entwickeln. So lange der Grund dafür nicht gefunden ist, warum man sich selbst nicht traut, den nächsten Schritt im Lebensvertrag anzugehen, so lange spiegeln das der Körper, die Psyche und das Umfeld.

Das kann im Leben richtig hart sein, da jede Verweigerung wieder eine Verneinung hervorruft. Man wünscht sich zum Beispiel ein Baby und ruft laut: „Ja, wir wollen es!", doch es kommt keins, da etwas blockiert. Oft wird das von den Lichtträgern nicht einmal wahrgenommen. Oder man wünscht sich, endlich nicht mehr Single zu sein, doch die/der Richtige kommt einfach nicht. Das Umfeld spiegelt wie verrückt, da man sich von Pärchen, die miteinander schmusen, geradezu umzingelt fühlt, oder überall, wo man ist, tauchen Paare auf. Schon die morgendliche Fahrt zum Supermarkt kann an einen Spießrutenlauf erinnern, weil man die Liebesbekundungen des Nachbarn mitbekommt, der seine Liebste fragt, ob sie ihn heiraten will.

Wer sich jetzt für das Glück der anderen ehrlich freuen kann, ist klar im Vorteil. Wenn nicht, geht hier etwas in Resonanz, und es dauert noch ein wenig, bis man es erkennt und die Blockade sich auflösen kann.

Wir haben von Heilern gehört, die immense Heilkräfte haben, wie diese kurz vor ihrem Ziel zusammengeknickt sind und ihre Heilerfahrung par excellence noch nicht annehmen wollten. Sie hatten unbewusst Angst davor, dass sie damit einen Kreislauf in Gang setzen, der ihnen zwar viel Ehrung einbringt, jedoch fühlten diese Heiler sich durch die anwachsende Kundenzahl eher bedroht als beglückt. Warum das? Nun, in früheren Leben wurdet ihr oft bedroht, wenn ihr anderen Menschen geholfen habt. Dann hattet ihr womöglich in früheren Inkarnationen massive Sicherheitsprobleme, besonders wenn euer Kundenstamm groß war oder große Persönlichkeiten die Patienten waren. Ist euch etwas nicht geglückt, konnten vor allem die Mächtigen oft sehr bösartig werden. Das alles können Gründe für eine Verweigerung, die Verneinung eines Seelenziels sein.

Wir begleiteten eine Frau, die uns Erzengel ständig gebeten hatte, wir sollten ihr beim Abnehmen helfen. Nun, wir taten, was wir tun konnten: Wir stillten ihren Hunger, badeten sie geradezu in unserer Liebe, und sie aß trotzdem ungesund. Dann heilten wir dieses Essverhalten, indem wir ihr zeigten, was sie loslassen darf. Sie wurde Veganerin und ernährte sich sehr bewusst. Trotzdem wollte es mit dem Abnehmen nicht klappen.

Später stellten wir sogar ihren Körper so schnell es ging auf Lichtnahrung um. Die Frau ist wunderschön in unseren Augen, nicht zu dick, sie ist geradezu bezaubernd schön. Doch wir respektierten ihren Wunsch, sich anders zu erfahren.

Also fing sie an, weniger zu essen, ernährte sich aber weiter sehr gesund. Sie machte täglich Sport und lernte, ihren Körper so zu lieben, wie er war. Sie lernte, ihre natürliche Sexualität zu leben, und lehnte nichts mehr an sich ab. Sie liebte sich vollständig, ohne selbstverliebt zu sein.

Nichtsdestotrotz nahm sie nicht ab, auch in den Wochen nicht, als sie mit einer schweren Grippe im Bett lag. Selbst dann nicht, wenn sie nichts aß. Immer blieb der Zeiger der Waage auf dem gleichen Level stehen.

Es konnte ja nicht anders sein. Die junge Frau löste zwar alles im Inneren und im Außen auf, was zu heilen war, hatte aber in ihrem Unterbewusstsein den nächsten Punkt im Seelenvertrag auf Eis gelegt. Sie sah sich noch nicht in der Lage, ihren Peiniger und zugleich ihre große Liebe aus dem vergangenen Leben persönlich wiederzusehen, weil sie die dazugehörigen Heilkräfte noch nicht nutzen wollte. Ebenso hatte sie Angst vor einer Schwangerschaft, die im Seelenvertrag vereinbart war. Sie spürte innerlich, dass sie noch nicht bereit war für diesen neuen Lebensweg. So spiegelte ihr Körper das, indem er „auf Pause" schaltete. Ihr Leib spiegelte das so extrem, dass ihre Menstruation ausblieb. Die junge Frau spürte keine Freude, wenn sie Liebespärchen sah. Es wurde ihr geradezu übel, wenn sie daran dachte, selbst schwanger zu sein, sie wollte das nicht erfahren. Andere schwangere Frauen, die ihr ständig über den

Weg liefen, gefielen ihr auch nicht. Sie beneidete sie nicht, im Gegenteil, sie taten ihr leid.

Ihr Freund sprach ständig von einem Kind, doch sie wollte das nicht hören. Im Umfeld befanden sich viele Pärchen, kaum Singles, und viele Freunde wurden in der Zeit Eltern. Ihr Leib erinnerte sie immer mehr daran, was sie da auf Eis gelegt hatte. Sie schaute sich eines Morgens erschrocken im Spiegel an und sagte: „Ich sehe schwanger aus, das kann doch nicht sein?"

Nun, diese kleine Geschichte soll denen helfen, die sich in einer gleichen oder ähnlichen Situation befinden. Die junge Frau bekam Hilfe von ihren Engeln. Diese erinnerten sie daran, dass sie in ihrer eigenen Kindheit suchen sollte, denn dort war der Auslöser für diese Verweigerung versteckt. Verweigerung ist ein Schutzverhalten, das da sagt: „Ich nehme mich aus der Situation heraus, indem ich nicht reagiere, sie ignoriere… " Außerdem hätte die junge Frau niemals so viel auf dem Weg des „Ich will dünner sein" gelernt, wenn sie diesen Pfad nicht selbst gegangen wäre.

Erzengel Michael führte sie in einer Meditation in die Vergangenheit. Er versetzte sie in einen sanften Trancezustand. Da sah sie, was geschehen war. Sie wusste sofort, wo die Zusammenhänge waren. Ihr Inneres Kind war so verletzt, da es zu Missbrauch gekommen war, als sie ein Baby und Kleinkind war. Daran hatte sie nie eine bewusste Erinnerung gehabt. Doch als sie dank Erzengel Michael die Bilder und die Personen, die ihr das angetan hatten, sah, wusste sie intuitiv, dass sie vergeben musste, sonst würde die Wunde nie heilen können. Sie ließ sich von Erzengel Michael alles zeigen, was dazu diente, um die Verweigerung zu erlösen.

Er tat dies auf so liebevolle und sanfte Weise, dass die junge Frau sofort die Zusammenhänge begriff und vergeben konnte. So fand sie endlich Heilung, und alle Beteiligten auch.

Ihr Wunsch nach einer Körperveränderung konnte in Erfüllung gehen, weil sie den dazugehörigen Punkt im Lebenstrakt nicht mehr ablehnte. Außerdem wurde ihr bewusst, dass sie seit Kindertagen den Wunsch hatte, in einer Körperhülle zu sein, die füllig ist, denn sie fühlte sich dadurch geschützt.

Doch dieser Schutz war jetzt nicht mehr vonnöten, und so wurde sie endlich zu der Frau, die sie immer schon sein wollte. Die Engel sahen sie die ganze Zeit schon in diesem wunderschönen Licht und Kleid. Die geistigen Mentoren hatten nie daran gezweifelt, dass sie ihre Flügel ganz entfalten würde.

Die Vergangenheit könnt ihr nicht ändern, das ist richtig. Doch wenn ihr Rückschau haltet und in der Lage seid, euch und anderen zu vergeben, kann Heilung geschehen. Ebenso seid ihr dann in der Lage, anderen zu helfen, die in einer ähnlichen Situation sind. Dadurch könnt ihr womöglich sogar helfen, dass sie die schrecklichen Dinge nicht so erleben müssen, wie ihr sie erlebt habt. So helft ihr euren Schwestern und Brüdern, und ihr heilt auch eure eigene Vergangenheit.

Wer für andere da ist, wird wissen, was wir meinen. Wer ein Ehrenamt ausfüllt, wird das Gefühl kennen, das einen erfüllt, wenn man jemandem geholfen hat, einfach so, aus dem Herzen heraus.

Nun, ehrenamtlich für andere da sein, tun sehr viele Menschen. Dazu zählt auch, ein offenes Ohr für die Nachbarin zu haben, der nervenden Kollegin jeden Tag ein freundliches Lächeln zu schenken, der Oma von nebenan regelmäßig die Einkäufe heimzutragen und dem Mann, der um seine verstorbene

Frau trauert, Zuversicht zu geben usw. Erkennst du dich darin?

Wie sehr wir dich lieben, wie sehr.

Sei gesegnet.,
Erzengel Raphael

☆☆☆

Ratssitzung: Machtlosigkeit macht ängstlich und wütend

Zögerlich ging Harry auf die Bühne. Man hatte ihm geraten, frei zu sprechen, damit würde er die Zuhörer am besten erreichen. Harry bereute in dem Moment, dass er keine Rede vorbereitet hatte. Er war müde und hungrig, der durchdringende Geruch von Kaffee in seiner Nase machte es ihm nicht gerade leichter. Eigentlich war seine Aufmerksamkeit mehr auf das Sofa gerichtet, das zu Hause auf ihn wartete, als auf diese Ratssitzung, bei der er auch noch die Begrüßungsworte sprechen sollte.

Anwesend waren außer ihm die Erzengel Michael, Raphael und Uriel, Lady Faith, Meisterin Lady Maria und Marix, der wieder etwas zu spät kam.

Harry schaute auf die Anwesenden. Er sah Erzengel Michael, der sich gerade zu ihm umdrehte. Daneben stand, wie sollte es anders sein, Lady Faith. Die beiden standen so eng beieinander, dass ihre Arme sich berührten. Süß, dachte Harry, die beiden gehören zusammen.

Gerade kam Erzengel Raphael im Saal an, der wie immer mit einer erstaunlichen Lässigkeit auftrat. Als er Harry erblickte, machte er eine aufmunternde Handbewegung, die sagen sollte: „Na los, auf geht's, mach was draus, Junge!"

Erzengel Raphael sah sich um und erblickte Meisterin Lady Maria. Erfreut ging er auf sie zu, und die beiden gesellten sich zu den anderen.

„Nun, da fehlt doch einer", sagte Erzengel Michael. Gerade stieß ein Windhauch die Tür zum Saal auf, und es flatterten weiße Tauben herein. Jede von ihnen hatte ein Glöckchen um den Hals, sodass ein süßes Klingeln den Saal erfüllte. Erzengel

Uriel schritt auf die Anwesenden zu. Er wischte sich gerade ein paar Federn von den Schultern und sagte: „Da bin ich, liebe Freunde, lasst uns beginnen."

Erzengel Uriel blickte zum Podium, wo immer noch der zögerliche Harry stand. Der war mittlerweile rot angelaufen, so unangenehm war es ihm, dort oben zu stehen und alle Blicke auf sich gerichtet zu sehen.

„Mein Freund braucht meine Hilfe", sagte Erzengel Uriel und schwang sich mit einem Satz nach oben, um bei Harry zu sein, der erleichtert aufatmete.

Erzengel Uriel umarmte Harry zur Begrüßung, dann schnappte er sich das Mikrophon und sagte knapp: „Leute, wir sprechen heute über die Wut. Hallo an alle, der Kleine hier will auch noch etwas sagen." Harry war erleichtert. Erzengel Uriel strahlte die Ruhe aus, die er brauchte, um zu sprechen.

„Aggression und Wut zeigen nur, dass die Person sich hilflos fühlt. Wie wir da helfen können, darüber sprechen wir heute. Ich mache es kurz, setzt euch bitte. Oh, erst einmal hallo. Mich kennt ihr ja, ich bin Harry. Unser Freund Marix kommt später, er lässt sich entschuldigen, er ist noch auf einer anderen Tagung."

Erzengel Uriel ergriff die Hand von Harry und raunte ihm zu: „Komm, da unten spricht es sich leichter", und sie gingen Hand in Hand die Stufen des Podiums herunter. Sie setzten sich zu den anderen, die im Kreis saßen.

Erzengel Uriel hob die Hand, und sogleich hörten die Tauben auf, ihre Runden zu kreisen.

Es wurde so still im Raum, dass man nur noch das Geräusch der gurrenden Tauben hörte. Erzengel Uriel deutete mit dem Finger auf die herabschwebenden Federn, und die anderen lachten vor Vergnügen, denn diese segelten nicht zu Boden, sondern blieben in der Luft stehen.

„Erzengel Uriel zaubert wieder", sagte Lady Faith lächelnd, „wenn wir die Menschen von ihrer Wut erlösen könnten, einfach indem wir sie bezaubern, dann wäre es leicht."

„Nun, dabei lernen sie aber nichts", sagte Erzengel Michael. Er sah Lady Faith dabei liebevoll in die Augen. „Außerdem wünschen sich zwar viele Erdenbürger, dass sie endlich ihren Seelenfrieden finden mögen, sie gleiten aber nur allzu leicht wieder in ihre alten Muster. Mutter Erde möchte, dass wir ihr helfen, diesen Zustand der Unausgewogenheit zu erlösen. So sei es, darum sind wir heute hier."

Bei diesen Worten öffnete sich die Tür, und Marix aus Sirius, Erstkontakt-Sprecher der Galaktischen Föderation des Lichts, kam in den Saal.

Er begrüßte die Anwesenden, indem er sich mit betenden Händen vor ihnen verneigte. Marix fixierte verwundert die Federn, die in der Luft schwebten. Er schnappte sich eine und steckte sie an sein Revers. Dann setzte er sich und warf Lady Faith und Lady Maria flirtend Handküsse zu.

„Schön, dass du da bist", sagte Erzengel Michael, „möchtest du etwas zum Thema sagen, Marix?"

„Aus unserer Sicht sind Wut, Aufregung, Aggression usw. so unnötig wie Bauchweh. Doch die Menschen brauchen diese Erfahrungen. Wie sollen sie sonst lernen, dass es eigentlich vergebens ist, sich über irgendetwas aufzuregen. Dadurch halten sie den Mangelzustand fest. Wer wütend ist, verändert nichts, die ganze Aufregung verpufft, und es bleibt doch alles beim Alten.

Aber dieser Ewigkeitskreislauf muss unterbrochen werden, da gebe ich euch Recht. Wer im Badezuber sitzt und sich den Hintern abfriert, weil kein warmes Wasser mehr da ist, dem geht irgendwann verständlicherweise jede Zentriertheit flöten. Verständlich, ich kann das nachvollziehen. Es ist immer leichter, wütend auf jemanden zu sein, als sich an den eigenen Ohren zu ziehen."

Dabei fasste sich Marix nachdenklich an seine Ohren. Er erinnerte sich gerade, dass eine wunderschöne Lady ihm gedroht hatte, diese langzuziehen, wenn er nicht aufhören würde, so frech zu sein.

„Wer zornig ist", sagte Erzengel Uriel, „möchte Dampf ablassen. Ist der Zorn dann verraucht, wird klar, dass man so nichts verändern kann. Wut und Angst gehören zusammen wie Geschwister. Zuerst ist man ängstlich, und dann gleitet man nur allzu leicht in ein aggressives, wütendes Verhalten."

„Stimmt", antwortete Lady Faith, „das richtet sich aber oft gegen sich selbst. Wer fühlen kann, dass das „Ich" eine Illusion ist, hat es viel leichter, denn das „Ich" steckt nicht im Körper, sondern das SELBST bewohnt den Leib. Wer würde mit diesem Wissen gegen Gott ausfallend werden oder gar wütend? Da Gott in allem IST, würde man sich nur selbst verletzen."

Erzengel Michael schaute Lady Faith stolz an, küsste ihre Hand und sagte: „Es gibt nichts, was es nicht gibt. Die Vielfalt ist unendlich, und wer sich auf der Erde erfahren möchte, wird sicher nicht wie ein braver Himmelsengel durch das Leben gehen wollen."

Bei diesen Worten wurde Harry rot. Er war der einzige Erdenvertreter hier, und es fiel ihm ein, dass er es war, der gesagt hatte, „sein Leben wäre zu brav gewesen", was er jetzt sehr bedauerte. „Die Bürger, die viel Aufregung in sich haben, die ständig gegen irgendetwas sind, halten damit diesen Status fest. Das sagtet ihr doch vorhin. Ich verstehe das nicht. Ich dachte, die Spiegelungen sind wichtig?"

„Ja, aber man kann auch alles übertreiben", antwortete Erzengel Uriel. Er war gerade dabei, die weißen Federn über den Köpfen der Anwesenden schweben zu lassen.

Da passierte es! Erzengel Uriel ließ aus Versehen anstatt jeweils einer Feder Hunderte über dem runden Tisch schweben. Das sah aus, als wenn Frau Holle gerade ihre Betten ausgeschüttelt hätte. Anstatt zu schneien, flogen Federn durch die Luft. Die Damen machten sich einen Spaß und wirbelten sie mit ihrem Fächer herum. Die Herren sahen sich das Spiel grinsend an. Sie wussten, was jetzt passieren würde. Ein Windhauch genügte, und die Frisuren der Ladies kamen in Unordnung, woran Erzengel Uriel nicht ganz unschuldig war, denn dieser entfachte so viel Wind, dass es die reinste Freude war zuzusehen, wie die weißen Dinger sich zu den Ladies gesellten. Die Herren bekamen nichts davon ab, doch die Ladies waren ganz weiß von dem vielen Gefieder.

Meisterin Lady Maria rief: „Komm mir heute nicht mehr zu nahe, du Spaßvogel." Lautes Lachen erschallte im Raum, denn es sah ulkig aus, wie die Damen versuchten, ihr Haar zu richten. Ein sinnloses Unterfangen, solange die Federn noch darin steckten.

Erzengel Raphael hatte genug gesehen. Er beugte sich zu Lady Maria und zupfte ihr sanft die Kiele aus der Frisur.

„Ihr Lieben", erwiderte Erzengel Raphael, „zurück zum Thema. Manche Menschen fehlt es einfach noch an Gelassenheit. Sie sind das Auf und Ab der Liebeswellen, des Universums, noch nicht gewohnt. Es kann verwirrend sein, wenn man sich heute voll und ganz zufrieden fühlt, und morgen weicht das Gefühl der Zufriedenheit dem der Zerrissenheit. Dazu kommt das mangelnde Vertrauen in die Unfehlbarkeit der göttlichen Existenz. Irgendwann wird es auf der Erde sicherlich nur noch Vorlieben geben, denn das wütende Herbeizitieren von irgendwelchen Wünschen ist wirkungslos, sobald man eine bestimmte Energielinie überschritten hat. Dann gelten nur noch die universellen Gesetze. Dort existieren kein Hass, kein Leid, keine Wut, Aggression usw. mehr, und Ängste gehören in den himmlischen Dimensionen der Vergangenheit an. Diese Energielinie trägt nur das, was mit dem Schöpfer übereinstimmt. Alles, was damit nicht kompatibel ist, wandelt sich oder stürzt ab, kann also nicht mehr gelebt werden."

„Nun, das ist drastisch ausgedrückt, mein Freund", sagte Erzengel Michael, „doch in deinen Worten liegt die Lösung für uns. Wir umspülen Gaia mit den goldenen Energien. Nicht nur das, wir lassen diese auch in alle Herzen, in alle Wesen einfließen. Wir benetzen die Natur und die Materie mit diesen wunderschönen Frequenzen. So wird nach und nach all das Frieden finden, was jetzt noch im Umbruch ist."

Lauter Applaus, fast hätte man meinen können, dass die Anwesenden erleichtert applaudierten. Nun kreisten die Tauben wieder und flogen dicht über den Köpfen der Anwesenden. „Erzengel Uriel, du Magier", sagte Lady Faith. Dann zupfte sie Erzengel Michael am Ärmel. Dieser erkannte seine Chance und sagte hastig: „Sitzung hiermit beendet, wir tagen bald wieder. Kommt gut nach Hause, und Erzengel Uriel, vergiss nicht, die Tauben zu füttern."

Als Erzengel Michael diese Worte aussprach, war ihm bewusst, was jetzt passieren würde. Er beeilte sich und zog Lady Faith hinter sich her. Erzengel Raphael tat das Gleiche mit Lady Maria, sie brachen hastig auf. Marix und Harry standen gerade auf, doch zu spät, denn schon rieselten Körner von der Decke des Saals. Erzengel Uriel hatte wie immer ein wenig übertrieben. Er war so vertieft in sein Spiel, dass er nicht sah, wie Marix und Harry sich, an den Händen haltend, einen Weg bahnten, um unter der Körnerflut zur Tür zu gelangen.

Erzengel Uriel saß auf seinem Platz und sah richtig zufrieden aus. „Diesen Sitzungen fehlt es an Humor", murmelte er zu sich selbst. „Ich will sehen, dass Freude und Liebe bei allem, was wir bewirken, nicht zu kurz kommen. Freude, Liebe und Humor. Genau die richtige Mischung, um AUF den Energiewellen zu surfen." Uriel stellte mit einem Fingerschnipsen den Körnerregen ab, dann watete er zur Tür. Dabei murmelte er die drei Worte wie ein Mantra vor sich her: „Freude, Liebe und Humor, Freude, Liebe und Humor, Freude, Liebe und Humor…"

Erzengel Uriel: Existenzangst

Die neue Art der Werbung und vieles mehr

Die Angst, zu versagen, die Furcht, dass das, was man sich geschaffen hat, verloren geht, die generelle Angst vor Verlust, und nicht zuletzt die Angst vor dem Tod. Das sind nur einige Beispiele, denn die Existenzangst hat viele Gesichter. Es gibt Menschen, die jahrelang davon unbehelligt bleiben, sie gehen scheinbar ohne Verlust durchs Leben, und plötzlich schlägt die Angst zu.

So scheint es wenigstens, denn es handelt sich dabei um Auflösungen, um eine Vorwärtsbewegung. Erst einmal aber wird alles über Bord geworfen, was diese Vorwärtsbewegung stoppen könnte.

Das kann brutal sein, gerade dann, wenn der Drang nach Erfolg, nach einem schnellen Aufstieg, sehr groß ist. Denn je mehr „Ich will..., mein Team muss doch..., aber ich muss doch..." vorhanden ist, desto intensiver wird es meistens empfunden, wenn die Betroffenen plötzlich mit Ängsten konfrontiert werden, die vorher nicht da waren oder unterdrückt wurden.

So kann es sein, dass du dadurch atemlos und ungeduldig durchs Leben und deinen beruflichen Alltag rennst. Dabei kann so viel Druck entsteht, dass dein Körper plötzlich die Notbremse zieht, und auf einmal ist nichts mehr wichtiger als das eigene Leben.

Alles, was vorher für Kopfzerbrechen gesorgt hat, ist nicht mehr relevant, denn es geht dann nur noch um die erwünschte Heilung.

So geschehen Erdung und Zentrierung. Wenn es sich dabei um eine Aufstiegs-Unausgewogenheit handelt, sollte es schnell wieder in Ordnung sein.

Sarinah kann ein Lied davon singen. Sie ist, wie sicherlich viele Leser, manchmal etwas ungeduldig, was Druck verursacht. Staut sich das, kommt es zu Energieüberlagerungen. Das führt zu Atemlosigkeit, dem Gefühl, man könne nur noch flach atmen, und es kann unter anderem zu einem schnelleren Herzschlag kommen.

Was wir hier berichten, liest sich so einfach, doch im Leben kommt man schnell an seine Grenzen, gerade dann, wenn ein Organ, in dem Fall das Herz, anfängt zu spiegeln.

Eine Spiegelung, die ausdrücken möchte: Hey, jetzt geh mal runter von der Überholspur und konzentriere dich auf das Wesentliche! Lass dich fließen, versuche nicht, selbst der Strom zu sein. Das Gras wächst auch nicht schneller, wenn man daran zieht.

Sarinah lernte dadurch, sich in die Hände der Erzengel fallenzulassen, sie spürte ihre eigene Macht und Kraft und lernte, wie wichtig Vertrauen ist.

Anmerkung Sarinah:

„Ich habe mich aber nicht nur auf die geistige Heilung verlassen. So war ich ebenso in der Notaufnahme eines Krankenhauses, um mein Herz zu schützen. Eigentlich ging es dabei nur um einen Beweis, den ich brauchte und auch erhielt, heute ist mir das bewusst. Denn es bestätigte sich mein Gefühl: Ich war und bin vollständig gesund. Trotzdem rate ich dazu, auch ärztliche Hilfe in Anspruch zu nehmen, denn das Herz zum Beispiel ist die Eintrittspforte der Aufstiegsenergien. Hier kann es schon mal zu einer Unausgewogenheit kommen, gerade dann, wenn der Stress allzu groß ist.

Die Angst, dass ein Organ krank ist oder gar versagt, damit zelebriert man wieder genau das, wovor man Angst hat.

Wie auch immer, es ist wichtig, dass der Kreislauf der Angst schnell durchbrochen wird. „Nur wer sich in der Beschwerde einer Krankheit befunden hat, weiß einen gesunden Körper zu schätzen", sagte Erzengel Michael einmal zu mir. Das trifft wohl leider auf die meisten Menschen zu.

Heute wähle ich den Weg des hohen Bewusstseins und die dafür zuständigen geistigen Mentoren, wenn es um Heilung geht. Doch um diesen Pfad zu beschreiten, sollte man wirklich fest im Sattel sitzen. Jeder Zweifel, jeder Druck, jedes sich verlassen fühlen, Ungeduld usw., würde die Art der energetischen Heilung minimieren oder sogar blocken. Die Chakren können nur so viel Licht aufnehmen, wie es der menschliche Träger zulässt. Wer aber gelernt hat, zu vertrauen (dazu gehören schmerzhafte Erfahrungen) und wie man Realität erschafft, wird von den himmlischen Helfern nicht nur aufgefangen, sondern auch gehalten. Außerdem stimme ich Erzengel Uriel zu, der zu mir sagte, dass ein hoch schwingender Körper selbstheilend ist. Trotzdem rate ich dazu, bei Krankheiten zusätzlich einen Arzt oder Heilpraktiker aufzusuchen."

Erzengel Uriel: „Die Angst vor Verlust ist ein tiefes menschliches Thema. Dazu gehört unter anderem die Existenzangst. Wer sich berufliche Stabilität aufgebaut hat, wird auch die Wellen der Verlustangst kennen.

Leider zelebriert ihr damit meistens genau das, was ihr nicht erleben wollt. Die Angst ist eine viel größere Emotion als die Bejahung. Und ihr erschafft Realität hauptsächlich mit dem Gefühl, aber auch mit euren Aussendungen, über die Sprache, den Verstand, die Gedanken.

Wer sich dessen bewusst ist, wird diesen Kreislauf auch unterbrechen können. Dazu gehört aber, dass sich alles lösen darf, was zum Beispiel den weiteren beruflichen Erfolg behindern würde. Was nicht kompatibel ist mit den hohen Energien, wird aus dem System gespült, indem es erst einmal an die Oberfläche kommt, also gelebt wird.

Wir greifen hier das Beispiel der Werbung auf, denn auch das obliegt dem Gesetz der Resonanz, der göttlichen Ordnung. Werbung der Neuen Zeit sollte keine Bewertung sein, nicht für die eigenen Produkte und noch viel weniger für die Firmen und Produkte anderer.

Warum? Werbung und Bewertung, sich selbst ins rechte Licht stellen, das ist doch üblich, wird sich mancher Leser denken.

Ja, aber um den größtmöglichen Fluss, den Erfolg zu erzielen, ist alles ermüdend, schwer und zäh, was mit viel Druck ausgeübt wird.

Die neue Art der Werbung ist im Einklang mit allen Beteiligten und mit der Schöpferenergie. Wer Erfolg haben möchte, zelebriert sich diesen zuerst über das Bewusstsein. Entscheidend ist also, dass eine Firma im Einklang mit den kosmischen Gesetzen geführt wird. Wichtig ist auch, eine möglichst hohe Eigenschwingung derer, die im Betrieb arbeiten, und ganz besonders der Person, die den Betrieb leitet.

Wenn das der Fall ist, ist der Erfolg vorprogrammiert. Wer aber weiterhin im alten Stil verfährt (regiert), was Werbung und die Leitung einer Firma angeht, der wird es nicht leicht haben, denn es entsteht Gegenwind. Alles, was Bewertung, Erwartung, Forderung, Mobbing, schlecht über andere reden, Neid, Missgunst, Druck usw. in sich trägt, fällt kraftlos in sich zusammen wie ein Kartenhaus.

Diese alten Verhaltensmuster bringen auf Dauer keinen Erfolg, im Gegenteil, es wird schwer sein, so zu überleben. Alles, was man anderen antut, was man sogar aussendet, ist Resonanzverhalten. Es genügt also, wenn man denkt, dass die Produkte in der Herstellung zu teuer sind und die Firma darum zu wenig verdient. Es wird Kunden geben, die bemängeln, dass etwas zu teuer ist. Die Firma stagniert womöglich, sodass man sich gezwungen fühlt, im Ausland produzieren zu lassen. Einige werden jetzt sagen: „Aber es wird doch so gehandelt, weil die Realität uns dazu zwingt, weil der Alltag so ist, deshalb fühle ich Druck usw." Wir sagen euch: Nein, es ist umgekehrt, die Gefühle, Ängste usw. sind es, die euch in das Handeln bringen. Wer versucht, ein Produkt mit viel Druck und ein wenig List zu pushen, wird Druck erfahren und es mit Kunden zu tun haben, die listig sind.

Das allein sollte schon genügen, um die eigene und die Ausrichtung der Firma gerade zu halten. Also, bitte möglichst im Einklang mit den kosmischen Gesetzen und den göttlichen Frequenzen agieren. Niemals dagegen, dann werdet ihr es leichter haben. Erfolg ist nicht nur etwas, was über die Werbung kommt. Nein, das gehört der Vergangenheit an. Sicherlich wird Gewinn in Zukunft nur noch über das hohe Bewusstsein möglich sein, die Werbung an sich wird sich also immens verändern. Der Erfolg ist Bestandteil der Basiseinstellung zum Leben. Wer Positivität aussendet, wird sie auch leben. Wer gibt, dem wird gegeben. Wer die anderen für ihr Werk lobt, der wird selbst gelobt. Wer tadelt, der wird getadelt. Wer manipuliert, der wird manipuliert. Wer großzügig ist, der wird Großzügigkeit ernten. Wer Existenzangst hat, der wird diese auch leben dürfen.

Ja, dürfen! Denn durch Erfahrungen wird man klug, von den schweren Lebensphasen lernt ihr ja am meistens.

Das Gesetz der Resonanz ist eigentlich der Garant dafür, dass ihr lernt, was ihr lernen wolltet. Wer viel Erfolg haben will, der sollte nach dem Motto verfahren: „Lebe es, und ich glaube dir!" Wer die Größe hat, auch für andere Produkte usw., also für die Konkurrenz zu werben, der erhält auch Empfehlungen von der „scheinbaren Konkurrenz".

„Eigenlob stinkt" ist ein irdisches Sprichwort. Es sollte aber heißen: Eigenlob ist out! Wer „in" sein will, lobt die Werke der anderen, die anderen loben dafür wieder die eigene Arbeit. Natürlich sollte das aus dem Herzen heraus geschehen und nicht, weil man berechnend ist. Das Produkt, das man verkaufen will, sollte man auch lieben, wertschätzen können.

Es dankt, segnet euch und verabschiedet sich,
Erzengel Uriel

Erzengel Michael: Die Magie der Inkognito-Botschafter des Lichts

Bilokation – Ein Phänomen, das es wirklich gibt, oder Humbug?

Sich in die Hände der Engel, in die eigene Lebensaufgabe fallenlassen, liest sich so leicht. Doch viele Menschen sind so sehr eingebunden in ihre Familien, die sie brauchen, sie sind müde vom Geld verdienen, vom Alltagsstress usw. Da ist es mehr als verständlich, dass es manchmal nicht so leicht ist, große Schritte zum vollkommenen Bewusstsein zu machen.

Doch Lichtarbeit hat viele Gesichter, darum bewerte dich bitte nicht, wenn du dich bei diesen Zeilen erkannt fühlst.

Die Boten des Lichts arbeiten oft inkognito, sie tun Dienst an zwei Fronten. Du wirkst auch dann für das Licht, wenn du das Gefühl hast, du wärst zu sehr mit irdischen Dingen beschäftigt. Es gibt keine Zufälle, Schuld oder gar Fehler auf der Erde. Was so aussieht, als hättest du einen Fehler gemacht, hat eigentlich nur einen Grund: Dir hat genau diese Erfahrung noch gefehlt.

„Aber warum fühlen wir uns oft wie zweigeteilt?", fragt Sarinah gerade.

Nun, das Höhere Selbst ist längst zurückgekehrt in euren Körper, doch die meisten Lichtträger switchen noch zwischen dem „alten" und dem neuen goldenen Sein hin und her. Darum fühlt ihr euch oft wie zweigeteilt. Das ist ein natürlicher Zustand, denn ihr müsst euch erst an das neue Gewand und das neue SELBST gewöhnen. So verabschiedet sich dein ICH langsam, und du wirst zum SELBST. Dadurch kannst du dich an deinen neuen Körper gewöhnen und an das wunderbare Engelwesen, das deinen Körper ausfüllt.

Außerdem kannst du dich an deine Fähigkeiten gewöhnen, die zurückkommen. Denn du wirst nicht sofort teleportieren können, um nur ein Beispiel zu nennen. Du hast Zeit, dich daran zu erinnern, wie es geht und dich darauf einzustellen.

In dem Zusammenhang möchten wir die Bilokation ansprechen, das bedeutet: an zwei Orten gleichzeitig sein. Die meisten Lichtarbeiter praktizieren das längst. Ihr habt es im Schlaf geübt, als die Seele den Körper verlassen hat, um eine Astralreise zu machen.

Du hast geschlafen, doch bist du in die Geistige Welt, zu Freunden, in andere Städte gereist oder hast an Tagungen in der Geistigen Welt teilgenommen. Während dein Körper mit dem Seelenstrang verbunden war und die Seele auf Seelenwanderung ging, konntest du unbesorgt sein, denn Astralreisen sind gut beschützt.

Ihr habt also geübt, und nun haltet ihr euch auch oft im Tagesbewusstsein an zwei Orten gleichzeitig auf.

Wie man das bemerkt?

- Hast du dich schon einmal wie abwesend gefühlt oder mit offenen Augen geschlafen?
- Hattest du schon mal mit Menschen zu tun, die dir gesagt haben: „Ich habe dich da und da gesehen, du warst es, was hast du da gemacht?"
- Bist du schon mal mit einer Schramme, einem blauen Fleck oder einer Zeichnung auf der Haut aus dem Schlaf erwacht? Woher kommt dieses unerklärliche Phänomen, fragt Sarinah? Nun, das ist eine Prägung der Haut, die entsteht, wenn die Bilokation unterbrochen wird, weil du gestört wurdest und zu schnell zurückkommen musstest.

- Hast du schon einmal so intensiv an jemanden gedacht, die Person gefühlt und sogar gerochen, dass du plötzlich den Eindruck hattest, du wärst wirklich dort?
- Hat dich schon einmal jemand angesprochen und gesagt, euer Problem wäre nun geklärt, denn ihr hättet darüber gesprochen? An das reelle Gespräch kannst du dich aber nicht erinnern? Doch du weißt noch, dass es mit der Person über deine Fantasie stattfand?
- Bist du schon mal erschrocken, weil du gefühlt hast, dass dich eine unsichtbare warme Hand anfasst?
- Hast du schon mal mit deinem Partner Liebe gemacht, obwohl er an einem ganz anderen Ort war? Wart ihr richtig körperlich verbunden, hat es sich realistisch angefühlt? Bilokation ermöglicht es uns auch, dass sich Liebende vereinen (treffen) können, ohne Telefon und moderne Kommunikationsmittel.
- Hast du sogar Spuren von diesem Liebesspiel an deinem Körper entdeckt?

Nun, das und noch mehr sind Zeichen dafür, dass Bilokation bereits stattfindet und du dich an zwei Orten gleichzeitig aufhalten kannst. Wer diese Erfahrung macht, tut das niemals allein. Es wird gut überwacht von den zuständigen Engeln und den geistigen Mentoren. Unter den geistigen Mentoren können übrigens auch verstorbene Angehörige sein. Das sei nur so am Rande erwähnt, weil viele Leser sicherlich das Gefühl haben, dass die lieben Seelen, die gegangen sind, ganz nahe sind.

Kommen wir zurück zur Bilokation. Wer das beherrscht, wird auch teleportieren können. Das Versetzen von Gegenständen und auch des eigenen Körpers von Ort zu Ort, ohne Auto und Flugzeug usw.

Wir sprachen von Übung, und genau das geschieht jetzt, mal mehr, mal weniger. Genauso und in dem Zeitrahmen, wie die Seele, die in deinem Körper wohnt, es erfahren möchte. So kann dank Bilokation zum Beispiel eine spirituelle Mami sich um ihre Kinder kümmern und gleichzeitig ihr Bewusstsein weiten. Das geschieht fast automatisch, soweit es gewünscht ist.

Man kann mit Bilokation keinen Unfug machen oder aus Versehen irgendetwas anstellen. Denn es wird gut bewacht von den Erzengeln und ist abhängig von einer gewissen Körper-Licht-Schwingung. Wer also den Freund überwachen möchte, um zu sehen, ob dieser treu ist, das funktioniert nicht.

Gerade für Seelenpartner, die noch nicht zusammen sind, die sich lieben, aber sich noch an verschiedenen Orten aufhalten, ist es eine gute Wahl, an zwei Orten gleichzeitig sein zu können, um Nähe zu genießen, ohne dass man stört.

Mit stören meinen wir, dass die feinstoffliche Anwesenheit nicht auffällt, allein der Seelenpartner wird es wissen und spüren. Doch zufällig anwesende Personen müssen vom Besuch über die Seelenreise nicht unbedingt etwas mitbekommen.

Das ist wichtig, denn die eigene Seelendynamik der jeweiligen Person darf nicht gestört und beeinflusst oder gar manipuliert werden, indem sie/er zum Beispiel zu einer frühzeitigen Trennung vom jetzigen Partner/in oder einem Ortswechsel usw. gedrängt wird. Damit ist niemandem geholfen, wie gesagt, es funktioniert auch nicht. Man kann sich hier nicht eifersüchtig in das Leben anderer Menschen einmischen. Sie haben ihr eigenes Tempo, und wenn es ihr freier Wille ist, mit dem Seelenpartner das Leben zu verbringen, erst dann ist die Tür zum Glück offen.

Die Möglichkeit, dass ihr an zwei Orten gleichzeitig sein könnt, bietet den Lichtarbeitern viel mehr Raum, um zu wirken. Außerdem ist es dadurch den Menschen möglich, Heilung zu erfahren, indem sie Hilfe bekommen. Diese Hilfe aber ist keinesfalls störend (belästigend), sondern im Gegenteil, sie wird immer für alle Beteiligten das Beste sein.

Botschafter des Lichts sind manchmal inkognito, sie sind noch an einem weiteren Ort anwesend, weil sie dadurch ihren Lebensraum nicht verlassen müssen. Sie bringen sich und ihre Familie nicht in Gefahr, und die Lichtarbeit wird von denjenigen, die sie empfangen, niemals als Einmischung empfunden, sondern als heilend und hilfreich.

Nicht selten handelt es sich bei den Menschen, die Hilfe brauchen, um Aufgestiegene Meister, die ein irdisches Leben haben. Oft sind es hochangesehene Persönlichkeiten, die überall bekannt sind, sich aber im alten Schein der Dualität so verheddert haben, dass sie und ihre Lieben nach Hilfe schreien.

Wer wäre hier besser geeignet, in die Bresche zu springen, als diejenigen, denen die Gestrandeten schon immer vertraut haben? Ja, auch Aufgestiegene Meister, die aus Fleisch und Blut sind, können stranden. Das ist eins der Risiken, die ihr bei eurer Inkarnation eingegangen seid. Doch hier greift das Sicherheitsnetz, indem die Seelenfreunde füreinander da sind.

Wenn du also das Gefühl hast, du tust viel mehr, als dir bewusst ist, dann liegst du richtig, denn du wurdest vom Hohen Rat der Erzengel gebeten, eine freiwillige energetische Aufgabe zu übernehmen. Der Hohe Rat hat dich zu einer Ratssitzung geladen, das geschieht oft im Schlaf. Dort wurdest du gefragt, ob du denen helfen kannst, die dir in früheren Leben geholfen haben und jetzt von dir diese Energie-Lichtarbeit brauchen.

Dein Gefühl sagt dir, du hast zugestimmt? Ja, das ist richtig, und du bist inkognito. Denn durch deine Fähigkeit der Bilokation bist du in der Lage, für andere aufzulösen, zu heilen und zu transformieren. Dabei wirst du selbst nicht belastet. Dies ist eine Möglichkeit zu helfen, ohne sich als Bote des Lichts zu outen, ohne den eigenen familiären Rahmen, die Verpflichtungen verlassen zu müssen. Durch deine feinstoffliche Anwesenheit bist du jederzeit einsatzbereit.

Ein goldbringender Dienst, absolut geachtet und geehrt, denn es geht nicht um irgendjemanden, sondern du bist Botschafter/in des Lichts für diejenigen, die in der Lage sind, mit ihrem Dienst Licht in die Welt zu bringen. Du bist eine sehr hohe Seele aus dem Reich der Cherubine. Sei dir sicher, dass das Sprichwort zutrifft: Gleich und gleich gesellt sich gern.

Möglich, dass du deinen Wirkungskreis noch ausdehnst, möglich, dass du all das schon im Tagesbewusstsein tust. Aber auch wenn deine Lichtarbeit nachts im Traum stattfindet, ist das wundervoll.

Der Kreis hat sich geschlossen, und so führt der Schöpfer diejenigen zusammen, die sich schon in früheren Inkarnationen sehr gut kannten, sich vertrauten und liebten.

Das Zusammenführen geschieht meistens erst inkognito, also über die Seelenebene, denn so ist der gute Ausgang der Mission absolut sicher. Alles, was mit der Absicht der bedingungslosen Liebe geschieht, wird immer einen guten (erfolgreichen) Ausgang haben.

Bitte glaube an deinen Traum! Sei nicht mutlos, wenn du dich erst einmal zu sehr im Strudel der Alltagsmühen wiederfindest, denn die Träume, die in deinem Herzen weilen, SIND ein TEIL der WIRKLICHKEIT.

So sei es.

In Liebe,
dein Erzengel Michael

Die Verkörperung der Neuen Zeit schafft sich Raum

Dass der Pfad zur Bewusstwerdung so dornig werden würde, hat sicher viele Lichtträger überrascht. Dachten doch viele, sie hätten das Schlimmste schon vor dem Jahr 2012 überstanden.

Nun, das mit dem Schwierigkeitsgrad ist Ansichtssache. Denn wenn ihr eine gewisse Schwingung erreicht habt, seid ihr beständig im flutenden Schöpferlicht und daher nicht mehr an den Schmerz der Transformation gewöhnt.

„Man gewöhnt sich schnell an die Verbesserungen im Leben und will immer mehr", sagte Sarinah einmal. Ja, das stimmt sicher, jedoch seid ihr im menschlichen Gewand. Euer Höheres Selbst wohnt längst in euch und drückt sich nach außen aus. Es will leben, fühlen, Schmerz erfahren, Drama erleben, und sei es nur in einer kurzen Sequenz.

Du bist dein Höheres SELBST, das nun verkörpert auf der Erde weilt. So war die Vereinbarung. Das ist einer der Gründe, warum ihr gekommen seid: Damit die Erde mit himmlischen, hohen Wesenheiten bevölkert wird, die die Welt in den Frieden, in die Fülle und in die Liebe führen.

Doch das hohe Lichtwesen in dir will nicht nur reagieren, sondern agieren. So drückt dein neuer kristalliner Körper immer mehr nach außen. Von innen nach außen, nicht umgekehrt.

Wir betonen, dass sich euer „alter" Leib zwischenzeitlich anfühlen kann, als wäre er unter Vakuum. Ein wenig gedrückt und in die Länge gezogen, eben so, wie eure Grundeinstellung es zulässt. Wer bei diesem Part Angst bekommt, was nicht nötig ist, denn es ist alles gut überwacht, der wird sicherlich eine sanftere – langsamere – Ausrichtung erfahren.

Es kann auch sein, dass ihr das Gefühl habt, als würde eine

unsichtbare Brille über euren Augen sein. Oder dass ihr spürt, wie eine unsichtbare Maske – manche spüren es auch als Hülle – sich langsam über euer Gesicht stülpt. Manchen Lichtträgern kommt es so vor, als würde eine Hülle ihren ganzen Körper umgeben. Es ist individuell, wie sich dieser lichtvolle Umwandlungsprozess anfühlt.

Oder ihr habt den Eindruck, als würde eine unsichtbare Hand euch berühren, das Gesicht streicheln, durch die Haare fahren, die Schultern berühren. Das alles sind Zeichen, dass die Geistige Welt längst mit euch EINS ist und euer Materieleib sich in eine wunderschöne kristalline, lichtvolle Ausdrucksform verwandelt.

Wir hatten es an dem Punkt auch mit Menschen zu tun, die meinten, mit ihnen würde irgendetwas Schwarz-Magisches passieren. Ihr Lieben, wer sollte euch in diesem Licht und mit dieser Schwingung, die ihr jetzt in euch halten könnt, noch etwas anhaben können? Außer ihr selbst zelebriert es mit eurer Denkweise oder der Angst.

Nebenbei gesagt, schwarz-magische Rituale, Voodoo usw., das alles funktionierte doch nur, weil die Menschen daran glaubten.

Wer sich immer noch solcher Rituale bedient, um etwas zu erreichen, wird feststellen, dass es keinen Schaden mehr anrichten kann, außer bei den Absendern. Alles, was ihr tut, sagt, denkt und fühlt, kommt wie ein Bumerang zu euch zurück. Dies kann sich wundervoll anfühlen. Wenn du zum Beispiel aus dem Herzen heraus ein Ehrenamt ausfüllst, wirst du auch in der Not nie alleingelassen sein.

Doch zurück zur neuen Verkörperung. Der Pfad, den ihr dabei geht, ist individuell und der Zeitrahmen flexibel. So kann es sein, dass ihr euch bei diesen Zeilen noch nicht wiedererkennt, später aber doch. Das menschliche System funktioniert nicht selten wie eine Achterbahn. Erst braucht es einen Schubs, dann geht die Fahrt los. Dann folgt eine Ebene, auf der scheinbar nichts passiert und auf der ihr euch ausruhen könnt. Danach aber kommen die Berg- und Tal-Auflösungen, und diese können körperlich und emotional sehr anstrengend sein. Je mehr Gepäck ihr dabei habt, umso mehr werdet ihr verlieren, je mehr Angst dabei ist, umso intensiver werdet ihr die Berg- und Talfahrt erleben.

Gerne hätten wir diese obigen Zeilen in der Vergangenheit geschrieben. Doch wir gehen davon aus, wenn das Buch erscheint, und auch danach können immer noch Transformationen stattfinden. Diese werden zwar sanfter und auch in einem kürzeren Zeitrahmen ablaufen, doch ohne Auflösung gibt es keine weitere Bewusstwerdung.

Sarinah: „Ich fühlte mich vor einem Jahr, wenn Transformationen liefen, wie auf dem Schleudersitz. Heute fühle ich mich nur noch wie auf einer Schaukel sitzend."

Wie auch immer du es empfindest, wichtig ist, dass du weißt, dass es deinem SELBST dient.

Das Lichtwesen in dir wird dein altes ICH nicht vertreiben oder gar verdrängen. Nein, im Gegenteil! Die beiden verbünden sich, werden EINS. Danach wird dein ICH langsam anfangen, sich lichtvoll in das SELBST zu verwandeln.

Dein Höheres Selbst übernimmt nicht sofort das Ruder, du würdest sonst möglicherweise verrückt werden und dich verloren fühlen. Am Anfang pendelst du noch zwischen der dir bekannten, vertrauten Verkörperung und der kristallinen Ausdrucksform hin und her.

Das ist gut so. So kannst du dich an dein neues Kleid gewöhnen, und deine Psyche hat Zeit, sich auszubalancieren.

Das Hin- und Herswitchen wird sicherlich irgendwann weniger, und du verweilst immer länger in deinem neuen SEIN. Darum kann es sein, dass du zwar siehst, dass dein Körper sich verjüngt oder du das Gefühl hast, als würde ein Körpertausch eingeleitet werden, doch hab bitte Geduld. Das war noch nie da! Noch niemals hat ein Mensch lebendig in den himmlischen Dimensionen gelebt. Diese Schwingung hättet ihr früher nicht im Körper halten können.

Was immer euch guttut, um diesen Prozess zu unterstützen, alles ist erlaubt, um, so gut es geht, in der Zentrierung zu bleiben, bei sich SELBST und im goldenen Licht. Wer zum Beispiel das Gefühl hat, dass das Rauchen diesen Prozess noch nicht stört, der sollte ruhig tun, was sich für ihn gut anfühlt. Mit der Zeit wird sich aber dein Verhalten verändern. So sehr, dass du dich in der Rückschau sicherlich fragst, wie du all das deinem Körper, deiner Psyche antun konntest, was du jahrelang gelebt hast. Was dir aber schlussendlich irgendwann geschadet hätte.

Nun, wer an alten Mustern wie Bulimie, Magersucht, Alkohol, Drogen, Tablettenabhängigkeit oder anderem Suchtverhalten festhält, wird immer wieder mit genau diesen Lebensmustern konfrontiert sein, die dem Körper und der Psyche schaden. Immer wieder wird das gelebt, was man auch als Süchte bezeichnen könnte, so lange, bis dieser Ewigkeitskreislauf durchbrochen wird. So entsteht ständig die Chance, doch noch weiter aufzusteigen. Denn die Bewusstwerdung würde ab einem gewissen Punkt stoppen, wenn die Person etwas lebt oder tut, was mit den nächst höheren, goldenen Energien nicht konform geht. Denkt bitte daran, es gibt keine Engel, die sich selbst oder andere verletzen.

Es liegt uns jedoch fern, zu bewerten oder gar auf euch herabzusehen. Wir verstehen sehr gut, wie schwierig das Leben sein kann. Und wir fühlen besonders mit jenen, die in einem Lebenskreislauf stecken, der ihnen Schmerzen und psychische Qual bereitet.

Außerdem sei noch gesagt, dass die Boten des Lichts oft Schmerzfelder für andere auflösen. Sie begeben sich in Suchtverhalten oder Ähnliches und bleiben nicht selten lange in diesem Kreislauf hängen, weil sie damit für andere transformieren, die das selbst nicht schaffen würden. Ein geradezu heroischer Dienst, denn die, die für andere die Kohlen aus dem Feuer holen, müssen mit der Gefahr, der sengenden Glut (Schmerz), umgehen können.

Wir sind die Freunde an eurer Seite.
Wir sind EINS.

☆☆☆

Erzengel Raphael – Gespräch mit Sarinah: Die Sehnsucht nach innerer Balance

Wer nicht weint, der nicht gewinnt

Erzengel Raphael: „Durch Tränen kann das abfließen, was aus deinem System heraus muss. So kommt es nicht zu einem Emotionsstau, der dann im Leib wieder für Schmerzen sorgen würde.

Außerdem darfst du nicht vergessen, dass du auch für die weinst, die dir sehr nahe und selbst nicht in der Lage sind, auf diese Weise etwas zu lösen und abfließen zu lassen.

Natürlich spielen auch vergangene Leben eine Rolle. Wenn man bedenkt, wie oft du schon grausam misshandelt und verletzt wurdest. Man hat dir die Allerliebsten genommen, und diese haben zusehen müssen, wie du sogar getötet wurdest."

Das sagte Erzengel Raphael zu mir, als ich mich beschwerte, dass ich früher keine Heulsuse war, und nun kommen mir bei jeder Gelegenheit die Tränen.

Erzengel Raphael: „Nun, es ist gut, dass du weinen kannst, Sarinah. Stell dir vor, all die Traurigkeit würde in dir steckenbleiben oder sich gar in Wut umwandeln. Da muss man ja förmlich krank werden.

Außerdem, und das ist ganz wichtig, gehen das weibliche und das männliche Prinzip auf der Erde in Balance. Ihr Erdenbürger helft fleißig mit, denn auch Männer weinen mehr als sonst, sie tun es sogar öffentlich, was anderen wiederum Mut macht. Dem männlichen Anteil fehlte lange Zeit die Sanftheit und die Fähigkeit, Empathie zu empfinden. Dem weiblichen Anteil fehlte es an Macht, Stärke und Entschlossenheit. Wir sprechen absichtlich in der Vergangenheit, denn es ist längst mehr

Ausgeglichenheit zwischen den Geschlechtern vorhanden.

Wenn die Menschen das Weibliche und das Männliche ausbalanciert leben, ist das der Garant für den Weltfrieden."

Sarinah: „Was hat das mit dem Weltfrieden zu tun?"

„Die Unausgeglichenheit, dass der männliche Anteil oft zu kalt, zu überlagernd, zu aggressiv, zu sehr nach außen gerichtet gelebt wurde. Der weibliche Teil dagegen war zu sanft, zu pragmatisch, zu zaudernd, oft zu stark nach innen fixiert. Das war ein Konfliktpool in der Gesellschaft. Wenn dann Fehden kreiert wurden, bejahte das Kollektiv der Menschheit das lautstark oder ließ es pragmatisch (dem Nutzen dienend) zu. Das war der Einstieg für Krieg. Die Bürger selbst bestimmen kraft ihrer Energie und Resonanz, was geschieht. Wie erwähnt, führen die Politiker nur scheinbar das Volk. Die Macht geht vom Volk aus, nicht umgekehrt. Die sich an der Macht wähnen, können nur das ausführen und umsetzen, was die Bürger zulassen, mittragen. Hier gab es einen immensen Umschwung, eine Verbesserung, denn die Menschen fordern mehr Mitspracherecht, und sie setzen sich sogar für hilfesuchenden Menschen ein, die eine andere Staatsangehörigkeit haben.

Nun, wir nehmen so große Worte nicht gerne in den Mund, denn wir möchten nicht so verstanden werden, als wenn wir etwas versprechen, das wir nicht herbeiführen können. Es ist die Menschheit, die sich aus dem Joch der kriegerischen Konflikte und des Wegschauens, der Gleichgültigkeit befreien kann.

Die Gleichgültigkeit für das Elend eines anderen Landes und seine Bürger ist etwas, das als Bejahung der Gemeinschaft der Erdenbürger für weitere Konflikte gilt beziehungsweise gegolten hat. Die Bürger eines reichen Staates zum Beispiel sind längst nicht mehr so gleichgültig, was die Not derer betrifft, die oft unschuldig in schier ausweglose Situationen gelangen. Durch unter anderem eine politische Eskalation. Die sozialen Netzwerke tun in der Hinsicht einen guten Dienst. Die schnelle weltweite Verbreitung von Nachrichten, Tweeds und Schicksalen, quasi am Puls der Zeit zu sein, ist ein Garant dafür, dass viel Mitgefühl und Hilfsbereitschaft entstehen. Die User der sozialen Netzwerke sind zum Beispiel wunderbar darin, Problemlösungen herbeizuführen. Klar, wo Licht ist, da ist auch Schatten, nicht immer geschieht Sinnvolles in den sozialen Medien. Doch die Vergangenheit zeigt, dass die Internetgemeinde sich schnell zusammenschließen kann, um zu helfen, wenn Not am Mann ist.

Der 11. September 2001 hat vieles verändert. Das Positive daran ist, dass die Menschen dadurch wachgerüttelt wurden und eine weltweite Welle des Mitgefühls und der Liebe entstanden ist. Liebe und Empathie sind Frequenzen, die sehr heilend und klärend wirken.

Jede Mutter, jeder Vater wird wissen, was wir damit meinen, denn eure Kinder lieben euch in der Regel bedingungslos. Je bedingungsloser geliebt wird, umso mehr Heilkraft und Kraft des Guten schwingt dabei mit.

Wieder ist uns bewusst, dass unsere Worte nicht ausdrücken können, wie stolz wir aus der Geistigen Welt auf die Erdenkinder und ihre Eltern, Brüder, Schwestern, Freunde und Familien sind. Wir sind unendlich stolz auf euch, und seid gewiss, dass niemand die Geschicke der Erde besser hätte leiten können als ihr.

Natürlich hätten wir eingegriffen, wäre die Erde in ihrer Ganzheit in Gefahr gewesen, denn das hätte auch das Universum in Mitleidenschaft gezogen. Außerdem war es den Menschen zu keiner Zeit erlaubt, die Erde so zu schädigen, dass sie sich aus ihrer Laufbahn begibt und Millionen von Menschen mit in den Tod nimmt.

Oh ja, wir haben auch eingegriffen. Bei der Atomkatastrophe in Japan 2011 zum Beispiel und bei vielen anderen Gelegenheiten. Da haben wir, eure Freunde aus dem Himmel und die Galaktische Föderation des Lichts, euch geholfen.

Das Sternensystem ist in seiner Ausgeglichenheit einzigartig, und die Erde ist Teil dieser wundervollen Balance.

Die Mitglieder der Galaktischen Föderation des Lichts sind, wie wir schon in Band 6 erwähnten, wirkliche Freunde, keine Feinde. Es ist verständlich, wenn ihr erst einmal abwehrend oder abwägend reagiert, denn ihr Menschen reagiert auf Fremdes in der Regel vorsichtig. Außerdem suchen die User des World Wide Web nach der Wahrheit, was die galaktische Familie betrifft. Die Vorstellung, dass auf anderen Planeten Leben möglich sein kann, wurde längst an euch herangetragen. Nun beginnt man, euch die Wahrheit stückweise zu servieren. Die Sache mit den Aliens wurde mit Absicht oder auch durch Unwissenheit und Angst lange Zeit verzerrt weitergegeben beziehungsweise überhaupt nicht erwähnt.

Die „bösen" Außerirdischen, diese Geschichten kennt ihr ja, darüber informierte man euch teilweise verzerrt und verfälscht. Die guten Jungs und Mädels, die Galaktische Föderation des Lichts, verschwieg man der Öffentlichkeit lange Zeit (viel zu lange), bis die User in den sozialen Netzwerken dieses Thema ausgegraben haben. Die Sehnsucht nach der Wahrhaftigkeit treibt die Leute an, und die Kraft des Internets ist ein wundervolles, unabhängiges Medium, um sich auf die Suche nach der Wahrheit zu machen.

Viele Lichtträger spüren eine immense Sehnsucht, endlich wieder mit ihrer Familie vereint zu sein. Viele spüren Heimweh, sehnen sich nach Liebe, wissen nicht warum, weil sie doch eigentlich alles haben. Wie schmerzvoll muss es sein, so lange auf den Tag aller Tage warten zu müssen. Tiefe Sehnsucht ist eine Verbindung zu eurem Seelenvertrag, denn euer Herz weiß, was in eurer Seelenplanung steht. Das Herz ist die Verbindung zum Himmel, nicht der Verstand.

Sarinah: „Heißt das, dass sich manche so zerrissen fühlen, weil sie sich nach ihrer Ursprungsfamilie sehnen?"

Erzengel Raphael: „Ja, Sarinah. Wer im Seelenplan eine Vereinigung mit der Familie aus den galaktischen Reichen verankert hat, wird Sehnsucht danach haben. Und diese Person wird genau das erleben dürfen, was sie/er vor der Geburt geplant hat.

Nun, die Freunde aus dem All sind zwar sehr vorsichtig, sie drängen sich niemanden auf, doch da die Gemeinschaft der Menschen mit „Ja" gestimmt hat, was den öffentlichen Erstkontakt betrifft, kommen sie immer näher, aber sie tun das in aller Zartheit und Vorsicht, denn sie dürfen niemanden erschrecken."

Sarinah: „Danke, Erzengel Raphael."

„Bitte schön, Sarinah. Ich ehre und segne dich und alle Leser.

In Liebe,
Erzengel Raphael."

Vollkommenheit – Das Gefühl der Seele ist der Atem

Sage mir, wie du über dich fühlst, und ich sage dir, wer du bist

Angekommen sein in sich – mit sich selbst zufrieden – in sich ruhend – sich gefunden haben – mit sich im Reinen sein – alle dies Ausdrücke beschreiben die ersten Schritte zum höheren Bewusstsein.

„Mein Partner soll wieder zu mir zurückkommen. Ich möchte endlich die Liebe meines Lebens treffen. Hoffentlich bleibt mein Mann mir treu. Liebt er mich noch so wie am Anfang? Findet er andere Frauen aufregender als mich? Ich möchte endlich schwanger werden. Ich will eine gute Arbeit finden, ich brauche mehr Geld. Ich will endlich abnehmen, wenn das geschieht, werde ich endlich glücklich sein…"

Diese Gedanken notierte ein Schutzengel, der dafür sorgen sollte, dass sein Schützling zufriedener wird.

Sarinah fragt gerade, ob der Schutzengel gefeuert wurde?

Nein, natürlich wurde der Schutzengel nicht gefeuert, auch wenn er es innerhalb eines Jahres nicht schaffte, alles zu erfüllen. Doch der Engel begriff schnell, dass er mit dieser Person, die er beschützen und zufriedener machen sollte, ein Wagnis eingegangen war. Warum? Nun, auch Engel sind begeistert vom Erfolg. Ihr allergrößter Wunsch ist es, zu helfen.

Außerdem werden auch Schutzengel befördert, wenn sie viel Gutes für ihren Schützling erreicht haben. Das Schlimmste, was passieren kann ist, dass die zu beschützende Person vor lauter Sorgen die Inkarnation abbricht.

Der Tod ist also nicht nur auf Erden ein Schreckgespenst,

sondern auch eure Helfer aus der geistigen Heimat sind betroffen und erschüttert, wenn einer ihrer Schutzbefohlenen den Tod wählt, um verfrüht heimzukommen.

Warum erzählen wir euch das? Nun, wir möchten aufzeigen, dass jedes Handeln eine Resonanz hervorruft. Eine Reaktion, die weitreichend ist, sodass sogar eure Engel die Köpfe zusammenstecken, um sich auszutauschen und das Geschehene zu verarbeiten.

Wenn dir bewusst ist, dass das eigene Glück nur erreichbar ist, wenn du selbst etwas dafür tust (wenn du zum Beispiel deinen Mitmenschen Glück oder deine kostbare Zeit schenkst), dann wirst du wieder positive Resonanz in deinem Leben spüren.

Sarinah: „Aber es gibt Menschen, die ohnehin viel für andere tun und sich selbst dabei vergessen. Warum ist das keine Garantie, dass sie ein glückliches, gesundes, erfülltes Leben führen können?"

Die Bewegung des Lebens sollte in der Balance sein, Sarinah. Wenn die Ausgeglichenheit fehlt, weil ihr nur gebt und nicht nehmen könnt, wird euch das in eurem Umfeld gespiegelt, sogar euer Körper wird müde und matt. Die Psyche schreit geradezu nach Anerkennung. Doch wenn es euch nicht gut geht, ist das die Garantie dafür, dass ihr nach Verbesserungen Ausschau haltet.

Nur abzuwarten, bis sich eine Situation verbessert, ist sicher nicht sehr zufriedenstellend. Das erzeugt keine Resonanz und kaum Wellen, die etwas bewegen könnten, damit sich eine Verbesserung ergibt.

Ja, wir sagen immer, fließen lassen wäre gut, zu vertrauen, loslassen usw. Vergiss aber bitte nicht, dass dies nur gilt, wenn du alles dafür getan hast, was getan werden kann, um das Ziel zu erreichen.

Mit dem Schutzengel an einem Strang zu ziehen bedeutet nichts anderes, als dass man zum Beispiel keinen Unfall erleben will. Dass man die Angst loslässt, es könnte etwas passieren. Dass man nicht etwa denkt oder sagt: „Oh, ich fühle mich, als würde heute etwas Schreckliches passieren." Weder solche Gedanken noch das ausgesprochene Wort und erst recht nicht das Gefühl bringen dir die Sicherheit, dass kein Unfall geschieht. Worauf ihr eure Aufmerksamkeit lenkt, das lebt ihr, das gewinnt an Kraft und Stärke. Das Erkennen der angstvollen Gedanken hinter dem Gefühl bringt schon Licht ins Dunkel und ermöglicht die Transformation der Angst.

Die Engel müssen den freien Willen des Menschen achten. Sie können ihre Arbeit nicht zu deinem Wohl verrichten, wenn du nicht mit ihnen Hand in Hand gehst. Diese Dinge sollten eigentlich im Bewusstsein der Menschen längst angekommen sein, trotzdem wiederholen wir es immer wieder, denn die Macht der Gewohnheit bringt leider nicht immer nur Gutes. So rutscht man nur allzu leicht wieder in alte Angewohnheiten, ohne sich dessen gewahr zu sein. Verständlich, denn der Alltag und alles, was noch zu erledigen ist, bringen euch oft an den Rand eurer Kräfte.

Umso wichtiger ist es, dass du dich immer wieder zentrierst, dich an die Schöpfer-Steckdose anschließt. Sarinah lacht, sie sagt: „Es fühlt sich tatsächlich an wie ein magnetischer Strom, wenn das höchste Licht durch den Körper rieselt."

Ja, so kann sich Energie anfühlen. Wie ihr diesen Anschluss, diese Verbindung herstellt, bleibt euch überlassen. Es kann beim Golfen sein oder bei der Meditation, beim Lesen, beim Beten, beim Sport, in der Sauna oder während der Abwasch erledigt wird. Je weniger kompliziert und zeitaufwändig dieser Anschluss an die göttliche Kraftquelle hergestellt werden kann, umso besser.

„Alles reine Übungssache", sagte Erzengel Michael einmal. Nun, er hat Recht. Je öfter du diese Kraftquelle nutzt, umso leichter wird es dir fallen, dich in einer Krisensituation in dieses Schutzfeld zu begeben.

Mit Krisensituation meinen wir all das, was euch normalerweise aus dieser harmonischen Zentrierung reißt, was allzu leicht dazu führt, dass ihr euch nicht mehr fühlen könnt.

Sage mir, wie du über dich fühlst, und ich sage dir, wer du bist!

Nichts könnte besser passen, denn du erschaffst deinen Alltag über das Fühlen. Vergiss dabei aber bitte das bewusste Atmen nicht, das ist sehr wichtig.

Die meisten Menschen glauben, dass es das Wichtigste im Leben ist, Geld zu haben. Ohne Geld wäre kein Überleben möglich. Das ist ein Trugschluss. Das Allerwichtigste im Leben ist der Atem, der automatisiert passiert und daher wenig Beachtung findet, außer man bekommt plötzlich Atemnot. Dann erst wird einem klar, dass ohne Atem ein Weiterleben nicht möglich ist. Ein- und Ausatmen, das eine geht ohne das andere nicht. Nur wer bewusst und tief atmet, wird alle Zellen mit dem versorgen können, was sie brauchen.

Außerdem sei erwähnt: Wenn das Atmen nicht mehr selbstständig geht und von einer Maschine übernommen wird, befinden sich die Patienten in einem Zustand, der ihnen erlaubt, bei Gott und ihren irdischen Angehörigen gleichzeitig zu sein. Es ist nicht Gott, der sie heimruft, das entscheiden sie selbst. Der Schöpfer liebt euch so bedingungslos, dass er alle eure Entscheidungen mitträgt. Was auch immer der Grund war für dein „Ja oder Nein", die Liebe aus der geistigen Heimat ist dir sicher.

Das flache Atmen ist ein Dogma der Menschheit, so kann man es sagen. Speziell bei Frauen war die Flachatmung weit verbreitet. Sie fühlten sich oft unterdrückt und nicht akzeptiert in einer von Männern regierten Gesellschaft. Viele Bürger atmen zu flach und fühlen sich dadurch selbst nicht.

Schon wenn der erste Schrei des Babys erschallt, wenn sich die Lungen zum ersten Mal mit Luft füllen, sind die Eltern erleichtert und froh, wenn dieser Schrei kräftig ausfällt, denn es ist ein Zeichen, dass das Neugeborene lebt und Lebenskraft hat.

Was hat dazu geführt, dass die Erdenbürger mit der Zeit das bewusste Atmen verlernt haben? Ist es der Druck? Warum stockt euch der Atem?

Die Gesellschaft war lange Zeit aufgebaut wie ein Hamsterrad. Mal dreht man sich schneller, mal wieder langsamer. Aber man konnte nie herausfallen. Nebenbei bemerkt, das Hamsterrad wird manchmal mit einer Karriereleiter verwechselt. Der Drang der Bürger ist es ja, zur Gesellschaft dazuzugehören, weil der Mensch ein soziales Wesen ist. Sobald in dem Hamsterrad irgendjemand etwas verändert, wird der Nachahmungseffekt seinen Dienst tun.

Das kann man die Arbeit der Lichtarbeiter nennen. Anderen ein Beispiel geben, das zur Nachahmung inspiriert. Dazu reicht es, die eigene Bewusstwerdung zu überdenken und zu leben, die anderen folgen dann automatisch. Das bringt Leichtigkeit ins Leben und führt dazu, dass der Schöpfer wieder über dich atmen und sich erleben kann. Das Gefühl der Seele ist der Atem.

Erzengel Jophiel erzählt von Harry:
Ich bin für dich da

Legt man dir Steine in den Weg,
entscheidest du selbst, was du daraus machst:
Mauern oder Brücken bauen

Der Erdenengel Harry weinte bitterlich, denn er hatte das Gefühl, ein Versager zu sein. Er hatte sich so viel vorgenommen, als er auf die Erde kam. Damals war sein Elan noch ungebrochen.

Nun lag er im Bett, und heiße Tränen liefen ihm über die Wangen. Nicht, weil er sich selbst leid tat, nein, er war voller Trauer, weil er die Liebe nicht mehr spürte.

Er fühlte sich und die Liebe seiner Liebsten nicht mehr. Er fing an zu grübeln, was er alles verbockt hatte. „Ich habe Treue versprochen und konnte sie nicht halten, ich habe meine Berufung nur halb erfüllt, den Rest schaffe ich wohl in diesem Leben nicht mehr", sagte Harry ermattet zu sich selbst.

„Wie soll ich bloß weitermachen, und wer gibt mir die Kraft dazu?", murmelte er in sein Kissen.

Da erinnerte er sich an seine Kindheit, in der nicht alles eitel Sonnenschein gewesen war. Um ehrlich zu sein, hatte er damals sogar mehrmals gegen den Tod angekämpft.

Er sah sich selbst, als er ein kleiner Junge war. Harry hatte früh seine Familie verloren und wuchs im Heim auf. Leider waren die Ordensschwestern nicht gerade das, was ein kleiner Junge, der gerade seine Familie verloren hatte, an Wärme gebraucht hätte.

Harry erinnerte sich, dass er lange Zeit das Gefühl hatte, dass ihn die Schwestern nicht mochten, weil sie womöglich ihm die Schuld für den Tod seiner Familie gaben. Später wurde es ihm bewusst, dass er sich selbst die Schuld gegeben und das Außen nur auf sein Inneres reagiert hatte.

Harry weinte noch immer und fühlte sich wieder wie im Körper dieses kleinen Jungen, der er damals gewesen war. Keiner liebt mich, weil ich anders aussehe wie die anderen, weil ich nicht ihre Sprache spreche. Weil ich einen komischen Namen habe, und meine Religion ist auch eine andere. Außerdem habe ich keine Eltern mehr, alle anderen Kinder schon noch. Das alles fühlte Harry, und es tat weh, er war wieder klein und schutzlos.

Die Erinnerungen waren so intensiv, dass er sogar den Duft der Kirche wahrnahm, ein Geruch aus Kerzenwachs, Weihrauch und altem Holz. In dieser Kirche hatte er oft Schutz gesucht, wenn eine der Schwestern hinter ihm hergewesen war, was oft passierte. Einmal hatte er Essen für seine Mitschüler organisiert, die wieder einmal ohne Abendessen ins Bett mussten. Nachts kam der Hunger, und Harry wurde von der Oberschwester erwischt. Diese rannte mit einem Stock in der Hand hinter ihm her. Er suchte Zuflucht in der Kapelle, stellte sich vor den Altar und dachte, während Schwester Scholastika keuchend ankam: Hoffentlich erschlägt sie mich nicht.

Schwester Scholastika war so voller Zorn, dass sie erst vor dem Altar bemerkte, dass der Kleine ein Gebet aufsagte. Das stimmte sie milde, und sie hörte, wie er sprach: „Wenn du mich schon schlagen willst, dann tue es vor dem Gesicht des Herrn, er soll sehen, was du mit uns Kindern machst."

Schwester Scholastika wurde wieder rot vor Zorn. „Du kleiner Nichtsnutz", schrie sie, dann hielt sie in ihrer Tirade von Schimpfwörtern inne. Ein wunderschönes goldenes Licht fiel vom Fenster auf den scheinbaren Übeltäter, der wieder einmal gegen eine der vielen unsinnigen Klosterregeln verstoßen hatte.

Sie drehte sich schnaufend um und stürmte trotz ihres hohen Gewichts schnell davon. „Komm du nur zurück, dann bekommst du deine gerechte Strafe." Dann schlug sie mit dem Stock voller Wut an das Holz der Tür, die dabei ins Schloss fiel. Harry war jetzt allein. Es war schon dunkel. Die anderen Kinder warteten hungrig auf Harry, der in der Kirche festsaß, weil er sich wegen der zornigen Scholastika nicht traute, herauszukommen.

Er fühlte sich jedoch sonderbar geborgen, und ihm war warm, obwohl es in der Kirche bitterkalt war. Es war Winter. Harry schnupperte den wundervollen Blumenduft, der ihn schon oft beim Einschlafen begleitet hatte. Er sah zuerst nur das gleißende Licht, dann fiel im auf, dass darin eine Person stand. „Wer bist du?", fragte er. „Ich bin Erzengel Michael, mein kleiner Freund, wir kennen uns gut."

Der siebenjährige Schüler nickte und fragte: „Warum kommst du erst jetzt?" Erzengel Michael gab ihm die Hand. „Ich bin ja da, du warst nicht einen einzigen Tag ohne meinen Schutz und ohne meine Liebe, keine einzige Stunde lang."

Der kleine Erdenengel nickte wieder, dann brach es aus ihm heraus. Er erzählte dem Erzengel alles, was ihm widerfahren war, und weinte bitterliche Tränen dabei. Der große blaue Engel nickte wissend und nahm ihn liebevoll in den Arm, sodass Harry überall diese wundervolle prickelnde Energie spürte. Er spürte die Liebe, die so bedingungslos war, dass es ihm den Atem nahm. So sehr hatte er sich nach dieser Liebe gesehnt, so sehr.

„Nun", sagte Erzengel Michael, „es geht vielen Kindern wie dir. Sie haben kein Zuhause oder sehnen sich so sehr danach, angenommen zu sein, dass sie beschließen, schon in jungen Jahren Helden zu werden, nur damit man sie mag."

„Weißt du", sagte der große Engel, während der kleine Junge an seiner Brust schniefte, „du hast zwar keine Eltern mehr *und denkst, dass dich keiner lieb hat, weil du anders aussiehst und anders sprichst als die anderen, aber du musst wissen, dass du gerade das, was du jetzt an deinem Leben nicht gut findest – nun, ich will sagen, dass dir das später, wenn du groß bist, zu sehr viel Weisheit und Stärke, sogar Macht verhelfen wird."*

„Warum?", fragte Harry neugierig. „Weil du dadurch Kraft schöpfen wirst, dass du es trotzdem geschafft hast, erwachsen zu werden. Du wirst dadurch anderen wiederum besser helfen können. Diejenigen besser verstehen, denen es genauso erging wie dir. Die womöglich immer noch in einer schwierigen Lebenslage festsitzen, während du es längst geschafft hast, dich aus dem Mangel zu befreien."

Harry lauschte der Stimme von Erzengel Michael, der ihm gerade die Vorzüge des Anders-Seins erklärte. Erzengel Michael sagte, dass die Engel im Himmel inklusive seiner eigenen verstorbenen Familie auf Harry aufpassen würden. Dass sie ihn halten und noch immer schützen würden, mehr als Harry bewusst wäre.

Auch heute vergisst Harry oft, welch wundervollen Draht er in die geistige Heimat hat und dass er nur die Hand ausstrecken muss, und der Himmel wird lebendig. Doch sobald Harry sich Zeit nimmt, sich zu zentrieren, ist er in der Lage, diesen wundervollen Kontakt wieder herzustellen.

Mit dieser Erinnerung schlief der erwachsene Harry erschöpft ein. Er fühlte wieder die Liebe zu sich und auch die allumfassende Liebe seiner Eltern und seiner Engelfreunde. In seine Nase stieg ein Duft aus Heu und Blumen auf, er roch auch den Duft der Wiese, über die er im Traum rannte. Sein Schlaf war tief und erholsam, denn es war alles gut, das wusste er. Die Tragik in seinem erwachsenen Leben, die ihm so viel Kopfzerbrechen bereitet hatte, sah er nun nicht mehr als un-

*überwindbaren Berg. Er sah jetzt die Probleme, die er hatte,
als Herausforderung, die er bewältigen und dadurch wiederum
anderen helfen konnte.*

Warum erzählen wir euch die Geschichte von Harry? Weil
es um das Umsetzen der hier aufgeführten Themen in euer Leben geht. Und zu eurem besseren Verständnis, denn eine erzählte Geschichte bleibt womöglich besser im Gedächtnis als
die bedächtigen Worte eines Erzengels. Auch wenn euer Leben
anders verlaufen ist, hat doch fast jeder Leser den Schmerz der
Trennung gespürt. Und sicherlich wisst ihr auch noch genau,
wie sich Ungerechtigkeit anfühlt und nicht geliebt zu werden.

Die Begegnungen in eurer frühen Kindheit mit den Freunden aus der geistigen Heimat sind tief in eurem Gewahrsein
gespeichert und werden oft sehr wohltuend geweckt, wenn ihr
davon lest.

In Liebe,
euer Erzengel Jophiel

Das gebrochene Wort

Wer kennt das nicht? Es wird etwas versprochen, doch das Gegenüber hält sich nicht an sein/ihr Wort. Dass dies im Leben sehr unangenehm, wenn nicht sogar fatal sein kann, ist mehr als nachvollziehbar.

Eure geistigen Mentoren, die hier als Gruppe sprechen, möchten, dass ihr in der Lage sein könnt, auch diese Thematik zu lösen. Oder sollten wir besser sagen: heilen, da ja die gebrochenen Versprechen es sind, die privat wie beruflich viel Schaden anrichten können.

Doch wie harmonisiere ich etwas, das nicht direkt mit mir als Person zu tun hat, denkt Sarinah gerade.

Nun, deine Gesprächspartner sind wie Spiegel. Ist das, was sie dir spiegeln, was sie sagen oder tun, unangenehm? Versetzt dich diese Resonanz in Wut, spürst du Ärger oder stürzt es dich gar in Traurigkeit oder Nachdenken?

In diesem Fall hat das gebrochene Wort deiner Mitmenschen auch mit dir zu tun. Es ist immer leicht zu sagen: Sie/er er hat die Lernaufgabe, nicht ich. Doch vergiss bitte nicht, dass das Gesetz der Resonanz für jeden Menschen auf der Erde gilt, niemand ist davon ausgenommen. Für alle Menschen der Erde gelten die gleichen kosmischen Gesetze. Das ist doch gerecht, oder nicht? Egal, ob Botschafter des Lichts, Normalbürger oder hoher Staatsmann, für alle gelten die gleichen Regeln.

Das Gesetz der Resonanz, von dem wir hier sprechen, ist unbestechlich und reagiert nicht auf Rechtfertigungen und Ausreden. Der Stein, den du ins Wasser geworfen hast, verursacht immer Wellen. Auch wenn du denkst, du hättest den Stein sanft ins Wasser gleiten lassen, gibt es eine Wasserverdrängung und Resonanz.

Was also tun, wenn die Dinge im Leben nicht wie geplant laufen? Was tun, wenn man dich darauf hinweist, dass du etwas „falsch" gemacht hast? Dass du dich nicht an dein Versprechen gehalten hast und dein Gegenüber nun enttäuscht von dir ist?

Eigentlich ist es ganz einfach, denn es geht ja nicht um irgendwelche Fehltritte, das ist nur augenscheinlich so. Es geht darum, dass du lernst, dich nicht hinter „scheinbaren" Fehlern zu verstecken, indem du Ausflüchte erfindest, sondern mit erhobenem Kopf durchs Leben zu gehen, indem du nicht zu viel von dir erwartest. Dich selbst nicht verurteilst oder gar strafst. Wenn du dir nicht sicher bist, ob du das gesprochene Wort auch einhalten, umsetzen kannst, lass Ehrlichkeit walten. So wird Druck gelöst, und das schafft wiederum Harmonie. Urteil jedoch, ihr Lieben, trennt und spaltet, es verbindet nicht.

Wer also eine Situation erlebt hat, sich mit Aggression, Wut oder gar Hass übersät sah, der sollte wissen, dass niemand untadelig ist. Es gab bisher keinen Menschen auf Erden, der immerzu rechtschaffen gewesen wäre.

Du bist hier, um dich zu erfahren und für andere der Spiegel zu sein. Wer kann schon von sich behaupten, dass alles immer den geraden Weg ging? Das ist auch nicht der Sinn des Lebens. Auf den Abwegen und Umwegen des Lebens, den Irrwegen, lernst du am meisten.

Wenn man dir also vorwirft, du hättest dein Wort gebrochen, dann schau dir alles an, was du mit dem Thema zu tun hast. Erwartest du von anderen, dass sie zu dem stehen, was sie sagen? Und gehst du ins Urteilen, Werten, Erwarten, wenn sie es nicht tun? Hast du dir vergeben bei allem, was du dachtest, falsch gemacht zu haben? Bist du sicher, dass du anderen Menschen, die etwas Schräges gemacht oder dich verletzt haben, vergeben kannst? Wie reagierst du auf Menschen, die jetzt in der gleichen Situation sind wie du, als damals der Sturm über dich hereinbrach? Schaust du auf sie herunter, hast gar Häme für sie, oder freust du dich, dass es dieses Mal nicht dir passiert ist? Kannst du immer einhalten, was du versprichst?

All das, um einige Beispiele zu nennen, darfst du dir ansehen, darf in deine Emotion kommen. Es will geheilt werden, wenn du dich darin erkennst. Sonst wirst du immer wieder Menschen um dich haben, die dir dein Thema spiegeln.

Denkst du, dein Partner wäre unehrlich und karrieresüchtig? Wenn dich allein dieser Gedanke schon aufregt, schau dir bitte dein Geldthema und deine Ehrlichkeit an. Bist du immer ehrlich?

Findest du, dein Partner ist gefühlskalt, aggressiv und wenig liebevoll zu dir? Ja? Fühlst du Resonanz? Dann schau dir bitte an, was du in Sachen Mitgefühl und Liebe lebst. Bist du Liebe? Wie denkst du über deinen Partner? Wenn du denkst, dass er/sie gefühlskalt, aggressiv und nicht bereit ist, dir Liebe zu schenken, dann wird er/sie dir das spiegeln. Wie du weißt, erschaffen Gefühle und die dazugehörigen Aussendungen die Höhen und Tiefen des Lebens. Bist du emphatisch oder nerven dich zum Beispiel deine Kollegen innerlich, wenn sie weinen, Probleme haben oder Zuspruch brauchen?

Was tun, wenn du es mit Menschen zu tun hast, die sich nicht an das halten, was sie gesagt haben? Hältst du dich immer an das, was du gesagt hast, versprochen hast? Gibst du manchmal vielleicht sogar nur Zuspruch, damit endlich Ruhe ist und nicht, weil dein Herz es dir sagt? Gibst du ein Versprechen, obwohl du weißt, dass du es nicht halten kannst? Versprichst du etwas nur, um geliebt zu werden? Um gemocht zu werden und gut dazustehen?

Ihr Lieben, wir möchten hier niemanden anprangern, das liegt uns fern. Wir sind eure geistigen Mentoren, und wir verstehen nur allzu gut, was für Tücken das Leben mit sich bringen kann. Doch bedenkt: Je höher euer Bewusstsein ist, umso unmittelbarer gelten für euch die gleichen Regeln, die für uns aus der geistigen Heimat auch gelten.

„Regel" ist vielleicht nicht das richtige Wort, es geht meistens darum, nur das auszusenden, was man selbst auch leben, erfahren will.

Wir sind für euch da, wir helfen, heilen und unterstützen euch, wo wir nur können. Das dürfen wir aber erst, nachdem euch bewusst ist, was schiefgelaufen ist.

Wir lieben euch so bedingungslos, dass wir alle, wahrlich alle eure Entscheidungen mittragen. Nie sind wir von euch enttäuscht. Wir sahen uns niemals, wirklich niemals, damit konfrontiert, euch fallenzulassen, nur weil ihr etwas getan habt, das nicht mit dem übereinstimmte, was eure Mitmenschen in der gleichen Situation getan hätten. Auch wenn ihr euch von uns abwendet und uns euer Vertrauen und eure Liebe entzieht, lieben wir euch, sogar noch mehr, viel mehr, als ihr jemals erahnen könnt.

Erzengel Michael: Das gebrochene Herz

Ein Herz kann sich tatsächlich vor lauter Gram und Schmerz anfühlen, als wäre es gebrochen. „Das Herz bei lebendigem Leib herausreißen..." ist Teil eines eurer Sprichworte. Sicherlich werden viele Leser diesen Schmerz schon einmal gefühlt haben, zum Beispiel beim Thema Liebe. Gerade die Menschen, die euch sehr nahestehen, haben Zugang zu dem Schmerzsensor eures Herzens.

Daran ist nichts falsch, denn wer sein Herz öffnet, ist erst fähig, richtig zu lieben. Die Liebe zum Partner, zu den Eltern, den Kindern, um nur einige Beispiele zu nennen. All jene haben auch den Zugangskode zu eurer Seele.

Die Seelenfamilie weiß unbewusst, welche Lernaufgabe du dir als Nächstes im Lebensvertrag vorgenommen hast. Sie kennen die vorgeburtliche Vereinbarung zwar nicht bewusst, doch ihre Seele weiß um deine Aufgaben.

„Warum tun die Menschen sich gegenseitig überhaupt so weh?", fragt Sarinah.

Nun, es gibt mehrere Gründe: das Ego, selbstgewähltes Karma, Spiegelungen. Viele geben einfach die Verletzungen weiter, die sie selbst erfahren haben, nach dem Motto: Mir hat man auch wehgetan, also verletze ich auch. Sie kennen es nicht anders. Leider wissen die Betroffenen oft nicht, dass sich dadurch der Kreislauf des eigenen Leids schließt.

Sie erfahren wieder genau das, was sie anderen angetan haben. Dieser Kreislauf kann nur unterbrochen werden, wenn man anders denkt, fühlt, spricht und, vor allem, handelt. Das heißt, wenn man sich bewusst ist, dass Frieden und Harmonie erst entstehen können, wenn man selbst friedlich und harmonisch ist.

Wonach sehnst du dich am meisten? Wenn du dich danach sehnst, mehr Geld zu haben, bist du in der Lage, die Erfahrung des Reichtums zu machen, indem du selbst Fülle bist. Das heißt, du fühlst dich jetzt schon reich und gibst von deinem Geld an andere weiter, du teilst deine Fülle. Wenn du zuerst den Menschen zu dem verhilfst, was du auch gerne in deinem Leben erleben möchtest, kommt das Gewünschte automatisch in dein Leben. Je höher deine eigene Schwingung ist, umso schneller kannst du dir das in dein Leben ziehen, was dein Herz begehrt. Das natürlich nur, wenn dein Wunsch im Einklang mit den Schöpferenergien ist.

Das Herz ist nicht nur ein Organ, es ist die Eingangspforte für die spirituellen Energien und der Quell der Bewusstheit. Darum ist es so wichtig, dass es frei ist von alten Belastungen, wie zum Beispiel Neid, Hass, Gram, Missgunst, Denunziation, negative Gedanken, Schuld, Zorn, Wut, Aggression usw.

Sollte das nicht der Fall sein – auch wenn nur ein kleiner Teil dieser Belastungen vorhanden ist –, wird das Umfeld geradezu spiegeln müssen.

Dabei kannst auch du die- oder derjenige sein, die/der Resonanzverhalten zeigt, indem du der Spiegel für jemanden in deiner Nähe bist. Dass du also jemandem wehtust mit deinem Verhalten oder deinen Worten, ohne es zu wollen.

Womöglich hast du versprochen, dass du etwas nie wieder tun willst, und hast es dann doch getan. Womöglich gibst du dir für die entstandene Misere die Schuld und kannst dir nicht verzeihen. „Warum habe ich bloß, ich wusste doch, dass das schief geht? Wieso kann ich einfach nicht ehrlich sein?"

Bitte gib dir nicht die Schuld, sondern liebe dich so, wie du bist, sonst muss wieder jemand in deiner Nähe sich so verhalten, als wenn du tatsächlich Schuld hättest. Dann können alte

Verletzungen nie heilen, denn ihr reißt euch die Wunden immer wieder gegenseitig auf.

Dabei ist das Resonanzverhalten des Gegenübers wichtig und dient der Heilung. Denn irgendwann hast du es satt, dauernd zu verletzen oder verletzt zu werden, und suchst nach einem Lösungsweg.

Allerdings ist das Spiel der Spiegelungen gefährlich, denn ihr könnt euch dabei missverstehen und entzweien. Die Kommunikation kann gestört sein, das Vertrauen verloren gehen, sodass kein gegenseitiges Einvernehmen mehr möglich ist, geschweige denn Liebe.

Dabei gibt es keine Schuld, Fehler oder Zufälle auf Erden. Gerade die Gegebenheiten, die ihr damit in Verbindung bringt, sind Wegweiser zur eigenen oder Lebensplanung eurer Nächsten. Oder, einfach gesagt: Die Erkenntnisse, die mit viel Leid zu tun haben, sind geplante Erlebnisse. Laut Lebensplan habt ihr in Übereinstimmung mit jenen, die um euch sind, entschieden, was ihr erleben möchtet, und genau das geschieht.

„Oh, dieser Satz tut weh", sagt Sarinah gerade.

Ja, Sarinah, doch daran, dass es Resonanz in dir erzeugt, kannst du sehen, dass es stimmt. Denn wenn die Reaktion auf etwas euch wütend, traurig, nachdenklich usw. macht, wurde sozusagen „ins Schwarze getroffen".

Je unangenehmer der Spiegel, je heftiger die Resonanz bei euch ausfällt, umso mehr ist das ein Zeichen dafür, dass es um eigene Lernaufgaben geht. Wenn es dich nicht aufregt, was der andere sagt, ist das ein Merkmal dafür, dass du bei dir nicht nach fehlenden Kenntnissen zu suchen brauchst.

Es gibt Menschen, die denunzieren immer wieder jemanden. Sie prangern bei anderen das an, was sie selbst tun. Wer andere verrät, wird auch verraten. Wer andere kontrolliert, bespitzelt, wird auch kontrolliert. Wer andere anbrüllt, wird ebenfalls aggressiv behandelt. Darum macht bitte nur solche Wellen, die ihr auch ohne zu straucheln aushalten könnt.

„Leben und leben lassen" ist ein wunderschöner irdischer Ausspruch. Nichts könnte besser passen. Sende nur das aus, was du leben willst. Einfach gesagt, doch sicher nicht einfach umzusetzen.

Wer sich im Strudel einer Beschwerde, einem Schmerz, wiederfindet, hat es nicht leicht, alleine wieder herauszufinden. Daher unser tiefstes Verständnis, denn auch wir Erzengel halten manchmal vor Erstaunen die Luft an, wenn wir sehen, mit welchen Widrigkeiten ihr zu kämpfen habt. Doch wir helfen, wo wir dürfen, und oft senden wir euch die Menschen, über die dann unsere Heilung fließen kann, die euch heraushelfen aus dem Dickicht der selbstauferlegten Buße. Selbstauferlegte Buße! Nichts könnte besser passen. Denn vergesst bitte nicht, dass selbst Kinder für ihre Eltern transformieren, die Partnerin für den Partner, die Schwester für den Bruder und natürlich umgekehrt. JESUS-EFFEKT nennen wir das, denn auch Jesus nahm das Leid anderer auf sich. Die geistigen Mentoren sind nicht selten gerührt, wenn sie sehen, wie ihr euch trotz erlittener Niederlagen immer wieder am Licht aufrichten könnt. Oft sind es gerade die Liebsten, die ihr glaubtet, durch den Tod für immer verloren zu haben, die sofort nach ihrer Ankunft in den geistigen Reichen nur eins im Sinn haben: euch zu helfen.

Wenn du wüsstest, wie nahe dir diejenigen sind, an denen dein Herz so sehr hängt, dass es vor Trauer bebte, als sie starben, du würdest vor Freude auf der Straße tanzen.

Auch wir Erzengel fühlen mit, wenn dein Herz vor Schmerz entzweibrechen möchte. Auch wir Erzengel sind emotionale Wesen.

Wir fühlen mit dir, wir weinen und lachen mit dir und sind voller Liebe für dich, dass wir jede deiner Entscheidungen verstehen. Unsere Liebe zu dir ist bedingungslos und nicht gekoppelt an irgendwelche Erwartungen. Du kannst dir absolut sicher sein, dass du gehalten und beschützt bist. Wo immer du auch bist, was immer du auch tust, auch wenn du denkst, du hättest Schuld auf dich geladen, wir sind immer an deiner Seite. Wir sind gerade dann sehr nahe, wenn du durch schwierige Lebenszyklen gehst.

In Liebe, sei gesegnet,
Erzengel Michael

Sarinah – Ratssitzung: Liebe und selige Freundschaft

Harry war tief verzweifelt. Er fragte sich die ganze Zeit, wie er es anstellen sollte, dass sein innigster Wunsch in Erfüllung ging. Harry, der Erdenengel, wollte sein Herz heilen, Frieden mit sich schließen. Außerdem wünschte er sich, dass seine Frau ihm verzeihen konnte. Denn Harry hatte sich wieder einmal nicht zügeln können und so fremdgeflirtet, dass seine Frau sehr wütend war.

Er fragte seinen Freund Erzengel Michael um Rat. Dieser war jedoch an diesem Tag arg zu Späßen aufgelegt. „Du hast ein goldenes Herz", sagte Erzengel Michael, „diese Herzen brauchen besonders viel Liebe. Da ist es doch verständlich, dass du Liebe suchst, wo immer du gerade bist. Du bist so oft in ernsten Angelegenheiten unterwegs, deswegen brauchst du Wärme und saugst sie auf wie ein Schwamm. Mein lieber Freund, du solltest dir nicht die Schuld geben. Außer ein paar Küssen ist doch nichts passiert."

Der irdische Engel hatte tatsächlich überlegt, wie er seinem Freund sagen sollte, dass er in letzter Zeit ein kleines Amüsement hatte, aber Erzengel Michael wusste – wie immer – schon Bescheid. Harry liebte seine Frau, doch trotzdem passierte es manchmal, dass er beim Anblick einer anderen Dame in Flammen aufging.

Erzengel Michael las die Gedanken von Harry und sagte: „Weißt du, ich finde du benimmst dich phasenweise sowieso zu sehr wie ein Heiliger. Wenn du über die Stränge schlägst, wenn ich sehe, dass du flirtest, bin ich beruhigt, dann weiß ich, dass du lebst und nicht nur schwebst."

Die beiden Freunde lachten. Ihr Lachen war bis in den Saal der Ratssitzung zu hören. Erzengel Uriel stand auf, ging zur

Tür und ohne zu zögern auf Erzengel Michael und Harry zu und nahm sie an den Händen. Er zog sie hinter sich her wie Lausbuben, die etwas angestellt hatten. Erzengel Uriel hörte hinter seinem Rücken die Anwesenden kichern und nahm wahr, dass alle dachten, er würde wieder einen Spaß im Sinn haben.

Mit ernstem Gesicht ging er zum Podium, Erzengel Michael und Harry vor sich hinschiebend. Dann sagte er zu den Anwesenden: „Hier sind die beiden. Nun kann es endlich losgehen."
Erzengel Uriel schob Erzengel Michael das Mikrofon zu, dieser lehnte sich entspannt gegen das Pult und sprach: „Sitzung eröffnet! Legt los! Thema: selige Freundschaften und mehr."

Harry konnte nicht anders, er grunzte vor Lachen und sagte zu Erzengel Michael: „Lass uns ein anderes Thema finden, ich werde so leicht rot." Erzengel Uriel legte Harry die Hand auf die Schulter und küsste ihn mit einem lauten Schmatz auf die Wange. „So, mein Freund, nun hast du einen Grund, rot zu werden", sagte er grinsend.

Die drei standen vor dem Pult, und man hörte ihren spaßigen Dialog im ganzen Saal. Die Anwesenden waren mucksmäuschenstill, um ja nichts zu verpassen. Erzengel Uriel drohte Erzengel Michael spielerisch und mit erhobenem Zeigefinger. „Du blauer Engel, du. Wieso treibst du dich draußen herum, während drinnen alle auf dich warten? So kenne ich dich gar nicht, was ist denn heute los? Ach ja, jetzt wird mir klar, was das sollte", witzelte Erzengel Uriel.

Lady Faith kam nämlich gerade zur Tür herein, sie trug ein langes weißes Kleid und verströmte einen unwiderstehlichen Duft nach Blumen. Erzengel Uriel begrüßte Lady Faith lässig. Dann murmelte er, zu Erzengel Michael blickend: „Nun komm, geh schon zu ihr, du hast auf sie gewartet, warum benutzt du eigentlich dein Kommunikationssystem nicht?"

*Er gab Erzengel Michael einen Klaps auf die Schulter, der sich
aufrichtete und mit ausgebreiteten Armen zu Lady Faith schritt.
Oh, dieses Strahlen in seinen Augen! Das hättet ihr sehen sollen.
Klar, dass der große Engel die Lady im weißen Kleid liebte.*

Ich, Sarinah, schreibe diese Ratssitzung auf, weil ich zeigen will, dass die Geistige Welt nicht nur ernst und würdevoll ist oder gar antiquiert. Letzteres sind sie auf keinen Fall, sondern manchmal sogar sehr menschlich.

Anwesend waren: Erzengel Uriel, Lady Portia, Erzengel Michael, Lady Faith, der Erdenengel Harry, Erzengel Zadkiel, Maitreya, Marix und ich, Sarinah.

Ich bin nicht im Traum zu dieser Sitzung gereist, ich war gerade dabei, für dieses Buch zu schreiben, schon war ich mittendrin. Ich war an zwei Orten gleichzeitig, konnte tippen und war persönlich bei der Ratssitzung anwesend. So fühlte es sich jedenfalls an. Es war, als hätte mich jemand an die Hand genommen, und schon roch ich den Duft von Lady Faith und hörte das Gemurmel der geistigen Mentoren.

Ich stand hinter Lady Faith und roch den wundervollen Blumenduft, sah, wie Erzengel Michael seine Lady ansah, und hörte die beiden kichern. Sie drehten sich zu mir um, und ich bekam von den beiden Küsschen links und rechts auf die Wange. Dann gingen wir zu unseren Plätzen.

Schon erstaunlich, dachte ich gerade, wieso sind sie alle so still, sie reden doch sonst so viel? Als ich meinen Stuhl anfasste, um ihn nach hinten zu ziehen und mich zu setzen, berührte meine Hand eine andere. Ich sah hoch, und da waren sie: die braunen, weisen, liebevollen Augen von Maitreya.

Aha! Darum sind alle so still, sie sahen ihn kommen. Sie sind genauso fasziniert wie ich, dachte ich.

Maitreya schob den Stuhl für mich zurecht, dann sagte er mit sanfter Stimme: „Schönen Tag, Sarinah. Schön, dich zu sehen. Wie geht es dir?"

Ich antwortete automatisch, dass es mir gut gehe. Wenn es mir nicht so peinlich gewesen wäre, hätte ich gerne Maitreyas Hand noch ein wenig länger festgehalten, so gut fühlte es sich an. Während ich zusah, wie Maitreya zu jedem der Anwesenden ging und die Hand zur Begrüßung reichte, wurde es plötzlich laut im Saal. Es wurde gelacht und gescherzt. Die Ladies wurden mit leichter Verbeugung und Küsschen begrüßt. Ich sah, wie Harry immer noch etwas verloren und alleine am Pult stand. Maitreya ging auf ihn zu, legte ihm die Hand auf die Schulter und führte ihn an seinen Platz. Er beugte sich zu Harry und flüsterte: „Komm, wir machen es uns gemütlich, du hast doch hoffentlich keine Rede vorbereitet?" Harry murmelte: „Ohne Erzengel Uriel ist mir das zu fad."

Nun gab es plötzlich Applaus. Ich sah, wie alle zur Tür sahen, und herein kam kein Geringerer als Marix, der Sprecher des Erstkontakt-Teams der Galaktischen Föderation des Lichts.

Lady Portia war so entzückt, Marix zu sehen, dass sie ihm aus Versehen ihren Zopf zur Begrüßung reichte, anstelle ihrer Hand. Marix grüßte in die Runde und nahm wie selbstverständlich den langen Zopf von Lady Portia in die Hand und küsste ihn. Leises Lachen war zu hören, und man hörte kurz darauf Lady Portia sagen: „Hey, du Frechdachs! Marix, du bist mir einer!"

Ich hätte zu gerne gewusst, was er zu ihr sagte, doch dafür war es im Saal viel zu laut. Marix gab gerade Lady Faith einen Handkuss und zwinkerte dabei Erzengel Michael zu. Lady Faith kicherte, weil Marix ihre Hand nicht losließ. Erzengel Michael umarmte soeben Marix und Lady Faith. Er zog die zwei ganz dicht an seine Brust, sodass Marix nicht anders konnte, er küsste Lady Faith auf die Wange und Erzengel Michael ebenso. Wieder war Kichern zu hören... Erzengel Uriel hatte genug, er rief in die Runde: „Ihr seid wieder wie die Kinder, lasst uns anfangen, jeder an seinen Platz!" Dabei klatschte er in die Hände, als wenn er Hühner vor sich hertreiben würde.

„Nun", sprach Erzengel Zadkiel, „jetzt wird mir klar, warum ihr diese persönlichen Treffen bevorzugt. Hier ist ja eine Stimmung wie auf einer Klassenfahrt. Außerdem ist Sarinah hier, sie kann sicherlich besser aufschreiben, was wir tun und sagen, wenn es nicht auf telepathischem Weg geschieht."

Erzengel Zadkiel sah in die Runde, nun saßen endlich alle auf ihrem Platz. Er begann von Liebe und Vernunft zu reden. Er redete und redete und war gerade dabei, mit ernstem Tonfall von Transformationen zu sprechen, als Erzengel Uriel für jeden der Anwesenden eine weiße Rose einschweben ließ.

Erzengel Zadkiel nahm die Rose, die vor seiner Nase schwebte, roch daran, setzte sich und meinte: „Nun denn, wer hat eine Idee, wie man den Menschen in Sachen Herzensheilung und Freundschaft helfen kann?"

Marix stand auf, nahm Anlauf und sprang die Stufen bis zum Podium mit einem Satz nach oben. Er sagte: „Die Menschen sind manchmal so verwurzelt mit ihren Sorgen, dass sie ganz vergessen, dass es auch noch helfende Engel gibt. Wer dem Wasser zusieht, wie es in Richtung See fließt, wird nicht automatisch Teil des Wassers. Loslassen, sich entspannen, ist für viele nicht so einfach. Sie versuchen Entspannungstechniken oder setzen sich vor den Fernseher und gucken Sport oder diese täglichen Serien.

Was ich damit meine ist, dass diese Rituale wohl sehr wichtig sind, doch wer dem Wasser zusieht, wie es einfach nur fließt, ist nicht automatisch Teil davon. Wer den ganzen Tag vernünftig sein und arbeiten musste, um Geld zu verdienen, wird die wenigen Stunden des Feierabends brauchen, um Kraft für den nächsten Tag zu schöpfen.

Rituale wie fernsehen, sich dicke Socken anziehen, mit der Katze kuscheln usw. sind sehr wichtig, weil es Sicherheit und Ruhe gibt. Ich schlage also vor, dass wir den Menschen helfen, heil zu werden, indem wir uns neben sie setzen. Wir begeben uns in ihren heiligen Raum, halten diesen für sie stabil und lassen so Heilung fließen. Wir sind die Freunde, auf die sie gewartet haben. Wer viele weißen Tauben um sich spürt, wird nicht auf die Idee kommen, nach schwarzen Raben Ausschau zu halten." Applaus brandete auf. Erzengel Michael erhob sich sogar, während er klatschte und rief: „Gut so! Du redest wieder in Bildern, Marix."

Marix ging mit schnellen Schritten an seinen Platz. Er setzte sich neben mich und raunte mir zu: „Hey, du weiße Taube, lass uns von hier verschwinden, ich lade dich ein, wohin du willst."

Charmeur, dachte ich. Wie süß er lächeln kann. Ich sah in die Runde, und die Stille von vorhin war verflogen. Während Marix gesprochen hatte, hätte man eine Stecknadel zu Boden fallen hören können. Nun sprachen alle durcheinander. Ich sah, wie Erzengel Michael nachdenklich und mit erhobenen Händen, die seinen Kopf zu stützen schienen, mit seinem Stuhl kippelte. Ich spürte den Ärmel von Marix, der sich nah an meine Schulter lehnte, um meine Antwort nicht zu verpassen.

Die Ladies waren ins Gespräch vertieft. Lady Faith roch gerade am Haar von Lady Portia, diese wiederum wickelte eine Locke von Lady Faith um ihren Zeigefinger. Erzengel Zadkiel sah Harry zu, wie er seine Rose zerfledderte und dabei murmelte: „Sie liebt mich, sie liebt mich nicht, sie liebt mich, sie liebt mich nicht…"

Bevor Harry jedoch das letzte Rosenblatt ausreißen konnte, nahm Erzengel Zadkiel Harry die Rose aus der Hand und sagte: „Sie liebt dich doch, sonst hätte sie dir nicht so eine Szene gemacht. Lass dir was einfallen, du Bengel, damit deine holde Frau wieder mit dir spricht."

Erzengel Michael sprang auf und löste die Runde auf, indem er sprach: „Schnell, wir nehmen den Vorschlag von Marix auf. Wir heilen sie, indem wir uns in den heiligen Raum der Menschen begeben und diesen stabil, voller Liebe und freundschaftlich halten."

Er nahm Lady Faith eilig bei der Hand, drehte sich um, winkte allen zum Abschied zu, und weg waren sie.

Erzengel Uriel tat das Gleiche mit Lady Portia, dann ließ er wie als Abschiedsgruß weiße Tauben in den Saal flattern. Dieses Mal aber war der rote Engel schlauer. Er schnipste mit den Fingern und verließ mit seiner Lady das Szenario, bevor der Körnerregen einsetzte.

Typisch, dachte ich. Genauso schnell, wie sie kommen, sind sie auch wieder weg. Die weißen Tauben machten dieses flatternde, summende Geräusch, das so typisch ist, wenn sie ihre Kreise fliegen.

Marix stand auf und nahm mich bei der Hand. Wir gingen zur Tür, und ich sah zurück, geradewegs in die Augen von Maitreya. Diesen Blick werde ich nie vergessen. Diese Augen! Von irgendwoher kenne ich diese Augen. Ich sah, wie Erzengel Zadkiel und Maitreya im Gespräch vertieft waren und hörte ihr Lachen, dann fiel die Tür hinter uns zu.

Während ich dieses hier schreibe, fühle ich die unermessliche Liebe der geistigen Heimat. Ich rieche noch den süßen Duft von Blumen und höre noch immer die fliegenden Tauben…

Schade, dass es schon vorbei ist, es war so schön. Oh, nun spüre ich eine Hand auf meiner Schulter. Tatsächlich ist Marix noch bei mir. Ich sehe auf die Uhr und kann es nicht glauben: Es ist 4.00 Uhr morgens.

Die Stunden sind wie im Flug vergangen. Ich fühle mich nicht müde, doch die Hand auf meiner Schulter erinnert mich daran, dass es Zeit ist, diese Seiten zu schließen. „Bis gleich", höre ich Marix flüstern, „bis gleich."

Erzengel Michael: Schlaflos mit Sarinah

„Für viele Lichtträger ist es sicher erstaunlich, dass man uns Engel auch sehen kann. Nicht wenige würden erschrecken, wenn sie plötzlich einen Erzengel, im Zimmer schwebend, sehen würden."

Sarinah: „Ich bin daran gewöhnt, dich zu sehen. Ich habe dich ja schon als Kind gesehen. Dieser Kontakt mit den Engeln war für mich so selbstverständlich, dass ich nicht darüber sprach. Als ich klein war, ging ich davon aus, dass jeder Mensch euch sehen und mit euch sprechen kann. Aber ich verstehe, dass manche Leute erschrecken, es ist schließlich nicht alltäglich."

„Du dachtest erst, du hättest etwas mit den Augen, bis du erkannt hast, dass du mich wirklich siehst. Was mich erstaunt ist, dass du zwar immer nach mir Ausschau gehalten hast, als ich dann jedoch erschien, konntest du es nicht glauben. Das ist wohl typisch für euch Lichtträger. Wenn Wünsche in Erfüllung gehen, seid ihr oft wie Kinder, die sich nicht an das Geschenk herantrauen, aus Angst, es könnte etwas herausspringen, was sie erschrecken würde."

Sarinah: „Du hast ein schönes Lachen, Erzengel Michael. Ich mag es, wenn du lachst, dann bist du so menschlich. Es ist schön, dass ich mit dir sprechen kann. Es ist jetzt 3.00 Uhr morgens, und ich kann wieder nicht schlafen. Ich hatte so einen komischen Traum, erschreckend brutal. Weißt du, manchmal sind die Träume so schlimm, dass ich lieber wach bleibe, nur damit ich nicht die Fortsetzung davon träume. Das ist mir mit diesen Albträumen schon oft passiert. Ich schlafe wieder ein und träume die grausamen Szenen weiter."

„Das ist verständlich. Doch es ist wichtig, dass du es zulässt, Sarinah. Dadurch zeigen sich unter anderem vergangene

Leben. Du hast eine Emotion zu diesen Szenen, und dann kann Transformation einsetzen. Außerdem war dein bisheriger Weg auch nicht gerade „ohne". Es gibt genug, was du tagsüber wegdrückst, damit du nicht daran denken musst. Nachts kommen dann die schicksalhaften Erlebnisse in deinen Träumen. Diese können sehr real sein und quälend. Ich verstehe dich, und um auf deine innere Frage zu antworten: Ja, ich hörte dich rufen, ich hatte alle zwei Ohren bei dir. Dein Schutzengel würde es nie zulassen, dass du zu lange in dieser Sequenz des Traumterrors verweilst. Das Wort Terror ist von dir, so hast du es genannt. Ich rate dir aber, sprich nicht so von deinen Albträumen, sonst wird der nächste wieder so sein."

Sarinah: „Danke, daran hatte ich nicht gedacht. Warum aber? Na ja, ich spreche nicht gerne darüber. Erzengel Michael, du weißt was ich meine. Kannst du mir sagen, warum ich mich im Traum immer mit den schlimmsten der bösen Buben anlege?"

„Nun, ich weiß, wovon du sprichst. Sicher hatten viele Leser schon einmal solche Visionen. Die „bösen" Buben, wie du sie nennst, diese Energien wollen auch erlöst werden. Im Tagesbewusstsein seid ihr dafür meistens nicht bereit, was verständlich ist. Doch nachts arbeitet ihr ja auch für das Licht. So brechen diese Transformationen über euch herein. Im Traum löst ihr dann für euch und die Gesellschaft der Bürger auf, was euch tagsüber zu viel Kraft kosten würde."

Sarinah: „Was ist mit diesen Teufelsaustreibungen? Ich verstehe das nicht. Damit wird wohl viel Geld gemacht. Also, was sagst du dazu?"

„Nun, die Menschen begeben sich zum Beispiel in solch eine Sitzung, bei der es um den Teufel in ihnen gehen soll. Allein dadurch ist ihr Fokus schon darauf gerichtet, dass es so etwas geben könnte. Viele sind davon überzeugt und kommen extra deswegen. Also stellen sie ihren freien Willen darauf ein. Das, was man in Erwägung zieht, dass es sein könnte, kann man auch erleben. Um ehrlich zu sein, ist das, was sie bei den Mennschen austreiben, nichts anderes als alte Egoanteile. Diese können ein erschreckendes Bild im Außen zeigen, Sie werden über die Aufmerksamkeit genährt, wachsen und zeigen sich als Elementale, als reale Wesen, und gewinnen an Macht über den Menschen.

Das wird sicher bei einigen Lesern auf Unverständnis stoßen. Aber ich, Erzengel Michael, sage dazu: Wer glaubt oder wem suggeriert wird, dass er den Teufel in sich hat, wird bei einem solchen Ritus das an sich und an anderen erleben, was suggeriert wurde. Denn dadurch wird das sichtbar, was ein altes Bildnis des „Bösen" ist. Eigentlich sind solche Massenrituale Show. Wer für solche Dinge empfänglich ist oder Angst hat, ist ein leichtes Opfer. Nicht für Luzifer, der ist längst aufgestiegen. Er ist wieder an dem Platz, der ihm gebührt: neben dem Schöpfergott.

Opfer für diejenigen, die diese Show betreiben, das meinte ich damit. Denn sie wissen nicht, was sie tun! Es gibt Patienten, die das Dogma der Austreibungen spiegeln. Sie sind scheinbar immer wieder in dieser Satan-Energie und brauchen eine Anstalt (Psychatrie), um sich zu schützen, damit sie sich selbst nichts antun oder anderen Schaden zufügen. Du weißt ja, dass es für solche Rituale, die nicht konform gehen mit dem Gotteslicht, Resonanz gibt, indem es einige Menschen in ihrem Leben ausleben (spiegeln).

Wer zum Beispiel spielsüchtig ist, wird Probleme im realen Leben haben. So lange er die Sucht lebt, wird er immer wieder mit den Nachteilen konfrontiert. Die Gesellschaft hat aber auch süchtig machendes Verhalten an sich. Wenn die Menschen abhängig sind, sind sie manipulierbar. Werbung, Marketing suggeriert: Wenn du Geld hast, geht es dir gut, wenn du konsumierst, bist du glücklich. Viel Geld in kürzester Zeit zu machen, wird als Ziel gesehen. Die Gesellschaft hält diese Menschen förmlich bewusstlos. Sie müssen nur funktionieren wie Maschinen, da das System am Laufen gehalten werden muss. Siehe Suchteinrichtungen, Konsum, Spielautomaten, Boutiquen usw. Der Markt für diese Dinge ist da und will mit Menschen befeuert werden, die konsumieren. Dadurch werden sie in Abhängigkeit gehalten.

Ihnen wird eine Scheinwelt vorgegaukelt. Wer „in" sein will, braucht zum Beispiel Botox, Schönheitsoperationen, Luxusurlaube, teure Kleidung, ein dickes Auto, ein Eigenheim, hundert Paar Schuhe usw. Wer aus diesem Kreislauf aussteigen will, sollte bereit sein für eine Änderung seiner Denk- und Lebensweise. Das kann aber anfangs ganz schön unbequem werden.

Der Teufel steckt im Detail. Das ist ein menschliches Sprichwort. Alkoholsucht und Süchte generell werden von diesen niederen Energien genährt. Wer hier Resonanz zeigt, wird sich hingezogen fühlen zu den jeweiligen Süchten und den dazugehörigen Ritualen in der Gesellschaft."

Sarinah: „Aber warum träume ich das Zeug? Ich habe keine Sucht und mit dem Teufel nichts am Hut."

„Das ist aus früheren Leben, du warst nicht immer nur lichtvoll. Wer in diesem Leben ein Engelleben führt, war in einer früheren Inkarnation auch einmal das genaue Gegenteil (siehe Polaritäten). Nichts ist anziehender für die Menschen, als Polarität im Leben zu erfahren. Die Gegensätzlichkeit ist sehr interessant. Vor allem, wenn man schon einmal auf dem absteigenden Ast war, will man auch das Gegenteil erfahren, ein gutes, angenehmes Leben sozusagen. Wenn man in einem früheren Leben verfolgt wurde und kein gutes Leben hatte, dann möchte man im neuen Dasein ein Engelleben führen, also genau das Gegenteil.

Wer sich am Rand der Gesellschaft bewegt und sich abgelehnt fühlt, ist ein leichtes Opfer für die Rituale der Teufelsaustreibung. Es geht im Leben an sich nur um Energie, weil alles geistiger Natur ist. Wie aber bekomme ich die Energie von anderen? Indem ich so spreche, wie es anderen gefällt. Indem ich mich beliebt mache. Ich tue viel für andere, ich mache mich unentbehrlich, mache Geschenke, verteile Einladungen usw. Ich mache auf mich aufmerksam mit guten Taten, jedoch Energie kann ich auch über negative Aufmerksamkeit bekommen, zum Beispiel wenn ich streitsüchtig bin und grundsätzlich eine andere Meinung habe. Dann verhalte ich mich „auffällig".

Der Dalai Lama sagte einmal: „Wer selbst keinen inneren Frieden kennt, wird diesen auch nicht in der Begegnung mit anderen finden."

Nichts könnte es besser ausdrücken als dieses Zitat. Dem pflichte ich, Erzengel Michael, vollkommen bei."

Sarinah: „Wenn sich lichtvolle Menschen zusammentun, können sie doch die ganze Welt retten, oder nicht? Aber es gibt immer noch dunkle Anteile."

„Genau! Und wer das bei sich ablehnt, kann es auch nicht bei sich erlösen. Was abgelehnt wird, hat eine eigene Dynamik, nämlich dass genau das gelebt wird, was verhasst ist. Wenn du deine Albträume nicht mehr so abscheulich findest, musst du sie auch nicht mehr träumen.

Wer daran glaubt, dass der Teufel in manchen Menschen steckt, wird immer wieder auf Menschen treffen, die genau das spiegeln. Der Glaube schafft Realität!

Über Gedankenkraft kann man Menschen erniedrigen oder auch erhöhen. Wer mit Pflanzen kommuniziert, wird das kennen. Denkt man schlecht von der Pflanze, geht sie ein, denkt man gut von ihr, blüht sie regelrecht auf.

Exorzismus ist eine Form der Bestrafung. Es werden die bestraft, die sich nicht wehren können oder dafür empfänglich sind. Man suggeriert ihnen, dass der Teufel in ihnen steckt. Exorzismus ist Teil eines uralten Glaubenssatzes. Uralt, aus religiösem, kirchlichem Ursprung. Hier geht es um Machtanspruch. Exorzismus in der Kirche war eine Form der Unterdrückung, der Zerstörung. Wer lichtvolle Gedanken hatte oder aus der gesellschaftlichen Norm herausfiel, wurde als abtrünnig bezeichnet und dann ausgeschlossen. Der Exorzismus ist ein Ausschlussritual. Religion ohne Liebe macht fanatisch, wie schon der Verlauf der Menschheitsgeschichte zeigt. Die größten Verbrechen wurden und werden im „Namen Gottes" von Menschen an anderen Menschen verübt.

Diese Energie der Teufelsaustreibung will von der Erde gehen. Dazu werden Boten des Lichts benötigt, die mithelfen, das zu erlösen, indem sie zum Beispiel davon träumen.

Die niedere Energie möchte über die Energie der Annahme erlöst werden, indem sich Boten des Lichts zum Beispiel dieses Themas annehmen, ihre Aufmerksamkeit darauf lenken."

Sarinah: „Als ich gestern mit dir sprach, wollte ich auf keinen Fall über Exorzismus schreiben. Ich sagte zu dir, das will ich nicht erleben, geschweige denn schreiben oder träumen."

„Zu dem Zeitpunkt, als wir uns darüber unterhielten, hattest du doch schon davon geträumt. Wenn du darüber schreibst, kannst du es auflösen, damit du nachts nicht mehr schlaflos bleiben musst. Sarinah, ich kann dich nicht vor Auflösungen beschützen, denn diese sind wichtig. Doch glaube mir, ich habe alle Sensoren bei dir. Wenn du mich brauchst, bin ich im Bruchteil einer Sekunde da."

Sarinah: „Danke, Erzengel Michael, das weiß ich, und ich will dir noch eins sagen: Ich finde, du bist wunderschön, du nebeliger Engel, du."

„Nebel? Jetzt bringst du mich wieder zum Lachen. Wenn du mich so siehst, dann doch nur, weil sich deine Sensorik erst wieder darauf einstellen muss. Schließlich ist es nicht alltäglich, einen Erzengel in seiner ganzen Pracht zu sehen."

Sarinah: „Das verstehe ich nicht. Ich sah dich, als ich klein war, ganz genau. Als Teenager verlor ich diese Gabe. Später war diese Fähigkeit einfach wieder da, als wenn es selbstverständlich wäre, mit euch Engeln zu kommunizieren, euch zu sehen. Was ist jetzt anders?"

„Du hast mich als Kind so gesehen, wie du mich wahrnehmen konntest. Jetzt ist deine Wahrnehmung aber eine andere. Darum siehst du mich jetzt anders."

Sarinah: „Heißt das, dass du für jeden Menschen anders aussehen kannst? Kannst du ein Vogel sein, eine Wolke oder eine Feder?"

„Ja klar, eure Wahrnehmung bestimmt, was ihr sehen, hören, fühlen könnt. Alle eure Sinne sind so ausgeprägt, wie es der Wahrnehmung entspricht. Sonst würde es euer System überlasten."

Sarinah: „Ich verstehe. Ich werde oft gefragt, wie man mit den Engeln in Kontakt kommt."

„Nun, wer sich für uns interessiert, dem öffnen wir die Tür für den Kontakt. Am einfachsten geht es, wenn der Verstand sich ausruht, zum Beispiel kurz vor dem Einschlafen. Da kommen die meisten Lichtträger gut mit uns Engeln in Kontakt. Streckt einfach die Hand aus, während ihr in den Schlaf gleitet, mit der Absicht, euren Engel zu berühren. Dann werdet ihr das auch erfahren dürfen. Es ist Übungssache, denn Engel haben eine beruhigende Energie, wodurch man leicht in den Schlaf gleitet. Der Kontakt mit Engeln ist auch mit Training verbunden."

Sarinah: „Erzengel Michael, ich werde tatsächlich müde. Kannst du mir helfen, dieses schöne Feld der Liebe zu halten? Dann träume ich garantiert nur Gutes."

„Natürlich. Du bist erschöpft. Gerne halte ich für dich dieses Energiefeld der allumfassenden Liebe aufrecht. Aber denk daran: Übung macht den Meister."

Sarinah: „Erzengel Michael, kannst du für die Leser dieses wundervolle Energiefeld der Liebe erschaffen? Für jeden, der es möchte, jetzt sofort, während sie das lesen?"

„Ja, natürlich. Das tue ich gerne. Schön, dass du daran gedacht hast. Somit erschaffe ich und halte für dich, der/die du diese Zeilen nun liest, das Schwingungs-Quadrat des allerhöchsten Lichts.

So sei es. Sei gesegnet.

In Liebe,
dein Erzengel Michael."

Sarinah: „Ich danke dir von Herzen, Erzengel Michael. Bis gleich…"

Das geheilte Herz

Die spirituelle Bedeutung des Herzens haben wir schon erwähnt. Doch wie heilt ein Herz, wenn es entzweigebrochen ist? Wenn dir Schlimmes widerfahren ist, was dein Herz schwer macht? Dann kann es nur einen Weg geben: die Heilung! Denn du solltest dich wieder für die Liebe öffnen können und wollen.

Wie immer diese Liebe aussehen mag, ob du dich einem neuen Partner zuwendest oder alleine lebst, eins ist sicher: Viele Wege führen nach Rom. Ein Sprichwort, das nicht besser passen könnte, denn die Wege zur Heilung des heiligen Herzens sind vielfältig. Manchmal brauchst du auch jemanden, der dich noch einmal in diesen Schmerz führt, in die Pein, die dein Herz zum Wehklagen gebracht hat.

Die Menschen sehnen sich nach der Liebe ihres Lebens, nach Gesundheit, Macht, Geld, und sie sehnen sich Unabhängigkeit herbei. Wie auch immer euer Wunschzettel aussieht, seid gewiss, dass eure Träume sehr stark miteinander verknüpft sind.

Das eine gibt es nicht ohne das andere. Was wir damit meinen? Nun, die Träume und Visionen sind nicht zufällig so angeordnet. Wenn ihr zum Beispiel die Liebe eures Lebens gefunden habt, öffnen sich meistens auch andere Türen. Dann kommt alles auf einmal, so fühlt es sich oft an im Leben. „Jetzt habe ich so lange gewartet, endlich habe ich mich getraut, meinen Arbeitsplatz zu wechseln. Tatsächlich lernte ich auf diesem Weg auch meinen Mann kennen. Ich habe keine Angst mehr, dass ich wie meine Mutter erkranke. So gesund, energievoll war ich schon lange nicht mehr. Wir haben jetzt mehr Geld. Meinen Beförderungsantrag hat mein Chef ohne zu zögern angenommen."

Das ist ein Gedankenmitschnitt einer jungen Frau. Ihr Schutzengel hat es so aufgezeichnet. Wir möchten euch damit zeigen, dass nichts umsonst ist, kein Tag eures Lebens ist umsonst. Die junge Frau hatte auch Lebenskrisen und Stagnation, sie war ungeduldig und unglücklich. Doch gerade dabei lernte sie sehr viel. Eigentlich kann man sagen, dass ihr Herz anfing, krank zu werden, so sehr belastete sie die Situation, dass sie Single war, obwohl sie es nicht wollte.

Sie gab dem Zustand, dass sie alleine war, immer die Schuld für ihr Unglücklich-Sein. Dabei übersah sie, dass sie ja auch noch andere Wünsche hatte, als endlich zu zweit zu sein. Ihr Fokus lag zu hundert Prozent darauf: Wann lerne ich ihn kennen und wo?

Ihre Engel steckten die Köpfe zusammen, um ihr zu helfen, aus der Mühle der sorgenvollen Gedanken herauszukommen. Denn sie lebte genau das, was sie eigentlich nicht wollte, weil sie destruktiv über sich und den Lebenszyklus dachte, in dem sie gerade steckte. Bis einer ihrer Schutzengel auf die Idee kam, dass sie deutlichere Zeichen brauchte, um zu wissen, was sie tun konnte, um glücklich zu sein.

So lernte sie beim abendlichen Spaziergang einen Mann kennen, der ihr erzählte, dass er in seiner Firma dringend eine Angestellte suchte. Sie sah in die Augen dieses Mannes, und wenn sie auch nicht sofort die Liebe zu ihm spürte, irgendetwas zog sie an. Es war nicht einmal ein Flirt zwischen ihnen, sondern ein normales Gespräch von Herz zu Herz. Er gab ihr sogar seine private Telefonnummer, und sie rief am nächsten Tag bei ihm an.

Den Rest der Geschichte haben wir schon weiter oben erwähnt. Auf diesem Weg wurde nicht nur ihr größter Wunsch erfüllt, sondern es öffneten sich viele Türen.

Die Heilung des emotionalen Herzens ist vielschichtig, und du kannst dich darauf verlassen, dass deine Engel deine innere Stimme so verstärken, dass du nichts übersehen kannst.

Manchmal braucht es ein wenig, bis alte Wunden sich geschlossen haben. Oft reißt irgendjemand in deinem Umfeld die gleiche Wunde wieder auf, damit abfließen kann, was die Heilung behindert hätte. Es liest sich leicht. Wir, eure geistigen Mentoren, wissen das. Doch im Leben kommt eins zum anderen, sodass euch das Rad der Läuterungen manchmal aus der Bahn wirft.

Bedenkt aber bitte, dass ihr nicht alleine seid und eure Engel manchmal erstaunlich wissend um die Ecke denken. Sie führen euch nicht sofort nach Rom, sondern leiten euch so, dass ihr möglichst viel loslassen könnt, damit die Heilung der Vergangenheit, egal, was passiert ist, eintreten kann, sobald ihr bereit dafür seid.

Dein Bewusstsein weitet sich, so ist dein Aufstieg nie zu Ende. Doch sei dir gewiss: Das Herz, das nicht gram ist, das verzeiht, das sich selbst vergibt, das keinen Hass kennt und auch keine Fehden, dieses Herz wird heilen. Wir sprechen also von der Heilung deiner emotionalen Wunden, nicht deiner Organe. Aber es liegt nahe zusammen.

Wenn du glücklich sein willst, solltest du in der Lage sein, anderen aus dem Herzen heraus Glück zu schenken. Dann wirst auch du beschenkt.

Wenn du traurig bist, weil Schlimmes passiert ist, dann solltest du anderen aus ihrer Traurigkeit helfen. So heilt auch dein Leid schneller.

Natürlich sollte dieses Helfen aus reinem Herzen heraus erfolgen, nicht unter Druck oder weil man sich beliebt machen möchte.

Wenn du beliebt sein möchtest, nur weil du gut dastehen willst bei deinen Mitbürgern, wirst du unweigerlich mit Menschen in Kontakt kommen, die im trügerischen Schein der Beliebtheit leben. Die womöglich sogar innerlich unglücklich sind. Wenn du dich über den Erfolg der anderen ehrlich freuen kannst, ist das ein klarer Vorteil, denn Konkurrenzdenken hält den Mangel fest. Wenn du anderen zum Erfolg verhilfst, wirst du unausweichlich die Fülle erleben, sei es in Geldangelegenheiten, in der Gesundheit, im Beruf oder in der Liebe.

Der Weg zum eigenen Glück verläuft nicht immer gerade. Wenn du ein gebrochenes Herz hast, ist es sinnvoll, niemals anderen wehzutun, denn das hält das Leid nur fest. Das gebrochene Herz wird heilen, wenn du alles aus deinem Leben verbannst, was anderen wehtut. Wenn du nur alles aus deinem Leben verbannst, was dir wehtun könnte, ist das zwar gut, aber es reicht nicht aus, um dauerhaft glücklich zu sein.

Wer anderen etwas missgönnt, wird sich selbst immer wieder im Kreislauf der Missgunst wiederfinden. Wer sich freut, wenn andere hinfallen, wenn ihnen Leid widerfährt, wird wiederum für sich erfahren dürfen, dass das Hinfallen zum Leben gehört. Das wird so lange gespielt, bis der Lichtträger begreift, dass das eigene Glück nur erreichbar ist, indem man anderen das Glück gönnt oder ihnen zu ihrem Glück verhilft.

Als dein Schutzengel eines Nachts nach dir sah, blieb er einige Zeit an deinem Bett sitzen und lauschte deinem Atem. Du sahst so glücklich und zufrieden aus wie ein Kind. Dein Schutzengel streichelte dir übers Haar und flüsterte dir zu: „Sei unbesorgt, ich bin immer für dich da, immer. Ich passe auf dich auf. Ja, das tue ich, ich beschütze dich immer. Versprochen, sei unbesorgt…"

Erzengel Michael – Gespräch mit Sarinah: Der Wunsch nach Perfektion

„Das Sehnen nach dem perfekten Aussehen, nach Beziehungen im rosaroten Format, der Wunsch, dass die Kinder immer das tun, was die Eltern für sie gutheißen, der Drang der Menschen nach Anerkennung und dass alles „heile Welt" sein möge, auch wenn es nur nach außen so scheint, das alles ist verständlich. Lebt es sich doch leichter, wenn alles passt, oder nicht?

Doch das ständige Bedürfnis nach Anerkennung, das Geltungsbedürfnis, macht nur andere anstatt euer eigenes wahres SEIN zur Autorität.

Nun, ich, Erzengel Michael, könnte jetzt davon anfangen zu erzählen, wie Werbung auf euch wirkt, doch ich tue es nicht. Es ist längst in den Köpfen der Menschen angekommen, wie sie manipuliert wurden."

Sarinah: „Ich dachte, dass wir uns so erschaffen haben, wie wir jetzt sind. Also können wir das auch wieder umändern. Aber wie genau?"

„Durch das Feld der bedingungslosen Liebe. Wenn ihr euch darin bewegt, könnt ihr euch sowieso alles manifestieren, was ihr braucht. Das Wichtigste ist dabei, diese Schwingung der bedingungslosen Liebe zu halten. Je länger du dich darin bewegst, umso wahrscheinlicher und zügiger gehen deine Aussendungen in Erfüllung."

Sarinah: „Sonst switchen wir hin und her, Erzengel Michael?"

„Ja, oder es passiert gar nichts. Für viele Lichtträger ist dieses Feld der Liebe neu, andere wiederum kennen es schon. Magst du den Lesern berichten, wie es sich anfühlt, in diesem Feld der Liebe zu sein, Sarinah?"

Sarinah: „Es ist ein Gefühl, als wäre man high, ohne dass es süchtig macht natürlich. Nicht lachen jetzt, Erzengel Michael. Ich fühle es halt so. Außerdem hat man Menschen um sich, die auch high sind. Diese Schwingung scheint sehr ansteckend zu sein. Das Leben ist wunderbar leicht, und man fühlt sich wunderschön."

„Ich verstehe dich, Sarinah, und wenn ich lache, dann nur, weil du wieder mal mit wenigen Worten ins Schwarze triffst. Wie auch immer die Lichtträger diese wundervolle Schwingung empfinden, eins ist sicher: Die Frequenz, die wir hier beschreiben, hättet ihr vor Jahren in eurem Körper noch nicht aushalten können. Ihr wärt innerlich verglüht. Hier kannst du sehen, wie erfolgreich die Menschheit war, indem das Lichtspektrum sich nach eurem Wunsch ständig erhöhte. So seid ihr nun die Eingeweihten. Ich spreche von der Erdbevölkerung, nicht nur von einigen elitären Auserwählten.

Was meinst du dazu, Sarinah, dass die Erdenbürger sich verjüngen können?"

Sarinah: „Weißt du, Erzengel Michael, ich finde das wundervoll, und ja, ich bin wieder ungeduldig. Die Verjüngung geschieht sanft und ist in jedem Alter möglich. Wichtig ist nur, dass man es auch will, stimmt's? Dass man nicht heute JA und morgen NEIN sagt. Man braucht sicherlich Geduld und Durchhaltevermögen. Aber dass wir uns sozusagen einen neuen Körper erschaffen können, das finde ich eine tolle Sache."

„Ja, das stimmt. Du meinst sicherlich den Körpertausch. Dabei ist aber einiges zu beachten. Denn es ist eine Möglichkeit der Veränderung, die schnell gehen kann, wenn man die Schulaufgaben erledigt, also geübt hat."

Sarinah: „Ich weiß, was du meinst, und ich mag nicht hören, dass etwas geübt werden muss usw. Mir wäre es lieber, wir kämen schneller ans Ziel."

„Und dann? Was machst du, fliegst du dann davon?" Erzengel Michael lacht. „Du darfst nicht vergessen, dass eurer Energiepulsung sehr viele Menschen folgen. Je langsamer du gehst, umso mehr Lichtträger können dazukommen und dir folgen. Es ist ein Lichtdienst, dieser Körpertausch, kein Event für die persönliche Wunscherfüllung."

Sarinah: „Das weiß ich, doch mir ist nicht klar, warum es auf dem Weg zur neu erschaffenen verkörperten Ausdrucksform so viele Stolpersteine geben kann?"

„Jede Energieunausgeglichenheit in den Organen und in den Zellen möchte vorher geheilt sein, zeigt sich zuerst, kommt ans Licht. Sonst würde der „alte" Leib irgendwann verfallen. Alt! mit Ausrufezeichen, denn du bist ja noch jung. Aber trotzdem ist es deine Aufgabe, deinen „alten" Körper von allem zu erlösen, was du ihm aufgebürdet hast. Du erschaffst erst Neues, wenn du dein altes Ebenbild restauriert hast. Das ist ein Dienst der Ehre, denn du zeigst hiermit, dass du dein Werk ehrst. Dass du das, was dir Mutter Gaia geschenkt hat, in Würde lichtvoll ablegen kannst, ohne zu sterben."

Sarinah: „Ich dachte immer, der Körpertausch wäre einfacher als die Körperverjüngung?"

„Mitnichten. Nun ja, es scheint nur so, es sind unterschiedliche Möglichkeiten, und einfach ist sicherlich keine von beiden."

Sarinah: „Bei beiden Möglichkeiten sollte ich in der Lage sein, mich in diesem wundervollen Feld der Liebe aufzuhalten. Am besten dauerhaft. Oder?"

„Ja, stimmt. Das ist aber nicht schwer. Wirklich, es ist Übungssache. Bei der Verjüngung bleibst du in deinem Leib, er geht nur in die Idealform. Darüber haben wir schon gesprochen. Bei dem Tausch wirst du irgendwann umziehen. Besser gesagt, dein neuer kristalliner Lichtkörper wohnt bereits in dir, und er drückt sich langsam nach außen. Diesen Druck kannst du spüren wie ein Vakuum, das ist aber ein gutes Zeichen, denn gleichzeitig geht ein Teil deiner ehemaligen Ausdrucksform ins Licht. Das kann sich anfühlen wie sterben, indem zum Beispiel dein Herz wie wild pocht. Wenn ein Teil deiner (alten) Verkörperung ins Licht geht, nicht über das Hinwegscheiden, sondern im Leben, dann ist es meistens das Herz, das reagiert. Da heißt es, tief und bewusst atmen, und du weißt ja, dass Vertrauen dabei sehr wichtig ist. Denn im gleichen Atemzug wird dein kristalliner, feinstofflicher Körper mehr Raum erhalten, um sich zu etablieren.

Das heißt, dass alles geradezu nach Aufmerksamkeit schreit, also gelebt wird, was nicht „ok" transformiert ist. Krankheiten zum Beispiel – ein krankes Organ kann wieder wehtun, sich melden, dass es Hilfe braucht. Dass man jung ist, bedeutet nicht automatisch, dass alles reibungslos verläuft."

Sarinah: „Oh ja! Es kann wehtun."

„Außerdem muss dieser Prozess des Tausches überwacht werden, er darf nicht beschleunigt ablaufen, sonst seid ihr in Gefahr, wirklich zu sterben. Übrigens gilt das auch bei der Verjüngung.

So sind wir Erzengel es, die dafür sorgen, dass euch nichts passiert, wenn ihr zum Beispiel zu ungeduldig werdet."

Sarinah: „Ich weiß, wen du damit meinst, Erzengel Michael. Ich hatte tatsächlich Phasen, da fühlte es sich an, als müsste ich meinen Körper verlassen. Es war einfach nur grausam. Warum könnt ihr uns das nicht ersparen?"

„Nun, du lernst daraus, das ist das Wichtigste. Wir können euch das Hinfallen nicht ersparen, denn sonst würdet ihr immer wieder in die gleiche Falle tappen. Und ihr würdet womöglich diese schweren „Erfahrungen" auch noch an andere weitergeben. Aber wir helfen euch immer wieder auf."

Sarinah: „Verstehe. Aber sag, Erzengel Michael, wie funktioniert Bewusstwerdung? Warum ist das so wichtig? Man könnte doch auf dem gleichen Tritt stehenbleiben, dann hätte man Ruhe, man hätte es bequem."

„Das ist nicht so, Sarinah. Ich gebe dir ein Beispiel: Wenn eine Raupe im Kokon sich erst einmal entschlossen hat, dass sie ein Schmetterling werden will, kann sie es nicht mehr stoppen. Wenn die Raupe entscheiden würde, dass sie im Kokon bleiben will, dann stirbt sie.

Das ist eine Metapher, die den Aufstieg, die Bewusstwerdung der Menschen, erklären soll. Wenn die Raupe erst einmal begonnen hat, es sich im Kokon gemütlich zu machen, leitet ihr System biochemische Abläufe ein. Das heißt, diese müssen zart ablaufen, so, wie die Raupe es verträgt. Keine Raupe ist wie die andere, darum verläuft die Art der Verpuppung individuell, auch zeitversetzt. Sie kann den Prozess nicht beschleunigen. Steckt sie trotzdem die Nase zu früh aus dem Kokon, stirbt sie. Niemand von außen kann diesen Prozess der Verpuppung beschleunigen. Oder, besser gesagt: Niemand sollte versuchen, der Raupe den Kokon zu früh wegzunehmen, sonst ereilt sie der Tod.

Das heißt im übertragenen Sinn, dass, wenn sich ein Lichtträger für die Bewusstwerdung entschieden hat, dies geschieht übrigens sehr früh, meistens noch vor der Geburt, leitet euer Körper unter anderem biochemische Abläufe ein. Euer Kokon ist die lichtvolle Aura, die euch umgibt, man könnte auch sagen, dass der Körper der Dualität ein Teil dieser Schutzhülle ist. Innen seid ihr geschützt und behütet. Es ist unsere Aufgabe, dafür zu sorgen, dass ihr dieses Feld des Lichts halten könnt. So kommt es zur Verpuppung. Ihr verjüngt in diesem geschützten Raum, oder es findet irgendwann ein Körpertausch statt. So, wie laut Seelenvertrag von euch geplant.

Es kommt zu Transformationen, zu Auflösungen in höchster Bravour. In dieser Zeit seid ihr sicher eingebettet in eure Schutzhülle. Wer in dieser Phase versucht, den Körper zum Beispiel per Gewichtsreduktion zu verändern, wird merken, dass es nicht geht. Verständlich, denn du hast dich doch dafür entschieden, per Körpertausch in die Form deiner Wahl zu gehen."

Sarinah: „Ach, mich haben so viele Leute gefragt, wie sie abnehmen können. Dass es bei ihnen nicht funktioniert. Der Zeiger der Waage würde immer bei einer Zahl stehenbleiben, dahin zurückwandern. Oder sie würden trotz wochenlanger Nulldiät nicht viel weniger wiegen. Das ist also der Grund?"

„Ja, genau. Es ist logisch. Die kleine Raupe darf nicht zu dünn werden, sonst wachsen ihre Flügel nicht. Darum kann es sein, dass manche sich trotz Sport und bewusster Ernährung immer wieder zurückbewegen in den früheren „fülligen" Zustand. Für diejenigen aber, die für ihre Größe eigentlich immer schon zu dünn waren, bedeutet das, sie nehmen während der Metamorphose zu. Außerdem werdet ihr in eurer Schutzhülle auch „vom Licht" ernährt. Das sorgt dafür, dass der Prozess der Lichtwerdung durch den Aufstieg nicht durch eure eigene Unzufriedenheit gestört wird. Die Bedeutung liegt auf „auch vom Licht ernährt". Wer in der Zeit keine Nahrung mehr zu sich nimmt, stoppt den Prozess der Kristallisierung.

Weißt du, für uns Erzengel seid ihr alle wunderschön, denn wir sehen nicht nur eure Hülle, sondern auch den Kern."

Sarinah: „Danke, Erzengel Michael. Aber die kleine Raupe kann zunehmen. Das hast du doch eben gesagt?"

„Ja, bis zu einem gewissen Grad kann die Raupe zunehmen. Das würde in einer Phase der Verpuppung sowieso geschehen. Doch sie kann nicht unendlich viel zunehmen, sonst sprengt es den Rahmen. Sprichwörtlich ist es so. Ihr fühlt euch plötzlich nicht mehr wohl, so kann das im übertragenen Sinn sein. Wer viel zunimmt, dem kann passieren, dass er sich heute noch wohlfühlt mit dem Puffer, der gewachsen ist, aber morgen ist es plötzlich unangenehm. Es kann sich anfühlen, als wäre die Leichtigkeit von gestern verloren, dafür fühlt man sich womöglich viel zu sehr belastet. Die Warnsignale des Leibes und der Psyche schlagen an, sodass unweigerlich die Lust kommt, auf gesunde Nahrungsmittel, auf Gemüse, vegetarische Ernährung usw. umzusteigen. Das nur, um einige Beispiele zu nennen, damit die Leser wissen, was geschieht oder warum etwas geschehen ist."

Sarinah: „Das mit der Raupe gefällt mir. Sie wird ja schließlich zum Schmetterling."

„Genau, ihr werdet zu dem, was man Engel auf Erden nennt. Es wachsen euch unsichtbare Flügel. Wieder eine Metapher, um zu zeigen, was dann alles möglich ist. Im Grunde ist jedes Ziel erreichbar, wenn ihr einen gewissen Grad an Klarheit erlangt habt. Bei den Menschen, die sich beständig in dem Feld der bedingungslosen Liebe aufhalten können, weil die Auflösungen sanft und bewusst ablaufen, ist von da an alles möglich. Ihr selbst seid die Meister. Jeder Traum kann in Erfüllung gehen, so lange er mit den göttlichen Energien konform geht."

Sarinah: „Einen Moment, Erzengel Michael. Wie spürt man, dass man aus dem Kokon geschlüpft ist? Dass man unsichtbare Flügel hat?"

Erzengel Michael lacht. „Das ist leicht. Wenn du dich leicht spürst, dich schwebend empfindest, wenn du beständig Liebe bist. Wenn du den Schutzraum nicht mehr im Außen fühlst, sondern wenn dieser in dir ist. Dann ist es vollbracht.

Fürs Erste ist es dann vollbracht, denn der Aufstieg an sich endet ja bekanntlich nie. Auch euer neuer kristalliner Körper gleicht sich immer wieder den Energien an."

Sarinah: „Danke, Erzengel Michael, für das Gespräch. Ich danke dir, dass du gekommen bist. Obwohl die Badewanne wohl nicht gerade der richtige Ort ist, um mit einem Erzengel zu sprechen."

Erzengel Michael lacht wieder mit seinem unwiderstehlichen Lachen. „Nun, Sarinah, es ist mir eine Ehre. Danke für dein Vertrauen. Du bist müde, schlaf nicht in der Wanne ein. Ich habe aber weiterhin alle Sensoren bei dir, du bist beschützt. Bis später..."

Sarinah: „Bis gleich, Erzengel Michael, bis gleich."

Die Angst vor der wahren spirituellen Größe

Wer dem Licht dient, wird niemals verlieren. Auch wenn es mal eine Zeit lang so aussieht, als hättest du dich selbst verloren und scheinbar Fehler gemacht, ist das kein Verlust.

Dem Licht zu dienen, das hört sich so groß an, das tun aber sehr viele Menschen. Von der Tarnung der Boten des Lichts haben wir schon gesprochen und dass diese oft selbst nicht wissen, wer sie in Wahrhaftigkeit sind. Auch kennen die meisten ihre wahre Berufung erst kurz bevor der neue Lebensabschnitt beginnt.

Die wahre spirituelle Größe, davor scheuen besonders die Menschen zurück, die eine große lichtvolle Energie in sich tragen. Wer nicht genau weiß, was seine wahre Berufung ist, der kann auch nicht davor weglaufen oder Angst haben.

Die Lebensaufgabe ist stark verknüpft mit dem richtigen Zeitpunkt. Wann der neue Lebensweg beschritten wird, bestimmst du. Du bist die Zeit, du entscheidest, wann du bereit bist, dein wahres Licht zu sehen und deine wahre Größe anzunehmen. Kein Berater wird dir deine Lebensaufgabe und wer du in Wahrhaftigkeit bist, verraten können, wenn du noch nicht so weit bist.

Die Menschen haben vor so vielen Dingen Angst. Doch eigentlich ist es die eigene lichtvolle Größe, vor der sie sich fürchten. Manchmal werden lieber andere in den Himmel gehoben, zu denen man aufschaut, die man bewundert. Aber eigentlich geht es doch um das eigene Seelenlicht.

Wer bin ich wirklich? Wer verbirgt sich hinter all dem, was ich mir erschaffen habe? Welche Aufgabe habe ich? Und, vor allem: Was tue ich, wenn ich das ersehnte Etappenziel erreicht habe, wie geht es weiter? Was passiert, wenn ich herausfinde, dass ich in Wahrheit immer schon das goldene, lichtvolle Wesen bin, das ich in der Geistigen Welt auch war?

Der Körper, der Alltag, das Leben an sich sind die besten Tarnungen für ein lichtvolles menschliches Wesen. Wenn ihr von Anfang an gewusst hättet, wer ihr in Wahrhaftigkeit seid, wie viele Menschen eurem Lichtbeispiel folgen und was eure Berufung ist, wärt ihr womöglich einige Umwege nicht gegangen, ihr hättet euch zielstrebiger zum Ziel bewegt. Dann wäre euch das eine oder andere Missgeschick nicht passiert. Doch euer Erfahrungsschatz wäre niemals so reichhaltig ausgefallen. Ihr wärt einigen wundervollen Menschen nicht begegnet, und ihr wärt niemals die Persönlichkeit geworden, die ihr jetzt seid.

Es gibt keine Zufälle. Wer dem Licht dient, tut das oft lange Zeit inkognito. Das hat euch vor eurem Ego geschützt. Ihr konntet langsam in das wahre Selbst schlüpfen und euch an euer Licht gewöhnen.

Das sanfte Herantasten an das Thema der wahren Größe ist wichtig, denn so bleibt Zeit, sich daran zu gewöhnen, um sich selbst zu erfahren. Es bleibt Zeit, um sich ein Fundament aufzubauen, damit man die Menschen kennenlernen kann, die den gleichen Seelenauftrag haben. Die wiederum durch dieses Lichtbeispiel anfangen, sich selbst zu suchen und bewusst zu werden.

In einfachen Worten ausgedrückt könnte man sagen: Je mehr Dramatik, Alltagssorgen, berufliche Herausforderungen, Liebesleid, Partnerschaftsprobleme, gesundheitliche Probleme usw. du hattest, umso größer ist dein Dienst für das Licht.

Dass du andere Menschen mit deinem Gottesfunken erreichst, die dann ebenfalls ihre wahre Größe entdecken, ist sehr wichtig, denn dabei handelt es sich um eine Absprache in Liebe. Diese Seelenwanderung, diese Bewusstseinserhöhung der Menschheit, die ihr Lichtträger damit erreicht habt, ist ein Lichtdienst, der eigentlich mit Tausenden von Orden ausgezeichnet werden müsste.

Damit haben die Erdenbürger selbst den Weltfrieden herbeigeführt und sich für die Fülle in allen Bereichen entschieden. Wir sagen absichtlich, dass Friede herrscht auf der Erde, denn wir wissen um den Ausgang aller Konflikte, die es sicherlich bei Erscheinen dieses Buches auf Gaia noch gibt.

Der Erdenengel Harry und seine Angst vor der Berufung seines Lebens

Der Erdenengel Harry war in Sorge, denn er fühlte, dass seine Berufung herannahte. Harry dachte dabei mehr an seinen vollen Terminkalender als an alles andere. „Wie soll ich das bloß schaffen, und habe ich dazu überhaupt die Kraft?", fragte er sich.

Dabei vergaß er, dass er nicht nur mit einem großen Auftrag auf die Erde gekommen war, sondern auch mit dem Knowhow, das er dazu brauchte.

Harry hatte eine Ahnung, wie mächtig er in Wahrhaftigkeit war. Das, was er sich inzwischen beruflich aufgebaut hatte, war nichts im Vergleich zu der Lebensaufgabe, die ihn erwartete.

Harry war noch nicht bereit, in sein wahres Selbst zu schlüpfen. Das weiße Gewand der Selbstmeister anzuziehen, fiel ihm noch schwer. Aber Harry konnte gut anderen Bekannten helfen, ihr Licht anzunehmen. Er fühlte, wenn er jemanden vor sich hatte, der den lichtvollen Schein eines Aufgestiegenen Meisters trug. Nur den glorreichen Schein seines eigenen Lichts konnte er lange Zeit nicht sehen.

Die Angst, vor dem eigenen Licht ist es, was die Menschen antreibt. Sie sind so sehr in angstvolle Erlebnisse verstrickt, dass das Eintauchen in diese Erfahrungen lange Zeit zur eigenen Realität wird.

Doch die Angst ist keine Realität, das scheint nur so. Wer sich lebendig in lichtvollen Dimensionen aufhält, wird irgendwann nur noch eins kennen, und zwar LIEBE. Alles andere, was nicht diesem Lichtspektrum entspricht, wird in dem Kokon bleiben, aus dem der Schmetterling schlüpft.

Harry fühlte sich oft wie in einem Kokon, wie in einem Vakuum, einem Schutzraum, der nur für ihn da ist. Der aber auch gleichzeitig die Kommunikation mit anderen Menschen erschwert.

Um ehrlich zu sein, war Harry gerne zentriert. Seine Liebsten waren ja in der gleichen Schwingung wie er, und sie konnten in darum auch gut erreichen.

Harry hatte viel zu tun, er hatte berufliche und private Herausforderungen, die ihm wirklich alles abverlangten. Doch der Schutzraum, in dem er sich befand, ermöglichte es ihm, seine Flügel langsam zu entdecken und zu entfalten.

Mit Flügel meinen wir das hohe Bewusstsein. Der Schutzraum (Kokon) ist das Feld der Liebe, in dem man, wenn man möchte, inkognito sein kann.

Harry weiß mittlerweile, wer er in Wahrhaftigkeit ist, er weiß jetzt von seiner wahren Lebensaufgabe. Die Bürger um ihn herum haben ihn lange Zeit geradezu in seinen Seelenauftrag hineingetrieben.

Harry weiß, dass sein Licht beständig steigt und er sich nicht fürchten muss. Im Gegenteil: Er darf die Freude und das Glück des Meister-Selbst annehmen.

„Alles zu seiner Zeit", sagte sich Harry immer wieder. „Wenn ich ein hohes Amt, eine hohe Berufung habe, die sehr vielen Menschen helfen wird, habe ich auch das Licht, das Bewusstsein, die Kraft und die Zeit dazu."

Harry stand glücklich von seinem Schreibtisch auf und sah in die Abendsonne, die in sein Büro schien. Er sah das Abendrot und fühlte, wie die letzten Lichtstrahlen dieses Tages sein Gesicht erwärmten. Harry war jetzt die Ruhe selbst und spürte: Es ist alles gut, alles ist gut, es IST.

Sarinah: Einmal himmelwärts und zurück – Nächtliche Unterhaltung mit Erzengel Michael und meinem verstorbenen Vater

Sarinah: „Wieder bin ich um drei Uhr morgens aufgewacht und kann nicht mehr einschlafen. Ich bitte Erzengel Michael um ein nächtliches Gespräch. Seine Antwort kommt prompt...

Erzengel Michael: „Ich bin da, Sarinah. Was hast du auf dem Herzen?"

Sarinah: „Oh, mir ist mehr nach Plaudern zumute statt einem informativen Gespräch. Erzähl mir bitte, warum Engel nie schlafen?"

„Weil wir aus Energie bestehen, wir können uns zwar manifestieren, doch einen Tag- und Nachtrhythmus haben wir nicht. Wir sind also jederzeit erreichbar, 24 Stunden durchgehend. Wir werden nie müde, denn wir müssen nicht essen, sondern werden vom Licht ernährt."

Sarinah: „Ist es das Essen, das uns müde macht? Ich dachte, das bringt Energie?"

„Nun, Sarinah, die Nahrung bringt euch Energie, das stimmt. Doch durch die Zellteilung, die zum Beispiel für die Verdauung notwendig ist, altert ihr auch. Doch dieser Alterungsprozess kann gestoppt werden, wenn ihr einen gewissen Grad an Bewusstheit erreicht. Mit jeder weiteren Phase der Bewusstseinserweiterung wird das Altern nicht nur gestoppt, es tritt auch eine Verjüngung ein."

Sarinah: „Werden sich Mensch und Engel also immer ähnlicher? Warum sagst du, es kann eine Verjüngung eintreten? Ist das nicht bei jedem, der das Licht der Urquelle annimmt, der Fall?"

„Ja, es ist tatsächlich so. Ihr Menschen werdet uns immer ähnlicher. Du brauchst weniger Schlaf, dein Körper weniger

Nahrung. Du ernährst dich vegetarisch, und phasenweise wirst du schon ganz von der Quelle gespeist. Dein Körper braucht zwar noch Nahrung, doch nur, weil die Metamorphose noch nicht ganz abgeschlossen ist. Essensverzicht würde übrigens die Umwandlung in den höheren Lichtkörper stoppen. Die Erdenbürger bestimmen selbst, was sie an Erfahrungen sammeln wollen. Wer das Schöpferlicht integriert hat, kann trotzdem Alterserscheinungen erfahren. Meistens ist das unbewusst so gewollt. Durch die Gedanken, die Sprache und das Gefühl, das man zum Älterwerden hat, werden die Weichen gestellt, was man erfahren will."

Sarinah: „Gilt das auch für Krankheiten? Denn so mancher wird jetzt denken: Aber ich bin doch krank, ich denke (fühle) so, weil ich eben nicht gesund oder älter geworden bin?"

„Das ist es ja gerade. Nicht die Realität bestimmt, wie man denkt, spricht und fühlt, sondern die Aussendungen sind es, die die Realität erschaffen. Es ist also umgekehrt. Das birgt aber die Chance, durch anderes Denken, Sprechen und positive Emotionen das herbeizuführen, was man tatsächlich erleben will."

Sarinah: „Erzengel Michael, erzähl mir bitte den neusten Himmelswitz. Gibt es das bei euch überhaupt?"

„Oh ja, wir lachen viel, wir sind nicht immer nur würdevoll ernst. Ich kann dir sagen, womit Erzengel Uriel mich heute zum Lachen gebracht hat. Der hat doch tatsächlich den imaginären Stuhl, auf dem er saß, mit den Worten schweben lassen: „Die Zahl 7 kann alles." Dazu sei erklärt, dass das ein geflügeltes Sprichwort von uns Engeln ist, weil die 7 für die Engel in Ausbildung steht. Um sich selbst Mut zu machen, wiederholen diese: „Die Zahl 7 kann alles" wie ein Mantra immer wieder."

Sarinah: „Mmhhh, das ist ein typischer Witz von Erzengel Uriel, ich kenne ihn ja von den Ratssitzungen. Er ist ja auch einer der Mentoren, der für die neuen Engel zuständig ist. Auch Erdenmentor ist er natürlich."

„Erzengel Uriel liebt alle seine Schützlinge über alles, er bringt sie zum Lachen." „Auf diese Weise", sagt Erzengel Uriel immer, „lernen sie besser."

Sarinah: „Erzengel Michael, ich würde so gerne wissen, wie es im Himmel aussieht. Wie ist es, dort zu sein?"

„Ich weiß, warum du das fragst, Sarinah. Du denkst gerade an deinen Vater, den du so geliebt hast und es noch immer tust. Du bist in Gedanken bei deiner Familie, die ja zum Großteil nicht mehr auf der Erde weilt. Ich schlage vor, dass dir diesen Einblick dein Vater selbst gibt. Wer könnte das besser als er?"

Sarinah: „Danke, Erzengel Michael. Oh! Das ging aber schnell. Grüß dich, Papa."

Pa: „Bist du da, Sarinah?"

Sarinah: „Nur für den Moment. Erzengel Michael hat es erlaubt. Ich freue mich, dich zu sehen. Geht es dir gut?"

Pa: „Ja, aber ich dachte, du kommst heute für immer?"

Sarinah: „Oh nein, nicht weinen, Dad, ich besuche dich. Schau, ich umarme dich, sei nicht traurig, ich habe doch noch so viel zu tun auf der Erde."

Pa: „Dass ihr uns auch besuchen könnt, habe ich nicht gewusst. Kommst du jetzt öfter?"

Sarinah: „Ja, wenn ich darf. Dad, bitte sag, wie lebt es sich im Himmel?"

Pa: „Wir haben hier alles. Es gibt keine Not, kein Leid, nur Licht und Liebe. Das da ist die erste Sphäre, wo die Seelen ankommen, schau. Wie gefällt dir das?"

Sarinah: „Es ist wunderschön. Eine Landschaft mit Wiesen und Bergen. Die Sonne scheint, die Vögel zwitschern, und in der Ferne hört man einen Bach plätschern. Genauso, wie du es immer gerne gehabt hast, nicht wahr? Aber wo ist der Tunnel, durch den man zu euch kommt?"

Pa: „Den Tunnel gibt es nicht mehr. Den haben die Menschen abgeschafft. Durch die Erderhöhung ist der Einstieg in die Geistige Welt nun ein anderer. Meistens ist es die Lieblingslandschaft, die Stadt, der Ort oder die Wetterlage, die von den ankommenden Seelen in ihrem Erden-Dasein bevorzugt wurde, damit sie sich hier gleich wohlfühlen. Wer gerne Gewitter hatte und darauf gleich Sonnenschein und reine Luft, der hat das Gewitterbild, wenn er ankommt. Dort wartet dann auch die Familie. Unsere war auch da, als ich ankam, und ein Engel war bei ihnen."

Sarinah: „Aber da sind sie ja alle, hast du sie gerufen? Oma, Opa, Mutter, die Schwester, der Bruder, der kleine Neffe, die Tante, der Onkel und viele mehr sehe ich dort warten."

Pa: „Ja, sie sind alle da. Komm, wir gehen zu ihnen. Sie haben dich gehört und sind von selbst gekommen."

Sarinah: „Wundervoll, ich möchte euch am liebsten alle umarmen. Darf ich das denn? Ich bin ja nicht gestorben."

Pa: „Ja, du darfst. Sie sind genauso verwundert wie ich. Aber sie kennen dich ja und deine Arbeit. Viele wissen, du warst schon öfter da."

Sarinah: „Ich liebe euch alle so sehr. Diese Liebe ist so schön. Sie zu spüren, ist echt unglaublich gut. Mir kommen die Tränen." (Es gab zur Begrüßung Küsschen und Umarmungen, alle redeten freudig durcheinander. Ihre Berührung fühlte sich sehr energievoll an, anders, als ich es aus dem Leben kannte, dennoch wunderschön.)

Pa: „Liebst du mich auch?"

Sarinah: „Ja, Dad. Ich liebe dich sehr, das weißt du. Du warst immer mein Held, mein bester Freund, und wirst es auch immer bleiben."

Pa: „Das höre ich gern. Dann komm! Hier ist der nächste Raum. Hier halten sich die Seelen auf, wenn sie Feierabend haben. Also wenn sie gerade keine Ausbildung oder so was haben."

Sarinah: „Du bist lustig. Gibt es das auch im Himmel, Feierabend?"

Pa: „Ja, klar. Wir können alles erschaffen, was wir wollen."

Sarinah: „Es ist schön hier. Ich sehe sogar Häuser, Wiesen und eine Kirche. Einen See, in dem man baden kann, einen Bauernhof und Tiere. Sag, wo wohnst du?"

Pa: „Ich darf mich überall aufhalten. Wir brauchen hier kein Geld und keine Schlüssel. Es wird nichts gestohlen, und es ist alles für jede Seele frei zugänglich."

Sarinah: „Dad, du wirkst auf mich fast ein wenig gelangweilt. Kann das sein?"

Pa: „Man kann ja nicht immer feiern. Es ist alles so schön hier. Ich habe gelernt, zu erschaffen. Du fehlst mir so. Ich mache jetzt aber eine Ausbildung zum Geistführer."

Sarinah: „Echt? Du hast dich doch zu Lebzeiten immer ein wenig über meine Arbeit amüsiert. Dad, weißt du überhaupt, was ein Geistführer ist?"

Pa: „Nein, aber das stellt sich ja noch heraus."

Sarinah: „Du bist ja gut. Aber du hast recht, alles zu seiner Zeit."

Pa: „Erzengel Michael hat mir diese Ausbildung ans Herz gelegt. Er meinte, dass ich nach über einem Jahr immer noch viel zu sehr auf die Erde fixiert bin. Ich war so oft bei dir, Sarinah. Hast du mich bemerkt?"

Sarinah: „Ja, Dad, ich habe dich gespürt. Ich habe immer gespürt, wenn du bei mir warst. Du hast mir sehr geholfen, ich danke dir. Wo sind eigentlich die Engel? Wo halten sie sich auf? Wo ist Erzengel Michael hin?"

Pa: „Oh, den blauen Engel kann man rufen, dann kommt er gleich. Der hat viel zu tun. Er schwirrt da sicher irgendwo herum. Die Schutzengel sind da, also die Engel, die gerade keinen Schützling haben, weil der oder die Person, die sie schützen sollten, gestorben ist. Die anderen sind unterwegs, haben viel zu tun. Sag, bekomme ich ein Küsschen von dir?"

Sarinah: „Klar, Dad, du bekommst sogar zwei Küsschen, auf jede Wange eins. Siehst du, jetzt lachst du wieder, das gefällt mir. Warum warst du eben so ernst? Oh, jetzt sehe ich sie, so viele Schutzengel auf einen Haufen. Sie fühlen sich ganz weich und zart an, ich habe aus Versehen einen Schutzengel berührt. Ich hoffe, das ist ok. Die kichern alle, sind gut drauf. So freundliche Wesen und wunderschön. Der Raum, in dem sie sich aufhalten, flirrt nur so vor Liebe, Fröhlichkeit und goldenem Licht. Jetzt habe ich ein Küsschen bekommen. Du meine Güte! Sind die süß, und sie riechen tatsächlich wundervoll nach Blumen."

Pa: „ Ich bin ein wenig traurig, weil du nicht bleiben kannst. Aber, Sarinah, von den weiblichen Schutzengeln sagst du gar nichts? Da schau, jetzt kommt Erzengel Michael."

Sarinah: „Ich bin bei dir Pa, immer, ich steige ja verkörpert auf. Du lachst jetzt, weil du die weiblichen Schutzengel am liebsten um dich hast, stimmt's?"

Pa: „Na ja, ich mag sie alle, ich finde aber, die weiblichen Engel sehen noch ein bisschen lieblicher aus."

Sarinah: „Du bist mir vielleicht einer! Genauso kenne ich dich. Hallo, Erzengel Michael. Das ist ja alles schön, was mir Pa hier zeigt, doch wo ist euer Allerheiligstes? Es muss doch noch etwas Besonderes geben, da fehlt doch noch etwas."

Pa: „Das darf ich dir nicht zeigen," sagt Erzengel Michael.

Sarinah: „Aber ich bin neugierig, ich will es sehen."

Erzengel Michael lacht. „So kenne ich dich, Sarinah. Der

Satz „Ich will aber" ist hier gut bekannt. Doch du hast deine Aufgabe auf Erden, es ist noch viel zu tun. Die Sogkraft wäre zu groß, wenn wir dir diese Schöpfertür auch noch öffnen würden. Schließlich befindet sich die Mehrheit deiner irdischen Familie bereits in der geistigen Heimat."

Sarinah: „Das ist aber schade. Ich bin neugierig und fasziniert, gerade von den Dingen, die ich nicht haben darf."

Erzengel Michael (lächelnd und mit zärtlicher Stimme): „Ja, das kenne ich von dir. Ich weiß, wie du tickst. Darum verabschieden wir uns jetzt von deinem Vater. Ich bringe dich zurück."

Sarinah: „Nicht weinen, Dad. Ich komme wieder, und grüße bitte alle unsere Freunde und Familie. Umarme sie von mir."

Pa: „Bekomme ich noch ein Küsschen, eine Umarmung?"

Sarinah: „Ja, natürlich, ich liebe dich. (Wir umarmten, küssten uns auf die Wange. Er fühlte sich weich und seidig an wie die Schutzengel, die ich gerade berührt hatte.) Bis gleich, Pa. Wir sind ja für immer über unser Herz verbunden. Ich muss gehen, bis gleich…"

Erzengel Michael: „Hat dir der kleine Ausflug gefallen, Sarinah? Weißt du jetzt, was du wissen wolltest?"

Sarinah: „Einmal Himmel und zurück. Ja, es war wunderschön. Fast alle meine Fragen sind nun fürs Erste beantwortet. Danke von Herzen, Erzengel Michael."

Erzengel Michael: „Du bist wundervoll, Sarinah. Es ist bereits früher Morgen. Ruhe dich noch ein wenig aus, du hast heute einen langen Tag vor dir. Du hast ja jetzt genug Stoff für deine Träume. Mach die Augen zu, mein Engel, schlaf ein. Und denk bitte daran: Wir können euch nicht davor bewahren, hinzufallen, doch wir helfen euch immer wieder auf. In schwierigen Stunden, Tagen und Wochen tragen wir euch sogar, so sehr lieben wir euch. So sehr…"

Ratssitzung: Und sie küssen sich doch!

Ein Treffen unter Freunden

Ich bin während einer Meditation zu dieser Ratssitzung gereist, die ich hier weitergebe. Es fühlt sich sehr gut an, ich bin zentriert, und dieses Mal hat mir mein Geruchssinn die Tür zu dieser Sitzung geöffnet.

Da war er, dieser Geruch nach Heu und frischen Blumen. Ich fühlte eine Hand, die nach meiner griff. Im nächsten Augenblick befand ich mich in dem Saal, der mir schon von früheren Treffen bekannt war.

„Schön, dass du mitgekommen bist", sagte der Erdenengel Harry, der immer noch meine Hand hielt. „Ich bin nicht gerne der einzige Erdenvertreter hier. Heute sind viele Aufgestiegene Meister anwesend. Lass uns schnell zu unserem Platz gehen, sonst muss ich wieder eine Rede halten."

Harry sah mich belustigt an und ging mit mir Hand in Hand zu einem der wenigen freien Plätze. Wir grüßten freundlich in die Runde, dann setzten wir uns.

Es waren außerdem anwesend die Erzengel Michael und Uriel, die Aufgestiegenen Meister Lady Maria, Hilarion, Paolo Veronese, Lady Rowena, Serapis Bey und Christus. Des Weiteren war noch Marix angekündigt, der aber zu dem Zeitpunkt noch nicht da war.

Marix, der Sprecher des Erstkontakt-Teams der Galaktischen Föderation des Lichts, war noch unterwegs, um dabei zu sein, wenn die Freunde sich wieder mal trafen. Eigentlich ging es Marix nicht so sehr um die Ernsthaftigkeit dieser Versammlungen, sondern um die Freunde, die er dort treffen konnte. Die Essenz dieser Sitzungen ist nämlich, dass die gemeinsamen

Entscheidungen, die Lösungswege, sich sowieso meistens auf energetischer Basis herauskristallisieren.

Marix kam gerade in den Saal, als er Harry und Sarinah Hand in Hand sah. Da muss ich hin, waren seine ersten Gedanken bei diesem Anblick. Schön, dass die beiden Erdenvertreter auch dabei sind.

Marix grüßte eilig in die Runde und quetschte sich neben Sarinah. Sie teilten sich jetzt einen Stuhl, was Marix sehr recht war. Sarinah schaute Marix etwas ungläubig an und bat Harry, er möge seinen Stuhl ein wenig näher schieben, damit sie auf zwei Sitzen zu dritt besser Platz hätten. Harry sah seine Sitznachbarin fragend an, doch diese signalisierte ihm, dass sie das kleine Flirtspiel zwischen Marix und ihr spaßig und keinesfalls aufdringlich fand.

„Hallo, meine weiße Taube, wie geht es dir?", säuselte Marix. Er sah Sarinahs Lächeln und vernahm nur das eine Begrüßungswort von ihr: „Frechdachs!"

Harry bemerkte ihren leisen Disput. Alles ok, dachte er sich, die beiden kennen sich gut. Dann sah er Erzengel Uriel mit fliegenden Schritten zum Podium eilen.

„Der Grund, warum wir hier sind, ist die Liebe. Die Liebe mit all ihren Facetten leben, das ist es, was uns alle antreibt", sagte Erzengel Uriel gerade.

„Die Liebe zu den eigenen Kindern, zum Partner, den Haustieren, die Liebe zur beruflichen Herausforderung und die Liebe für den Schöpfer. Dies nur, um einige Beispiele zu nennen.

Lady Maria hat in einem Konzil gesagt: „Wenn man sich bei den Menschen auf eins verlassen kann, dann ist es ihre Sehnsucht nach Liebe, Berührung und Nähe."

Jedes Individuum hat ein tiefes Gespür dafür, wenn es anderen nicht gut geht. Manche lassen sich von ihrem Herzen leiten und geben das, was gebraucht wird. Andere wiederum können das nicht.

Tiere fühlen sehr intensiv, wenn es ihren Frauchen und Herrchen schlecht geht. Diese sind aber meistens so sehr an das Hören, Sprechen und Sehen gewöhnt, dass sie nicht wahrnehmen, wenn ihre Tiere mit ihnen kommunizieren."

Jetzt erst bemerkte Erzengel Uriel, dass er seine Begrüßungsworte ausgelassen hatte. Er sagte: „Hallo an alle. Schön, dass ihr so zahlreich erschienen seid. Wo ist mein Freund Harry, der sonst immer mit mir hier oben steht?" Harry zuckte zusammen und schüttelte so vehement den Kopf, dass Erzengel Uriel sofort klar war, er wollte heute keine Rede halten.

„Lass es gut sein", rief Erzengel Michael Erzengel Uriel zu. „Komm zu uns, lieber Freund, setz dich in die Runde."

Erzengel Uriel sah im Vorübergehen, dass Marix eigentlich keinen Stuhl hatte. Er klopfte dem galaktischen Freund auf die Schulter und sagte: „Soll ich dir einen Sitzplatz besorgen?" Marix winkte schüchtern lächelnd ab. „Danke, Erzengel Uriel, ich fühle mich sehr wohl so." Erzengel Uriel sah, wie der Erdenengel Harry, Sarinah und Marix sich zwei Plätze teilten, fand aber, sie sahen alle sehr zufrieden damit aus, und so ging er hurtig zu seinem Platz.

Lady Rowena sagte: „Diese Tagungen sind weitreichend bekannt: Ich bin heute hier, weil ich neugierig war. Energetische Meetings kenne ich zur Genüge, doch ihr trefft euch ja regelmäßig auch persönlich. Um es kurz zu machen, ich verstehe langsam den Sinn dahinter. Denn was könnte konstruktiver sein als ein Gespräch, bei dem man sich in die Augen sehen kann."

Christus nickte unterdessen bedächtig und zustimmend, er schien in einem tranceähnlichen Zustand zu sein, hörte aber den anderen intensiv zu.

Was Lady Rowena gerade gesagt hatte, war das Stichwort für Marix. Er stand auf, überlegte es sich aber gleich wieder anders. Er befürchtete, Sarinah könnte ihn sonst nicht mehr so dicht an sich heranlassen. Also setzte er sich schnell wieder und fing an zu sprechen: „Du bist der Schöpfer deines Lebens, das ist doch unser Thema, oder?"

„Wir haben eigentlich kein Thema", sagte Lady Maria. „Die vergangenen Treffen haben gezeigt, dass es besser ist, die persönlichen Anliegen der Anwesenden zu erörtern. Also, was sie gerade brauchen, um ihren Erdenbürgern zu helfen."

Lady Maria war wie immer in Weiß gekleidet. Sie schaute sich um und sah, dass sich tatsächlich alle in eine kristalline Verkörperung begeben hatten. Sie genoss den Anblick ihrer Kollegen und stupste den neben ihr sitzenden Hilarion an, er möge doch auch etwas sagen. Er jedoch war so fasziniert von diesem wunderbaren Licht, das im Raum zu sehen war, dass er es vorzog, noch ein wenig zu genießen anstatt sich zu Wort zu melden.

„Wo drückt euch denn der Schuh?", fragte Erzengel Michael gerade, dabei sah er immer wieder zur Tür, als würde er noch jemanden erwarten.

Erzengel Uriel sah seinen Freund mitfühlend an. „Sie konnte heute nicht kommen", flüsterte er zu Erzengel Michael. „Lady Faith passt eben wie dein Schuh zu dir, stimmt's?" Gelächter war zu hören. „Du siehst sie ja gleich wieder, sie ist ja nur einen Steinwurf weit von hier entfernt", murmelte Erzengel Uriel.

„Nun, was mich betrifft", sagte Erzengel Michael nachdenklich, „ich habe manchmal das Gefühl, dass man die Erdenbürger vor allem vor sich selbst schützen sollte. Sie sind oft so hart gegen sich selbst, dass es mir vor Rührung die Tränen in die Augen treibt."

Ich habe dich noch nie weinen sehen, dachte Sarinah in diesem Moment.

„Doch! Ich kann!", kam die prompte Antwort von Erzengel Michael. „Wir Erzengel sind nicht emotionslos, genauso wenig wie die Aufgestiegenen Meister, Geistführer usw. Durch die Bewusstwerdung der Menschheit ist etwas Faszinierendes geschehen. Die irdischen Lichtträger kommen uns durch ihren Aufstieg so nahe, dass wir uns förmlich berühren können. So nahe sind wir uns, dass wir Wesen aus der Geistigen Welt dadurch anfangen, wieder zu spüren. Die Sinne wieder wahrnehmen, die wir ja zu Erdenzeiten auch hatten."

„Ja, die Menschen werden immer mehr zu Engeln, und wir werden menschlich", antwortete Paolo Veronese. „Ich rege hiermit an, dass wir dieses Hand-in-Hand-Wirken mit den Menschen von der Erde viel mehr unterstützen sollten. Zum Beispiel, indem wir uns ihnen mehr zeigen. Die meisten Boten des Lichts wünschen sich das, es ist für sie ein Event, uns zu fühlen und zu sehen."

„Das können sie aber nur, wenn die Grundfrequenz ihres Körpers hoch genug ist. Daran müssten wir also zuerst arbeiten", resümierte Lady Rowena nachdenklich.

„Außerdem dürfen wir unsere irdischen Freunde nicht erschrecken", konterte Serapis Bey. „Sie sehnen sich zwar danach, uns zu sehen, doch würden wir uns sofort zeigen, wie wir sind, in voller Pracht, würden die meisten erschrecken. Ich für meinen Teil bin immer so verfahren, dass ich mich den Sensoren des menschlichen Trägers angepasst habe."

Was heißt denn das nun wieder, dachte Sarinah, und weil Gedanken in den himmlischen Sphären wie ein gesprochenes Wort sind, hörten das alle Anwesenden.

„Ich meine damit, dass du zum Beispiel immer die Vision

hattest, dass du Erzengel Michael erst mal als nebeliges Gebilde siehst, das immer klarer wird, bis er in voller Pracht vor dir steht. Das war deine Vorstellung, und genauso ist Erzengel Michael dir erschienen", sagte Serapis Bey.

„Ach! Ihr passt euch unseren Vorstellungen an, wie etwas sein soll, damit wir nicht erschrecken? Denn so können wir uns an eure Sichtbarkeit gewöhnen", schlussfolgerte Sarinah.

„Ja, Sarinah, das ist bei vielem so", erwiderte Hilarion. „Dass wir uns langsam und sanft nähern, gilt auch für die Botschaften, die ihr von uns erhaltet. Auch unsere Energie ist etwas, das wir sanft und genauso in euer verkörpertes Sein einfließen lassen, wie ihr es gewohnt seid. Also gerade so, wie ihr es als Baby und Kleinkind auch schon erlebt habt und daher die Energieübertragung aus der geistigen Heimat auf diesem Weg gut kennt und annehmen könnt."

Jetzt stand Harry plötzlich auf und deutete mit dem Finger aufgeregt auf eine goldene Spinne, die sich vor seiner Nase abseilte, um sich dann vor ihn auf den Tisch zu setzen.

Widerlich, dachte Sarinah. Ich mag diese Spinnen nicht. Sofort kroch das Tier auf sie zu.

Marix erkannte seine Chance, er mimte den Beschützer. Er nahm die Spinne, die durchaus fast handgroß war, und trug sie vorsichtig aus dem Saal in die Natur, wo sie hingehörte.

Sarinah sah ihn dankbar an. Marix flüsterte: „ Ich tue alles, was in meiner Macht steht für dich, meine süße, weiße Taube. Sag mir, was du brauchst, und ich gebe es dir, einfach so aus meinem Herzen heraus. Ich bin immer für dich da. Kommst du danach mit zu mir, ich will dir das Universum zeigen?"

„Schlingel!", war Sarinahs Antwort, mehr sagte sie nicht dazu.

Jetzt meldete sich Paolo Veronese zu Wort: „Sarinah, in

meiner letzten Inkarnation im 15. Jahrhundert als Paolo Caliari in Italien beschäftigte ich mich unter anderem sehr viel mit der Natur. Ich kann dir sagen, dass mir damals schon auffiel, dass sich scheinbar in manchen Behausungen mehr von diesem Spinnengetier aufhielt als in anderen. Bei meinen Nachforschungen kam ich zu dem Schluss, dass die Menschen selbst es waren, die mit ihrer Abneigung genau das lebten, was sie verabscheuten."

Oh nein, dachte Sarinah gerade. Ich bin es also selbst, die durch die Abneigung der Spinnen genau diese anzieht. Igitt!

Mitfühlendes Gelächter war nun zu hören. „Ja", antwortete Paolo Veronese, „diese Tiere lieben dich, auch wenn du sie nicht liebst."

Dass alle ihre Gedanken hören konnten, war Sarinah peinlich, und sie lief rot an. „Ach, süß, wie ein Teenager", flüsterte Harry, der neben ihr saß. Er war Beobachter aus nächster Nähe, beugte sich sogar vor, um ihr Gesicht besser sehen zu können. Sarinah spürte, wie ihre Haut sich noch mehr rötete und dadurch geradezu glühte.

„Schluss jetzt!", sagte Marix zu Harry. „Jetzt ist es aber genug! Deine Nase berührt ja fast die ihre." Er sprang auf und quetschte sich zwischen Sarinah und Harry, während er mitfühlend sprach: „Jetzt kannst du in Ruhe rot werden, Sarinah. Ich mache mich bestimmt nicht über dich lustig." Dabei sah er Harry gespielt streng an.

Sarinah rollte mit den Augen und sah zu ihrem Entsetzen, dass alle Augen auf sie und die zwei scheinbaren Kontrahenten gerichtet waren. Oh, wie peinlich, dachte sie gerade.

„Dir muss nichts peinlich sein", erwiderte Erzengel Michael, „wir beobachten fasziniert, denn wir kennen das Rot-Werden ja nicht, noch nicht. Wir Wesen aus der Geistigen Welt finden gerade das an den Menschen toll, was mit ihren Gefühlen zu tun hat. Wir lieben es, wenn jemand von euch niest, wir sind fasziniert von euren Tränen, wir sind erstaunt, wenn ihr hustet. Wir finden es bewundernswert, wenn ihr in Schweiß ausbrecht und euer Körper danach abkühlt."

Lady Rowena stand auf, ging zu Sarinah und gab ihr einen Fächer in die Hand. Sie flüsterte mitfühlend in ihr Ohr: „Sei unbesorgt, sie lachen niemals jemanden aus oder sind hämisch. Das ist etwas, was du mit deinen irdischen Erfahrungen verbindest, das hat nichts mit uns zu tun."

Nun endlich ergriff Christus das Wort, er hatte die ganze Zeit ruhig, entspannt und besonnen auf seinem Platz gesessen. Fast schien es so, als würde er meditieren, bis er plötzlich die Hand hob, und die Anwesenden, die bis dahin wild durcheinandergesprochen hatten, verstummten sofort.

„Erlösung, Angstauflösung, findet erst in dir selbst statt, Sarinah, niemals zuerst im Außen. Niemand kann dir etwas heilen, was du nicht ansehen, nicht hören willst und wo du nicht hineinspüren möchtest", sagte Christus.

„Ich möchte auch noch zum Thema Engelkontakt etwas anmerken. Wer Engel sehen, hören und spüren möchte, wird mit „ich will" gar nichts erreichen. Diese Person muss erst leise werden, in die Ruhe, zu sich selbst kommen.

Wer sich selbst nicht genügt, der empfindet den ersehnten Engelkontakt oft als Erlösung, bei der man nichts tun muss. So, als würden die Engel durch ihren Kontakt mit dem Schützling alle Scherben beiseitefegen. Das dürfen Engel aber erst, wenn man den Sinn der Scherben erkannt hat. Wenn man sich das, was einem im Leben nicht gefällt, gut angesehen hat. Engel dürfen nicht für ihre Schützlinge leben, sie dürfen nichts wegnehmen, heilen, was der Mensch nicht wahrhaben oder fühlen will.

Außerdem ist es wichtig zu verstehen, wie man richtig manifestiert. Die Grenze der Manifestation ist nämlich die Vorstellungskraft. Wer 500 Euro Lohn hat und den Wunsch hat, 50.000 Euro monatlich zu verdienen, wird das nur realisieren können, wenn er sich das vorstellen – fühlen – kann. Also ist die Gabe der Fantasie wichtig, wie das Leben mit so viel mehr Geld ist. Wenn es ein Wunsch ist, wobei die Vorstellungskraft dazu fehlt, kann das Gefühl für die Materialisation des Wunsches nicht wirksam sein, und es bleibt beim Wunschdenken.

Die Dankbarkeit ist die Ursache der Realisierung der Wünsche. Erst kommt also die Dankbarkeit, dass ES IST. Nicht „es wird schon werden" oder „hoffentlich bekomme ich bald, was ich will". Wer etwas manifestieren möchte, ist klar im Vorteil, wenn er so im Vertrauen ist, dass er Dankbarkeit fühlen kann, als wäre der Wunsch schon erfüllt. Nicht nur das, wer spüren kann, wie etwas in Erfüllung geht, also zum Beispiel das Leben mit ausreichend Geld, wer dieses im Herzen spürt, wird automatisch das erleben, was er im Herzen hat.

Haben-Wollen ist Ausdruck von Mangeldenken, denn wenn ich etwas nicht habe, es aber unbedingt will, dann manifestiere ich Leere, es ist nicht da. Die Geistige Welt kennt nur Fülle, also gibt es ein Haben-Wollen nicht. Es IST ja alles da, und die Antwort kann nur Mangel sein, den ich auch ausgesendet habe. Mir fehlt das, ich will das aber! So erlebe ich, dass es mir weiterhin fehlt.

Sie manifestieren in die Leere statt in die Fülle, denn wenn man etwas braucht, dann ist der Grundsatz: ES IST und nicht ICH WILL, ICH BRAUCHE und WANN kommt es?"

Christus stand auf und sagte: „Ich danke euch für das Zuhören, bis zum nächsten Mal." Er erhob seine Hand lächelnd zum Gruß und ging zur Tür, wo er sich noch einmal umdrehte und freundlich winkend den Saal verließ.

Er kam, sah und siegte, dachte Uriel bewundernd, während er noch zur Tür blickte, als könne er Christus immer noch sehen.

Jetzt redeten alle plötzlich wie wild durcheinander, die Stille von vorhin war wie weggewischt.

Sie sind richtig menschlich, dachte Sarinah. Sie reden und lachen, nur eins habe ich bei diesen Ratssitzungen nie gesehen: Die Wesen aus der Geistigen Welt küssen sich wohl niemals auf den Mund.

Henry hörte die Gedanken von Sarinah und gab ihr spontan einen dicken Schmatz auf den Mund. Jetzt mussten beide lachen. „Vielleicht stecken wir sie damit an", sagte Henry, „unsere Freunde aus der spirituellen Hierarchie tun so vieles energetisch. Sicherlich ist ihnen entfallen, wie man wirklich küsst."

Marix ließ sich das nicht zweimal sagen, er war aufgestanden und nahm Sarinahs Hand. Er schob sie sanft vor sich her, und als sie sich fragend zu ihm umdrehte, küsste er sie voll auf die Lippen.

Dabei sahen die Erzengel Uriel und Michael mit neugierigen Blicken zu. Sie hatten Sarinahs Gedanken zum Thema Kuss gehört. So beugte sich Erzengel Uriel zu Michael, zog diesen an sich heran, jedoch so leidenschaftlich, dass beinahe der Stuhl von Erzengel Michael gekippt wäre. Er guckte in die erstaunten, belustigten Augen seines Gegenübers, dann küsste er seinen Engelfreund voller Wonne auf den Mund.

Jetzt lachten alle, und plötzlich ging eine Welle der Küsse durch den Saal. Statt sich die Hände zum Abschied zu reichen, küssten sie sich einfach alle.

Sarinah: „Diesen Anblick werde ich nie vergessen. Es war so schön, dass ich nicht mehr weiß, wie ich in das Meditationszimmer zurückgekommen bin. Doch habe ich noch immer vor Augen, wie Lady Rowena und Lady Maria sich kichernd zart auf den Mund küssten. Sie taten das nicht nur einmal und gaben die Liebkosung an den Nächsten weiter. „Das Band der Liebe hält die Welt zusammen", hörte ich Erzengel Michael sagen. Das Band der Liebe heilt und verbindet…"

☆☆☆

Erzengel Michael: Keine Zeit

Der Erdenengel Harry – Ich fühle ES und ich lebe ES

„Keine Zeit" war das geflügelte Wort von Erdenengel Harry. Dem Erdenengel ging es sicherlich genauso wie vielen Lesern. Ich, Erzengel Michael, bat Sarinah, die Geschichte von Harry aufzuschreiben, denn durch Beispiele wird vieles klarer. Außerdem lieben wir Erzengel nichts mehr als Lebendigkeit. Spirituelle Bücher können manchmal etwas ernst sein, dem wollten wir entgegenwirken.

Aber lassen wir den Erdenengel selbst zu Wort kommen.

Harry: „Ich bin keineswegs langsam, ich arbeite so schnell ich kann. Doch habe ich jeden Tag aufs Neue das Gefühl, als hätte ich noch weniger Zeit zur Verfügung als gestern. Ich hetze von Termin zu Termin, erledige meine Aufgaben so zügig, wie ich nur kann, und bin furchtbar ungeduldig, wenn ich mal warten muss und aufgehalten werde.

Manchmal möchte ich dabei förmlich aus der Haut fahren. Ich zügele mich aber meistens, denn ich will nicht unhöflich sein zu anderen Menschen. Wenn ich dann nach einem anstrengenden Tag im Büro müde nach Hause komme, kann ich nicht abschalten. Ich versuche es mit Essensritualen, mit TV- und Internetkonsum und dem Lesen meiner Mails, komme dabei aber meistens nicht in meine Mitte.

Morgens, wenn ich meine Frau und meine Kinder zum Abschied küsse, bin ich noch zentriert. Doch ein langer Arbeitstag oder einfach die Müdigkeit reißt mich immer wieder aus meiner Mitte. Dabei fühlt es sich so gut an, in der Wohnung seiner Seele zu sein. In diesem Schutzraum herrschen sehr hohe Schwin-

gungen, dort wird alles leicht. Ja, wirklich alles, falls man es schafft, in diesem behaglichen, lichten Sein zu bleiben.

Es war jeden Tag das Gleiche. Wenn sich meine Frequenz reduzierte, hatte ich plötzlich nur Menschen um mich, die auch Probleme hatten. Die scheinbar keine Kraft geben konnten, weil sie selbst keine mehr hatten. Nun, ich versuchte vieles, um in meiner Mitte zu bleiben.

Ich meditierte in der Mittagspause, schlief aber regelmäßig dabei ein. Ich rief meine Frau an und plauderte mit ihr. Ich machte Spaziergänge in der Natur. Ich nutzte die Zeit, um schnell wieder das Höhere Selbst zu spüren, das wir ja alle in Wirklichkeit sind.

Egal, was ich tat, damit es mir besser ging, ich tat es unter Zeitdruck und nur für mich. Das ist die Crux an der Sache, denn die dabei erzeugten Wellen der Resonanz ließen mich fast verzweifeln. Das Rad der Zeit schien sich dadurch noch schneller zu drehen. Der Druck, den ich spürte, erhöhte sich sogar.

Bis ich auf die Idee kam, dass es wohl tatsächlich an mir lag und nicht an den Gegebenheiten, wie ich immer dachte. Denn ich meinte lange Zeit, ich müsste arbeiten, damit ich leben kann. Doch die Arbeit lebte nicht für mich. Das ist ein höchst unbefriedigender Zustand.

So schenkte ich meinen Mitmenschen mehr Zeit. Wenn ich Aufgaben verteilte, dann sagte ich immer: „Nimm dir so viel Zeit, wie du brauchst." Wenn ich Energie tanken wollte, weil ich mich kraftlos fühlte, schenkte ich meinen Mitmenschen Energie, indem ich ihnen zum Beispiel aufmerksam zuhörte. Wenn ich mich nach dem Raum der Seele sehnte, in dem ich die allumfassende Liebe wieder spüren kann, umarmte ich andere. Ich schenkte ihnen mein Mitgefühl und meine Liebe, so gut ich es vermochte.

Plötzlich wurde mir bewusst, dass es nun sehr viel einfacher war, in dieser wundervollen lichtvollen Zentrierung zu bleiben. Ich erkannte, dass man im See der Heilung nur baden kann, wenn man die anderen Menschen an die Hand nimmt, um ihnen auch den Weg zur Heilung zu zeigen.

Ein Erdenengel tut niemals nur etwas für sich allein. Außerdem erzeugen die Wellen der Resonanz die Spiegelungen, die uns wohltun, weil sie uns gefallen, und diese führen in das Reich der Seele. Also habe ich gelernt, selbst wohlige, warme Wellen zu erzeugen, ich habe gelernt, nicht zu lamentieren und nicht einen Tag wie den anderen sein zu lassen.

Oh, ich habe viel gelernt, und ich bin sehr dankbar für all die Erkenntnisse. Wenn ich nächstes Mal wieder zu einer dieser Ratssitzungen, den Treffen mit guten Freunden reise, dann tue ich es mit Weile, nicht mit Eile.

Ich möchte jeden Tag genießen, und dass alle Menschen glücklich sind. Ich bin überzeugt davon, niemand ist eine Insel. Ich nutze meine Fähigkeiten so gut ich es vermag, um anderen zu helfen, um Wärme und Liebe zu geben.

Ich habe einen Beruf, der eigentlich das genaue Gegenteil von Wärme ist. Ich gebrauche meinen Verstand, um erfolgreich zu sein. Lange dachte ich, dass mich Arroganz schützt. Dass dies nicht der Fall ist, weiß ich jetzt. Wenn man andere verletzt, auch wenn es nur in Gedanken geschieht, wird man vom eigenen Körper verletzt.

Bedingungslose Liebe verleiht nicht nur Flügel, Liebe lässt uns zu dem werden, was wir in Wahrhaftigkeit sind. Doch verliebt sein ist nicht schwer, beständig Liebe sein dagegen sehr.

Der Anreiz, Gutes zu tun, war bei mir irgendwann so stark, dass ich trotz der Zeitprobleme anfing, ein Ehrenamt auszufüllen. Ich tue es gerne, ich liebe es, wenn ich andere glücklich machen kann. Ich schenke den Hilfesuchenden gerne meine Energie, mein Ohr und meine volle Aufmerksamkeit. Ich tue es aus dem Herzen heraus, und siehe da, der Druck, dass nie genügend Zeit war, um meine Aufgaben zu erledigen, löste sich auf. Ich bin mir wieder selbst gewahr und kann mich wieder selbst lieben, genauso, wie ich bin, und ich werde geliebt.

Die Schleier des Vergessens, die mir den Weg versperrt hatten, Zugang in den heiligen Raum meiner Seele zu bekommen, haben sich gelichtet. Ich weiß jetzt nicht nur, wer ich in Wahrhaftigkeit bin, ich fühle und lebe ES!

Ich wollte gerade mein Büro verlassen, da hatte ich diese Ahnung, dass sie da ist. Es war ein langer, ermüdender Tag für mich gewesen. Dennoch fühlte ich immer noch diese wundervolle goldene Mitte. Ich war zufrieden mit mir und meinen Leuten.

Ich sah aus dem Fenster und suchte mit meinen Augen die Stelle ab, an der ich sie das letzte Mal gesehen hatte. Eine Frau, die aussah wie ein Engel, die immer, scheinbar aus dem Nichts auftauchte und wieder verschwand.

Eines Nachts, als ich wieder einmal diese unerträglichen Schmerzen im unteren Rücken hatte, spürte ich plötzlich ihre Energie.

Sie war da! Sie legte mir die Hände auf den Rücken, und in Kürze war alles wieder gut. Diese Wellen der allumfassenden Liebe machten mich ganz leidenschaftlich. Ich drehte mich zu ihr, um ihre Hand zu greifen, aber sie war schon gegangen.

Doch gerade als ich die Abendstimmung genoss, erblickte ich sie. Eine Frau mit langem engelsgleichem Haar, in dem sich die Abendsonne spiegelte. Sie stand versonnen da, als würde sie auf etwas warten.

Sie wartet auf mich, jetzt aber schnell, war mein erster Gedanke. Ich drehte mich freudig um und rannte los. Ich lief so schnell ich konnte. Als ich atemlos im Garten ankam, war sie schon verschwunden. Auf dem Boden lag ein Zettel, darauf stand:

Ich fühle ES, und ich lebe ES.
„Wer bist du?", flüsterte ich, „wer bist du?"

Nachwort

Sich zurückzulehnen und sich einfach mal dem Nichtspüren, dem Nichtsagen und dem Nichtdenken hinzugeben, dafür gibt es immer einen Anlass.

Doch die Resonanz fällt dann auch entsprechend dünn aus. Wir gestalten die Dynamik im Leben selbst, indem wir die Wellen dafür erzeugen. Wir sind es, die bestimmen, wann etwas geschieht und ob wir vor Müdigkeit straucheln oder aktiv sind.

Wer es erst einmal geschafft hat, in das wunderbare Feld der Liebe einzutreten, möchte nicht mehr heraus. Verständlich, doch werden wir von anderen Menschen oder Ereignissen manchmal geradezu herausgeschleudert aus dieser allumfassenden Liebesschwingung.

Bei einem Gespräch, bei dem ich mich beschwerte, dass ich immer wieder aus meiner Mitte rutsche, sagte Erzengel Michael dazu:

„Ihr solltet dankbar sein, dass ihr immer wieder die Wellen der Auflösung leben könnt, dass euch jemand aus eurer Mitte reißt. Warum? Nun, sonst würde die Bewusstwerdung stoppen. Manche Dinge müssen eben in die Emotion, damit sie erlöst werden können. Außerdem könnt ihr dadurch üben, wie ihr am besten immer wieder in dieses Feld der Liebe kommt.

Wer sich zurücklehnt, um selbstzufrieden in der Wohnung der Seele zu bleiben, wird feststellen, dass das noch nicht möglich ist. Ihr führt viele Menschen in eurer Lichtpulsung, und diesen könnt ihr nur helfen, wenn sie euch auch erreichen können. Das totale „Abgehobensein" ist hier keinesfalls dienlich. Ihr könnt heilen, wenn ihr euch selbst spirituell weiterbewegt. Das alleinige bewusste Auflösen ist sicher in der Zukunft möglich. Diejenige/derjenige, die/der einen gewissen Grad an Selbstmeisterung erreicht hat, erkennt man daran, dass sie/er niemals nur etwas für sich alleine tut. Ein Mensch, der die aufgestiegene Meisterwürde im Leben erreicht hat, wird immer den natürlichen Drang haben, möglichst vielen Menschen zu helfen."

Es darf alles sein, so lange wir oder andere nicht darunter leiden. Denn das selbst erlebte Leid, das als Garantie für Bewusstseinserweiterung gilt, kann man ab einem gewissen Aufstiegsgrad kaum mehr ertragen. Das heißt nicht, dass wir weniger aushalten können. Nein! Die Seele weiß, dass Pein etwas ist, wodurch man viel lernt. Doch ist die Schwingung des Körpers erst einmal angehoben, ist es nicht mehr nötig, unter Druck zu lernen. Jeder Druck wird dann als unglaublich schwer erträglich empfunden.

In einem nächtlichen Gespräch mit Erzengel Michael, in dem ich mich ein wenig beklagte, dass spirituelle Bücher oft so ernst sind, antwortete er mir: „Vertraue mir einfach, Sarinah. Lass dich führen von uns geistigen Mentoren. So wird der göttliche Humor sich in diesem Band widerspiegeln."

Die Interview-Partner führten mich liebevoll von einem Thema zum anderen. Im Nachhinein erkannte ich, dass sie das, worüber ich gegrübelt hatte, einfach lösten, indem sie die Ratssitzungen öffentlich machten und mir den Erdenengel Harry vorstellten.

In mir ist eine tiefe, lebendige Freude, während ich das schreibe, denn die Freunde aus der geistigen Heimat sind so nah wie noch nie. Ihre Liebe umspült mich immerzu, und es erfüllt mich mit Glück, wenn die Leser diese bedingungslose Liebe auch spüren.

Herzlichen Dank an euch alle, liebe Leserinnen und Leser, für euer Vertrauen und das Öffnen eurer Herzen für diese Zeilen.

In tiefer Dankbarkeit,
Sarinah Aurelia

Über die Autorin

 Sarinah Aurelia gab 2008 ihren Beruf auf, um mit ganzer Kraft für das Licht zu wirken. Es entstand ein lebhafter, lichtvoller und liebevoller Kontakt zu der Galaktischen Förderation des Lichts, den Erzengeln und geistigen Mentoren. Die Durchsagen bieten die Möglichkeit, die Hände denjenigen entgegenzustrecken, die uns mit Sehnsucht dort erwarten, wo einst der Ausgangspunkt für unsere Reise auf die Erde war.

Leila Eleisa Ayach
Seelenverträge - Absprachen in Liebe
152 Seiten, A5, broschiert
ISBN 978-3-941363-24-3

Wir fühlen uns oft machtlos einem Schicksal ausgeliefert, verstehen nicht, was mit uns geschieht, sind verwirrt, verzweifelt und traurig. Wir haben unsere Seelenverträge vergessen, nur:
Seelenverträge – was bedeutet das?
Jeder von uns hat sich vor seiner Inkarnation auf der Erde einen Seelenplan festgelegt, in dem jede Herausforderung festgeschrieben ist, die unsere geistige Entwicklung fördert und uns auf den Weg zum Erwachen führt. Die Geistige Welt weiß um unsere Ängste und Nöte, unsere Herausforderungen, aber auch um unsere Sehnsüchte, Ziele und Wünsche, und möchte uns helfen zu verstehen, warum wir bestimmte Erfahrungen in unserem Leben machen.
Letztendlich geht es darum, im Einklang mit der Schöpferkraft und dem höchsten göttlichen Plan des Lichts zu leben – und die Schöpferkraft voll und ganz im Leben wirken zu lassen.

Leila Eleisa Ayach
Seelenverträge Band 2 und 3
Die Bedeutung des spirituellen Mentors auf dem Weg zum Erwachen
Jeshua und das Goldene Jerusalem
168 Seiten, A5, broschiert
ISBN 978-3-941363-44-1

Die Bedeutung des spirituellen Mentors auf dem Weg zum Erwachen
„Dieses Mal habt ihr Hilfe in Form eines menschlichen Mentors, der vor euch den Weg gegangen ist und um die Tücken und Herausforderungen des spirituellen Wegs, die Läuterungsprozesse und um die Dunkelheit weiß, über die der Schleier des Vergessens bisher lag. Er begegnet euch zur rechten Zeit, wie es verabredet war, und er hilft euch zu erkennen, was Wirklichkeit und was Dualität ist."
Jeshua und das Goldene Jerusalem
„Die Menschheit tritt ein in das Zeitalter des Goldenen Jerusalems, das symbolisch für den göttlich erwachten Menschen auf Erden steht. Es ist die Rückkehr des Menschen ins Paradies, in den Garten Eden. An dem Tag, an dem eine bestimmte Anzahl von Menschen weltweit erwacht ist, ist Lady Gaia geheilt. An diesem Tag habt ihr eine neue Erde und einen neuen Himmel."

Sarinah Aurelia
Seelenverträge Band 4 und 5
Die Übergangsphase
Die Geheimnisse, die in euch schlummern
144 Seiten, A5, broschiert
ISBN 978-3-941363-77-9

Band 4: Die Übergangsphase
Viele Menschen sind längst eingetreten in die goldene Stadt, doch einige von euch sind noch nicht einmal erwacht. Das heißt, ihr befindet euch in der neuen Energie, und doch wieder nicht. Und wenn ihr aus der Schwingung gleitet, schmerzt euer Körper und eure Seele weint.
Ihr gleitet leicht ab, da viele noch nicht so weit sind und ihr ihnen helfen wollt. Dafür müsst ihr aus eurer Schwingung heraus, um sie mit hochzuziehen, und das bedeutet für euch Gefahr. Wir wissen das, daher möchten wir nun eingreifen, denn die Geistige Welt hat hier eine Planänderung vorgesehen.
Band 5: Die Geheimnisse, die in euch schlummern
In der Welt, in der ihr lebt, entstehen wieder neue Welten, uralte Welten, die ihr alle gekannt habt, als ihr noch Kinder wart.
Eine dieser Welten heißt Shambala, ein uraltes Wort mit viel Zauber darin. Aber wie geht es weiter, fragt ihr? Ihr tragt die Lösungen in euch, ihr seid voller neuer Ideen. Ihr tragt euren Ursprung vereint mit dem SEIN in die Welt hinaus. Und wir nehmen euch wieder an die Hand, wir begleiten euch weiter durch diese Schriften.

Leila Eleisa Ayach & Sarinah Aurelia
Seelenverträge Band 6 und 7
Die Zeit der Rosenblüten
Der Eintritt in die Vollkommenheit
248 Seiten, broschiert
ISBN 978-3-95531-004-2

Die Zeit der Rosenblüten
Der Weg ist das Ziel, die Reise aber wird nie zu Ende sein!
Der Dienst am Licht hat viele Gesichter, und die stillen Helden sind diejenigen, die an der Brücke stehen, um den Nachfolgenden zu helfen, die sonst womöglich nicht einmal erwacht wären!

Der Eintritt in die Vollkommenheit
Wir haben dem Schöpfungsprozess zugestimmt, sind in die Absicht gegangen, unseren Seelenplan zu verwirklichen, und nun stehen wir hier und fragen uns: Wie setze ich es um?
Es ist leichter als wir denken, und die Geistige Welt hilft uns dabei. Denn nur das Leben und die Verwirklichung unserer Herzenswünsche in die Materie bringt die Vollkommenheit. Deswegen sind wir auf Erden.

Sarinah Aurelia
Seelenverträge Band 8
Die allumfassende Liebe verleiht Flügel
336 Seiten, A5, broschiert
ISBN 978-3-95531-050-9

Erdenengel! Dieses Wort zieht sich durch dieses Buch wie ein roter Faden. Denn wir sind Erdenengel und tragen den Gottesfunken in uns. Sobald wir immer mehr in unsere Schöpferkraft kommen, ist es doch mehr als verständlich, dass wir den Wunsch haben, uns das zu erschaffen, was uns weiterbringt – all das, was wir im Goldenen Zeitalter so dringend brauchen.

Wer dachte, dass die Transformationen nun beendet sind, war sicher überrascht, was da noch alles zum Vorschein kam. Auflösungen an sich verlaufen in der Regel sanfter als noch vor Jahren. Doch hat die Welle der inneren Reinigung uns erst einmal erfasst, gibt es nur noch einen Weg: den des Vertrauens.

Sylvia Morawe
Maria Magdalena – Der Gral bist du!
Selbstermächtigung und Heilung durch
Christusbewusstsein
224 Seiten, A5, broschiert
ISBN 978-3-95531-086-8

Die Zeit der Selbstmeisterschaft und des bewussten Schöpfens und Manifestierens der Neuen
Erde ist angebrochen. Nach der Herzöffnung und
Gleichstellung von Gott und Göttin in uns ist nun
die Verbindung zum Seelenselbst und die damit
einhergehende bedingungslose Selbstliebe und ihr
Ausdruck die Herausforderung auf unserer nächsten Entwicklungsstufe.
Liebevoll leitet die Lichtmeisterin Maria Magdalena und Aufgestiegene Meisterin Lady Nada in die Verbindung zum Seelenselbst und in die göttliche
Liebe – in Wahrheit, Heilung, Vertrauen und Ordnung.
Eine berührende und kraftvolle Inspiration für alle, die sich dem Christusbewusstsein verbunden fühlen und Yeshua und Mirjam mit ihrem Herzen lau-
schen möchten…

Ava Minatti
Der Weg der Shekaina
Der männliche und der weibliche Ausdruck der
Zentralsonne
264 Seiten, A5, broschiert
ISBN 978-3-95531-083-7

Der Weg der Shekaina ist der Weg der Neuen Zeit.
Shekaina bezeichnet die Urweiblichkeit des Universums: Muttergott.
Die Botschaften, die getragen sind von der Anerkennung der Andersartigkeit und der großen Liebe, handeln von der ursprünglichen Bedeutung der
Vierten Dimension. Die verbindende Kraft unseres
Emotionalfelds ist dabei ein wichtiger Schlüssel. Als Kosmischer Mensch sind
wir Vermittler zwischen Himmel und Erde und eine Brücke zwischen altem
und neuem Wissen. Wir tragen das Erbe der Wurzelrassen in unseren Zellen,
das es gilt, zu aktivieren. So schließen wir (als Menschheit) einen Kreis und
treten in eine neue Spirale unserer Entwicklung.